괴물의 시대

괴물의 시대

괴물의 시대

서재정 지음

21세기 미국의 세계전략과
요동하는 한반도

창비

가히 괴물의 시대를 지나고 있다. 코로나 팬데믹, 미·중 무역전쟁, 우끄라이나전쟁, 팔레스타인 제노사이드, 이란전쟁…… 전세계가 요동치고 있다고 해도 과언이 아니다. 그리고 이는 우리의 발등에 떨어진 불이기도 하다. 환율과 유가가 치솟고, 아파트 건축과 쓰레기봉투 공급까지 흔들리고 있다.

'괴물의 시대'라는 표현은 지젝(S. Žižek)의 것이다.[1] 한 시대가 끝나고 새로운 시대가 시작되는 중간 기간에 여러가지 병적 증상이 나타난다는 그람시(A. Gramsci)의 사회과학적 분석을 문학적으로 표현한 것이다. 2차 세계대전 이후 미국이 구축한 국제질서는 무너지고 있다. 새로운 세상은 태어나기 위한 진통을 겪고 있으며, 그 와중에 우리는 온갖 병적 증상을 경험하는 중이다. 도널드 트럼프(Donald Trump)라는 유별난 개인이 세상을 뒤흔들고 있지

---

[1] Slavoj Žižek, "Living in the Time of Monsters," *Counterpoints*, Vol. 422 (2012) 32~44면.

4

만, 그의 등장이야말로 지금이 괴물의 시대라는 징표라고 볼 수 있다.

그렇다면 우리는 한 개인이 아니라 시대를 읽어야 한다. 한반도 상황을 이해하기 위해서도 현 시대의 여러 증상을 하나씩 진단하여 세상의 변화에 대한 이해를 쌓아가야 한다. 남북관계가 '적대적 두 국가'로 귀착되고, 조·미 적대관계가 고착화된 현실도 바로 이 괴물의 시대에 나타난 병적 증상이 아닌가.[2] 이렇게 본다면 '빛의 혁명'은 세상을 밝게 비출 동방의 등불을 분만하기 위한 산통인지 모른다. 괴물의 시대는 새로운 전조이기도 하다.

이 책은 2004년부터 2025년까지 계간 『창작과비평』에 기고한 글들을 모으고, 최근의 동향을 반영한 새 글을 더해 엮은 것이다. 한반도가 처한 중요한 고비마다 작성했는데, 모아놓으니 일관된 문제의식과 방향성을 보여주는 듯하다. 한동안 계속될 괴물의 시대, 이를 평화로운 세상으로 이끌기 위해 '눈길'을 걷는 모든 이에게 하나의 발자국으로 남긴다.

2026년 4월

서재정

---

2 이 책에서는 휴전선 이북에 존재하는 정치체를 '조선'으로 지칭한다. 한반도 북부에 현존하는 국가적 실체를 국제정치적 현실로 승인한다기보다는 그 존재를 인지한다는 의미이다. 그 불편함을 끌어안아야 새로운 세상이라는 영롱한 진주를 잉태할 수 있다는 의지의 표현이기도 하다. 분단체제의 극복은 새로운 세상의 태동과 유기적으로 얽혀 있기 때문이다. 한반도 삼중분단이라는 분단체제의 구조적 현실에 대해서는 본서 9장 참조.

차 례

안보딜레마를 넘어, 분단체제를 넘어

대한민국의 안보는 어떻게 이해해야 하는가. 이 질문은 안보라는 개념을 어떻게 정의하느냐는 추상적인 화두라기보다 21세기에 존재하는 대한민국이라는 국가의 안보를 어떻게 볼 것이냐는 구체적 질문이다. 또 이것은 실천적 질문이기도 하다. 무엇을 어떻게 해야 한반도에 살고 있는 사람들이 모두 안전할 수 있을까? 이 질문에 대한 답은 한국정부의 외교안보정책과 통일정책의 개념적 근거와 시점이 될 수도 있고, 시민사회 스스로가 자신의 역할과 국가와의 관계를 설정하는 방식과도 밀접하게 관련되어 있기 때문이다. 더구나 21세기 들어 급변하는 세상 속에서, 특히 트럼프(D. Trump) 정부 2.0이 몰고 온 변화의 소용돌이 속에서 대한민국의 안보는 어떻게 영향을 받고 있고, 어떻게 변화하고 있는가. 우리는 무엇을, 어떻게 해야 하는가.

물론 오래된 정답이 있다. 호시탐탐 남침의 기회를 노리는 조선에 강력한 힘으로 대응해야 한다는 답이다. 이에 따르면 대한 민국을 수호하기 위해서는 강력한 군대를 키우고 첨단 무기체계를 확보해야 한다. 하지만 한국만의 힘으로는 부족하다. 조선은 이미 방대한 군대를 보유하고 있을 뿐만 아니라 핵무기를 개발했고, 중국 및 러시아와 동맹관계를 맺고 있기 때문이다. 따라서 한국은 미국과의 동맹으로 대처해야 한다. 이렇게 한미동맹은 대한민국 안보의 초석이 된다.

조선은 고정불변의 위협이고 미국은 고정불변의 안보라는 두 개의 상수를 축으로 하는 주류 안보담론은 맞는 것일까? 이 책은 '정답'이 이미 나와 있는 질문을 다시 던진다. 그리고 그것은 정답에 의문을 던지는 행위이기도 하다. 대다수가 정답이라고 믿고 있다고 해서 그것이 가장 좋은 답이라는 보장은 없기 때문이다. 중세 유럽에서 모두가 천동설을 진리로 받아들였지만 그것이 가장 훌륭한 과학적 답은 아니었다. 지금 주류 안보담론이 21세기 한국의 안보를 가장 설득력있게 설명하고 있는가? 이 책은 이러한 의문에서 출발한다.

안보딜레마로 본 한국과 조선의 전략적 상호작용

사실 이러한 의문을 품지 않는다면, 그것 자체가 이상한 일이다. 대한민국은 1948년 수립 이후 지금까지 국가안보에 총력을 기울여왔지만 아직도 불안한 상태를 벗어나지 못하고 있다. 그동안 강력한 국방력을 구축해야 한다는 데는 여야의 차이가 없었고, 한미동맹이 대한민국 안보의 초석이라는 데도 국민적 합의가 있었다. 국방은 국민의 '신성한' 의무였고, 국방비는 정쟁을 초월하는 영역이었다. 그러한 동의 속에서 한국의 국방력은 막대하게 성장했다.[1] 한국의 국방비는 1970년대 초부터 조선을 넘어서기 시작해서 2018년에는 조선의 26배를 넘는 수준이 됐다.[2] 게다가 군사적으로는 세계에서 타의 추종을 불허하는 미국을 동맹국으로 두고 있으며, 최근에는 일본과의 군사협력까지 늘리고 있다. 그런데도 대한민국은 항상 불안하다. 조선의 미사일과 핵무기 개발로, 북·중 협력으로, 이제는 북·러 협력으로 대한민국의 안보가 위협을 받고 있다고 한다. 지난 80여년간 주류 안보담론에 따라 안보정책을 탄탄하게 실시해왔는데, 왜 아직도 대한민국의 안전은 보장되지 않는 것인가?

새로운 답을 찾기 위해서는 고정불변의 상수를 변화할 수 있는 변수로 봐야 할지도 모른다. 갈릴레오가 절대로 움직일 수 없다고 여겨졌던 지구를 우주에서 움직이고 있는 행성의 하나라고 보는 데서 출발한 것과 비슷하다. 이 책의 대안은 '절대악'이라는

---

1 60여개의 지수를 종합하여 국가의 총체적 군사력을 평가하는 글로벌파이어파워의 순위에서 2025년 한국은 세계 5위, 조선은 34위로 평가되었다. 2025 Military Strength Ranking 참고.

2 스톡홀름국제평화연구소가 조선의 국방비를 보고한 마지막 해인 2018년 16억 달러를 기록했던 반면 한국의 국방비는 430억 달러였다. SIPRI Military Expenditure Database 참고. 이재명 대통령은 한국이 "북한 GDP의 1.4배에 달하는 1년 국방비를 지출하는 세계 군사 강국"이라고 지적하기도 했다. 홍국기 「李대통령 취임 30일 기자회견-1」, 연합뉴스 2025.7.3.

상수로만 존재하는 조선을 변수로 볼 수 있지 않겠느냐는 질문에서 출발한다. 마찬가지로 '절대선'이라는 상수로만 여겨지는 미국을 변수로 봐야 하지 않겠느냐는 질문도 성립한다. 조선과 미국을 세상에 존재하는 다른 모든 국가들과 똑같이 취급하면 대한민국의 안보도 좀더 설득력있게 설명할 수 있지 않겠냐는 합리적 대안이다. 지구만 움직이지 않는다는 예외주의를 넘어서 지구도 움직일 수 있다는 보편주의적 접근을 시도하자는 것이다.

이런 관점에서 조선과 미국을 어떻게 설명할 것인가? 이들을 변화시키는 힘은 여러가지가 있겠지만 이 책에서는 작용과 반작용이라는 상호작용에 초점을 맞추고자 한다. 조선을 고정된 '주적'으로 보는 것을 넘어서, 한국과 상호작용하며 변화하는 변수로 보자는 제안이자, 미국을 한국의 동맹으로만 보지 말고 독립변수로서, 또 조선과 상호작용하면서 변화하는 변수로 보자는 제안이다. 이 책은 이러한 제안을 보다 명징하게 구체화하기 위해 미국의 국제정치학자 존 허츠(John H. Herz)가 제안한 '안보딜레마'라는 개념을 원용한다.[3] 국가간의 관계에서는 항상 상대국의 동기와 의도에 대한 불확실성이 존재하기 때문에 자신의 안전을 걱정할 수밖에 없다는 인식이 이 개념의 출발점이다. 이러한 불확실성 속에서 안전을 확보하기 위해서는 힘, 특히 군사력을 강

---

3 John H. Herz, "Idealist Internationalism and the Security Dilemma," *World Politics,* Vol. 2 No. 2, 1950년 1월호, 157~80면; *Political Realism and Political Idealism: A Study in Theories and Realities,* University of Chicago Press 1951; *International Politics in the Atomic Age,* Columbia University Press 1959.

화할 수밖에 없지만 한 국가의 군사력 강화는 다른 국가들의 불안감을 자극해 그들의 군사력 강화를 촉발한다. 이렇게 모든 국가가 끊임없는 군비강화의 악순환에 빠지게 되고, 아무리 군사력을 강화해도 안전을 확보할 수 없는 딜레마에 갇히게 된다는 것이다.

이러한 시점으로 분석해보면 한국의 안보체제는 조선의 안보체제에 결정적으로 영향을 받고, 역으로 조선의 안보정책은 한국의 안보정책에 밀접하게 연결되어 있다. 적어도 한국전쟁 이후 양국의 안보정책은 작용과 반작용의 역사다. 한국전쟁 경험은 전후 한국 국방정책의 초석이 됐다. 탱크를 앞세워 밀고 들어오는 조선군에 대항해 맨손으로 싸울 수밖에 없었다는 아픈 기억은 전후 막강한 기계화 부대의 구성과 몇겹에 걸친 대전차 방어망 구축으로 이어졌다. 1990년대 들어 한국의 국방비가 조선을 압도하고 첨단과학기술을 이용한 현대군을 양성하게 되자, 통상군사력으로 한국과 경쟁하는 것이 불가능해진 조선은 핵무장이라는 비대칭 군사력으로 대응하겠다고 나섰다. 이에 한국은 조선의 핵미사일을 △사전에 무력화시키고 △공중에서 격추시키는 한편 △대량으로 보복하겠다는 삼축체계를 발전시키고 있다. 반면 조선은 이 삼축체계를 무력화하기 위해 미사일의 △기동성 △은폐성 △즉응성을 키우는 한편 통상무기체계의 정밀도와 파괴력을 발전시키고 있다.

한국이 끊임없이 국방력을 늘려도 안보가 확보되지 않는 이유는 한국의 국방력 강화가 조선의 대응을 촉발하기 때문이다. 역으로 조선이 계속해서 군사력을 증강해도 불안한 것은, 조선의 군사력 증강이 한국의 대응을 불러일으키기 때문이다. 이처럼 '북핵문제'는 남·북 상호작용 관계 속에서 파생된 현상이며, '북핵문제'라는 증상의 원인은 위와 같은 남·북 안보딜레마라고 할 수 있다. 이렇게 한국과 조선의 안보체계는 독자적인 동시에 독립적이지 않으며, 두 국가의 안보정책은 이런 상호관계성을 고려하지 않고서는 제대로 이해할 수 없다. 한국과 조선은 적대적 관계이지만 양국의 안보체계는 상호의존적이다. 국가안보영역에서 한국과 조선은 하나의 체제를 구성하고 있고, 동시에 이 체제가 두 국가를 구성하고 있는 것이다. 한국의 안보를 이해하기 위해서는 한반도/조선반도 안보체제를 이해해야 하는 이유다. 안보딜레마적 접근은 이렇게 분단체제론과 이어진다고 할 수 있다.

안보딜레마로 본 조선과 미국의 전략적 상호관계성

한국과 조선이 한반도 안보체제에 묶여 있지만 이들의 안보딜레마가 진공 상태에서 발현되는 것은 아니다. 안보에 관한 한 한국에 있어서도, 조선에 있어서도 미국의 영향력은 거의 절대적이다. 중국이나 러시아, 일본도 완전히 무시할 수는 없겠지만, 이들의 영향력은 미국에 비교할 수 없는 수준이다. 미국은 한반도의 분단과 대한민국의 수립에 결정적 역할을 했을 뿐 아니라 한국전쟁의 주요 당사자였고 정전협정의 한 주체로 남아 있다. 한국에 군대를 배치하고 군사훈련을 실시하며, 아시아-태평양과 미국 본토에 있는 핵무력 및 비핵무력을 상시적으로 가동하고 있다. 한국은 이러한 미국을 안보의 초석으로 받아들이고 있는 반면 조선은 이러한 미국을 불안의 근원으로 인식하고 있다. 한국의 국가안보전략이 미국과의 상호운용성을 염두에 두고 작성된다면, 조선의 국가안보전략은 미국의 전략과 전술에 대응하여 만들어진다. 이런 상호작용의 구조 안에서 한국과 미국은 나름대로의 '동맹딜레마'[4]를 겪고, 조선과 미국은 안보딜레마를 겪는다. 이러한 한반도 이중딜레마는 남·북의 안보가 미국의 안보와 유기적으로 묶여 있고, 한반도 분단체제가 세계체제와 구조적으로 상호구성의 관계에 있음을 보여준다.

조선은 적어도 한국전쟁 시기부터 미국의 전략전술에 사활적으로 대응하고 있다. 1950년 한국전쟁 초기 미군이 개입하면서 미국과 조선이 교전국이 되었기 때문이다. 미국은 유엔군사령부의 구성에서부터 운영에 이르기까지 실질적으로 이를 주도하며 한국전쟁에 참여했다. 1953년 정전협정 체결 이후 아직까지 전쟁상태가 유지되고 있기 때문에, 조선의 입장에서는 미국의 군사력과 전략전술에 대응하는 것이 여전히 국가전략의 핵심이다. 미국이 조선의 교전국으로 있는 한 조선의 입장에서는 주한미군과 한미

---

4 동맹딜레마는 동맹국들이 '연루'와 '방기'의 위험성에 동시에 노출된 상태에서 이를 한꺼번에 해결할 수 없다는 딜레마를 지칭한다. 연루의 위험성을 줄이기 위해 동맹관계를 느슨히 하면 방기의 위험성이 늘어나고, 역으로 방기의 위험성을 낮추기 위해 동맹을 공고화하면 연루의 위험성이 늘어난다. Glenn H. Snyder, "The Security Dilemma in Alliance Politics," *World Politics*, Vol. 36 No. 4, 1984년 7월호 461~95면.

연합사령부 군사력뿐만 아니라 주일미군을 비롯해 한반도에 투사될 수 있는 미 군사력 전체를 염두에 둘 수밖에 없다.[5] 또 미국 본토에 배치되어 있는 핵무기와 핵전략이 바로 조선에도 적용되기 때문에, 미국의 '확장억제'는 조선의 주요 안보우려이기도 하다. 따라서 조선의 국가안보전략은 미국에 대한 대응이 그 핵심이라고 할 수 있다.

미국 국가안보전략도 조선의 행동에 깊은 영향을 받는다. 1950년 조선의 남침은 미국의 강력한 대응을 불러일으켰고, 미국은 "미국의 모든 도덕적·물질적 힘"을 동원하기 위해 12월 국가비상사태까지 선언하며 총력대응했다.[6] 한국전쟁이 미국에 준 영향은 국방예산에 잘 드러난다. 한국전쟁 발발 이전인 1950년 1월 미국정부가 의회에 제출한 1951 회계연도 미국 국방예산은 135억 달러였으나, 1951년 1월 해리 트루먼(Harry S. Truman) 대통

---

5 또한 한국군이 한미연합사령관(주한미군사령관)의 작전통제하에 있기 때문에 조선의 국가안보전략은 미군의 움직임에 민감하게 대응할 수밖에 없기도 하다. 1950년 이승만 대통령이 한국군의 작전지휘권을 유엔군사령관(미군사령관)에게 이양했다가, 1978년 한미연합사령부가 창설되며 이를 한미연합사령관에게 위임했고, 1994년부터는 평시작전통제권은 한국군이 반환받고 전시작전통제권을 한미연합사령관이 행사하고 있다.

6 1950년 12월 16일 미국 트루먼 대통령은 국가비상사태를 선언, 경제생산활동을 전쟁에 집중시키며 군사력 강화에 박차를 가했다. 2차 세계대전 이후 대폭 감축되었던 국방예산도 한국전쟁을 계기로 대대적으로 증액되기 시작했다. 한편 한국전쟁이 시작된 지 12일 만인 1950년 7월 7일, 에드거 후버(Edgar Hoover) 당시 미국 연방수사국(FBI) 국장은 미국을 배신할 위험이 있는 미국인들을 대규모로 수감하는 계획을 세웠고, 미 의회는 1950년 9월, 대통령이 국가비상사태를 선포할 경우 위험한 급진주의자들을 구금할 수 있도록 승인하는 법안(국내보안법)을 통과시키기도 했다. *Foreign Relations of the United States, 1950: National Security Affairs; Foreign Economic Policy*, Vol. 1, United States Government Printing Office 1977.

령은 "엄중하게 위험한 시기의 국가안보 예산"이라며 1952 회계연도 제출분에서 이를 414억 달러로 3배나 증액했다.[7] 그해 미국 정부예산의 58퍼센트가 넘는 엄청난 금액이었다. 이는 재정적자 165억 달러를 발생시키는 이유가 되기도 했다. 2차 세계대전 이후 군인들을 대대적으로 제대시키고 국방비를 삭감하던 미국은 한국전쟁을 계기로 군사력을 다시 강화하며 전세계적으로 냉전에 개입하는 '국가안전보장국'으로 전환되었다. 미국 정치학자 로버트 저비스(Robert Jervis)는 한국전쟁으로 인해 미국의 대대적인 국방비 증액과 전세계적인 반공노선, 북대서양조약기구(NATO)의 군사화 등 미국의 냉전정책이 집행될 수 있었다고 지적하며, "한국전쟁이 냉전의 진로를 형성했다"고 결론짓기도 했다.[8] 한국전쟁으로 촉발된 미국의 군사화는 아직도 한국전쟁 이전 수준으로 되돌아오지 않고 있다. 이는 종결되지 않은 한국전쟁과 맞물려 있는 현상이고, 한국전쟁의 종결은 미국의 '영구전쟁'을 끝내기 위한 필요조건이라고 할 수 있다.[9]

한국전쟁의 경험은 여러가지로 미국에 깊은 영향을 끼쳤다. 중국 인민지원대의 개입으로 지상전에서 큰 패배를 경험한 미국은 우세한 공군력을 동원한 전략폭격에 깊이 의존했는데, 이는 이

---

7 Harry S. Truman, "Annual Budget Message to the Congress: Fiscal Year 1951," 1950.1.9; "Annual Budget Message to the Congress: Fiscal Year 1952," 1951.1.15.

8 Robert Jervis, "The Impact of the Korean War on the Cold War," *Journal of Conflict Resolution,* Vol. 24 No. 4, 1980년 12월호 563~92면.

9 Andrew J. Bacevich, *Washington Rules: America's Path to Permanent War,* Metropolitan Books 2010.

후 베트남전쟁의 군사작전으로 연결되기도 한다. 또한, 미국의 핵 전략도 한국전쟁에 깊이 관련되어 있다. 장진호전투에서 미 해병 1사단이 궤멸당할 위기에 처해있던 1950년 11월 30일에는 트루먼 대통령이 "원자탄 사용을 적극적으로 고려하고 있다"는 '폭탄선 언'을 하기에 이르렀다.[10] 핵무기를 비핵전력 열세를 보완하는 도 구로 사용할 수 있다는 선언이었고, 이는 유사시 핵무기로 적국 의 군사력뿐만 아니라 산업역량도 대대적으로 파괴하겠다는 대 량보복전략으로 발전되었다. 정전협정이 체결된 이후에도 미국 은 핵무기로 조선을 억제하는 대량보복 핵전략을 유지했다.[11]

한편, 이러한 미국의 압도적 공군력과 핵군사력은 조선에 깊은 불안감을 심어주었다. 한국전쟁 시기부터 조선은 이에 대응할 다 양한 방도를 찾기 시작하였고 이 기조는 오늘날까지 이어지고 있 다. 미국의 우월한 공군력이나 핵무기를 막아낼 방어수단이 없었 던 조선은 군수산업과 산업시설을 지하화하기 시작했고, 군사력 의 분산·엄폐를 중요시하게 됐다. 땅굴 등을 이용한 전국 지하요 새화는 미국의 대량보복전략에 대한 대응이었던 것이다. 미국이 비상사태를 선언하며 한국전쟁에 총력을 기울였던 경험으로 말 미암아 조선은 전민을 무장화해 대응한다는 전민무장화 노선도 추진하게 됐다. 1962년 꾸바 미사일 위기 기간 중 미국 케네디(J.

---

10 Harry S. Truman, "The President's News Conference," 1950.11.30.

11 1953년 8월 23일 미공군사령부 작전참모부는 '중국, 만주, 노스코리아에 대한 공중 핵공격 계획'을 작성·공유했다. 1956년 전략사령부가 작성한 핵무기 타깃리스트는 소련과 중국뿐만 아니라 조선의 평양과 신의주 등을 포함하고 있었다. William Burr, "U.S. Cold War Nuclear Target Lists Declassified for First Time," 2015.12.22.

F. Kennedy) 정부의 강력한 군사적 대응에 소련이 물러섰다고 인식한 조선은 그해 12월 국방에서의 '자위'를 강조하기 시작하며 경제·국방 병진노선을 채택하기도 했다.

조선은 미국의 전략에 사활을 걸고 대응할 수밖에 없지만 미국에게 조선은 여러 적국 중 하나일 뿐이다. 미국은 소련과 중국 등 여러 적대국을 염두에 두고 군사전략을 능동적으로 작성한다. 1960년대에 들어서면서 대량보복전략이 신뢰도가 떨어진다는 비판에 대응할 필요성이 커졌고, 베트남전쟁과 같은 국지전에 어떻게 임할 것인가도 과제였다. 케네디 정부는 유연대응전략을 채택하고 베트남전쟁에 대규모로 개입하는 것으로 응답했다.[12] 베트남전쟁에서 패배하고 철수한 1970년대에는 데땅뜨를 추구하기도 했지만, 1981년 로널드 레이건(Ronald Reagan) 대통령이 취임한 이후 대대적으로 군비를 확산하며 소련과의 군비경쟁을 가속화했다. 레이건 행정부는 미사일방어체계를 전격적으로 개발하며 핵무기로 소련을 선제공격할 능력을 추구했다. 또 소련과의 전쟁에 있어서는 전세계 어디로든 확장될 수 있다는 '수평적 확산' 전략을 채택했다.[13] 미국이 유럽과 아시아에서의 군사적 대결태세

---

12 아이젠하워(D. Eisenhower) 행정부에서 정식화된 대량보복전략은 소규모의 비핵 군사행위에도 대규모 핵무기로 보복한다는 것이어서 그 합리성에 많은 의문이 제기됐다. 이를 반영한 것이 유연대응전략이다. 즉 다종다양한 핵무기들을 개발하여 분쟁의 규모와 성격에 맞도록 '맞춤형' 핵보복을 한다는 것이다. 이에 따라 미국은 베트남전쟁과 같은 국지전에 맞서 대규모 핵보복을 하거나 아예 대응하지 않는다는 선택지 중 하나를 고를 필요 없이 비핵 국지전에는 비핵군사력으로 대응한다는 선택지도 보유하게 된 것이다.

13 Joshua M. Epstein, "Horizontal Escalation: Sour Notes of a Recurrent Theme,"

를 강화하자 일본의 나까소네(中曽根康弘) 수상은 이에 호응하며 일본이 소련에 대항하는 '침몰하지 않는 항공모함'이 되겠다며 미·일 군사동맹을 강화하기도 했다.[14] "한국을 북으로부터 방어하는 일과는 아무 상관없는 이유로 코리아가 대규모 전쟁터가 될 수 있게 된 것"이다.[15]

조선은 미국의 이러한 전략에 대응해야 하는 약자의 입장이다. 특히 1960년대와 1980년대의 미국 군사전략은 조선의 안보우려를 심화시켰다. 1960년대의 유연대응전략으로 미국은 핵무력을 신축적으로 운영하며 통상군사력(비핵군사력)을 동원해 조선과 전쟁할 가능성을 확대했기 때문이다.[16] 1970년대 중반 데땅뜨 시기에 조선은 잠시 숨 쉴 틈을 갖는 듯했으나, 1980년대 들어 오히려 더욱 엄중한 안보위기를 맞이하게 됐다. 이에 대응해 조선이 채택한 전략은 '비대칭적 억제'였다. 미국의 핵무기에 핵무기로 대응하는 대칭적 억제, 그중에서도 상대국을 핵무기로 확실하게 파괴할 수 있는 능력을 통해 상호억제를 이루는 '상호 확증파괴'는 미국과 소련처럼 핵군사력 균형 상태에서 가능한 전략이었지, 조선과 같은 국가가 채택할 수 있는 것이 아니었다. 핵무기를 보유

International Security, Vol. 8 No. 3, 1983년 겨울호 19~31면.

14 「【外交文書】訪米時の中曽根康弘元首相「不沈空母」発言を記録」, 産経新聞 2017.1.12.

15 Major Larry D. Beaver, "Korea-Alliance In Transition," CSC 1989.

16 미 첩보함 푸에블로호가 나포된 이후 미군이 작성한 군사계획은 소규모 전술핵공격부터 대규모 핵공격까지 다양한 핵무기 사용을 포함하고 있었다. Jack Cheevers, *Act of War: Lyndon Johnson, North Korea, and the Capture of the Spy Ship Pueblo*, Penguin 2013; Robert Wampler, "How Do You Solve A Problem Like Korea?," National Security Archive Electronic Briefing Book, No. 322, 2010.6.23.

하지 않았던 조선은 군사력을 휴전선 인근에 집중시키고 장사포와 같이 서울을 타격할 수 있는 무기체계들을 대량으로 배치하는 것으로 대응했다. 즉 한국군과 주한미군과 가까운 지역에 군사력을 집결시켜 미국이 핵무기를 사용하기 어렵게 만들고, 유사시에는 이 군사력과 장거리 투사능력으로 한국과 주한미군에 대대적 피해를 입히겠다는 의도다.[17] 미국과 조선이 이렇게 전략적으로 상호작용한 결과 이들 사이에는 '비대칭적 상호억제'가 형성됐다. 미국은 핵무력으로 조선을 확증파괴할 능력을 과시하고, 조선은 비핵군사력으로 한국을 확증파괴할 능력을 과시하여 상호 전쟁시도를 억제한 것이다.

하지만 이런 비대칭적 상호억제는 상호 확증파괴보다 안정적으로 관리하기 훨씬 더 어렵다. 핵무기와 비핵무기의 억제력을 확인하는 것도 어렵고, 일방의 군사력 증감이 상호억제에 주는 영향도 평가하기 쉽지 않기 때문이다. 1990년대에 바로 이런 급격한 변화들이 중첩됐다. 우선, 조선은 내외적으로 곤경에 빠졌다. 냉전의 종식과 함께 소련은 해체되었고, 이어서 등장한 러시아와 중

---

[17] 1994년 3월 남북특사교환 실무접촉에서 북측 박영수 대표단장이 한 '서울 불바다' 발언은 이러한 비대칭 억제전략을 극적으로 보여주었다. 당시 남측의 송영대 통일원 차관은 이에 대해 "전쟁에는 전쟁으로 대응한다?"라며 그 발언의 의미를 정확하게 짚었다. 1998년 이를 설명하며 박영수 조국평화통일위원회 서기국부국장은 "당시 한국이 대북 제재안을 유엔에서 통과시키기 위해 전력투구하고 있었고 국방장관이 함흥의 핵시설 폭격여부를 거론해 만약 전쟁이 일어날 경우 서울도 불바다가 될 수밖에 없다고 말한 것이 바로 서울을 불바다로 만들겠다는 뜻으로 와전됐다"고 말했다. 문일현 「북한 박영수 부국장 "서울 불바다 발언 와전" 해명」, 중앙일보 1998.2.21.

국이 한국과 국교를 정상화했다. 내적으로는 홍수 등의 수해를 겪으면서 농업시설이 파괴되고, 러시아와 중국의 경화결제 요구로 산업시설이 가동되지 못한 결과, 1996년부터 2000년에는 '고난의 행군'이라고 부르는 대규모 기아사태까지 겪었다. 사회와 경제가 근본적으로 흔들리자 김정은 정권은 선군정치로 이를 돌파하려 했다. 대내적으로는 군대를 주력으로 하여 혁명과 건설을 이끌어 나가는 동시에 군대와 국방공업의 강화·발전을 우선적으로 강조하여 대외 위협에 대처한다는 것이었다. 그렇지만 군대와 국방공업에 배분할 내적 자원 자체가 부족한 상황이었고, 군대는 홍수 피해 복구와 같은 여러 사업에 동원되어야 했기 때문에 '선군정치'라는 명분에도 불구하고 군사력의 약화는 피할 수 없었다.

이러한 군사력 약화는 한반도 안보상황을 불안정하게 만들었다. 조선은 통상군사력으로 억제력을 유지하기 어렵게 된 반면 미국이 손쉽게 조선을 억제할 수 있게 된 것은 역설적으로 전쟁 가능성을 높였다. 비대칭 상호억제 관계에서 조선의 억제력이 붕괴되자 미국의 선제공격 가능성이 열렸기 때문이다. 전략적 상호작용의 관계에서 이러한 힘의 변화는 미국의 의도나 계획과 상관없이 조선의 안보불안을 극대화했다. 조선이 '비대칭적 상호억제'의 붕괴에 대응하여 핵무기를 개발하고 '대칭적 상호억제'를 추구할 가능성도 그만큼 높아졌다. 1990년대에 조선의 비대칭적 억제력이 본원적으로 약화된 것이 소위 '북핵문제'가 본격적으로 불거지기 시작한 이유다. 이 시기 영변 핵기지를 중심으로 조선의 활동이 활발해지기 시작했고, 조선의 핵무기 개발을 막는 것이 한국뿐만 아니라 국제사회의 관심사로 떠오르게 됐다. 북핵문제의 구조적 이유는 조선과 미국 사이의 비대칭적 상호억제의 붕괴에 있었다.

21세기 한국/미국과 조선의 전략적 상호작용과 안보딜레마

이 책에서 다루는 21세기는 이렇게 불안하게 시작했다. 남·북의 안보 상호작용은 조선의 핵미사일 개발을 초래했고, 남·북 안보딜레마는 점점 더 악화되고 있었다. 여기에 조선과 미국의 안보 상호작용이 결합하면서 조·미 안보딜레마도 악화되고 있었다. 21세기 초 한반도에서는 남·북 안보딜레마와 조·미 안보딜레마가 유기적으로 서로를 증폭시키고 있었던 것이다. 이러한 구조가 현재까지 유지되면서 한반도를 둘러싸고 한국과 조선, 미국이 선제공격을 공언하고 있는 일촉즉발의 위태로운 상황이 이어지고 있다.

이 책의 2장은 이러한 상황이 초래된 과정을 설명하기 위해 21세기 초 부시(G. W. Bush) 행정부의 전략을 재검토한다. 20세기 말의 불안정성은 조선과 미국의 대응전략으로 더욱 위태로워졌다. 비대칭적 상호억제가 무너진 상태에서 조선은 핵무기 개발로 대칭적 상호억제를 추구했던 한편, 미국은 이를 방지하는 동시에 미국의 우세한 지위를 활용할 방안을 모색하기 시작했기 때문이다. 냉전 시기의 글로벌 전략균형이 1990년대에 무너진 것도 불안정성을 악화시켰다. 동구권이 몰락하고 소련이 분열되면서 미국이 세계 유일의 초강대국으로 남게 된 것이다. 단극세계체제에서 미국의 힘을 최대한 발휘해보겠다는 네오콘(neo-conservatives, 신보수주의자)이 부시 행정부의 외교안보를 주도하면서 추진한 것이 '양대전쟁' 전략이었다. 조선이나 이라크와 같은 불량국가들과 동시에 전쟁을 수행해 승리하겠다는 것이다. 이를 위해 선제공격과 정권교체를 시도하겠다는 부시 행정부의 전략은 이라크전쟁에서 실질적으로 집행됐다. 다음 타깃이 조선이 될 수 있다는 가능성은 한반도의 위기상황을 극도로 강화했다. 조선은 2006년 10월 1차 핵시험을 단행, 핵무기 개발을 공식화함으로써 대응했다. 무너진 비대칭적 상호억제를 핵무기로 만회하려는 시도였다.

이 시기 한국에서는 김대중 정부와 노무현 정부가 군사적 충돌을 막고 대화와 교류를 확대하기 위해 노력했다. 특히 2003년 8월에는 남·북과 미·중·일·러 대표가 참여하는 6자회담을 개최해 다자외교의 방식으로 핵문제와 한반도 안보위기의 해결을 도모했다. 회담을 계속한 결과 2005년 제4차 6자회담에서는 △한반도 비핵화 △조·미 관계정상화 △조·일 관계정상화 △6자 경제협력 △한반도 평화체제 △동북아시아 안보협력 등에 포괄적으로 합의한 9·19공동성명을 발표하는 성과를 거두었다. 한반도를 둘러싸고 심화되던 남·북 안보딜레마와 조·미 안보딜레마를 해소할 수 있는 중요한 제도적 틀이 만들어진 것이다. 경제협력과 교류로 안보문제를 해결한다는 기능주의적 접근과, 안보문제는 정치적으로 해결해야 한다는 정치적 접근을 동시적으로 포함한 포괄

적 틀이었지만 안보딜레마를 직접 다룰 군비통제/군비감축 기제
는 정작 모호하게만 처리됐다는 한계를 안고 있었다. 합의를 이
행하는 데 어려움을 겪던 중 2006년 조선이 1차 핵시험을 단행했
지만, 2007년에는 9·19공동성명의 이행을 위한 조치를 병렬적으
로 취하기로 하는 2·13합의와 10·3합의가 이뤄졌다. 6자회담에서
도출된 포괄적 해법을 이행할 실마리가 만들어진 것이다.

　그러나 3장에서 말하는 것과 같이 2008년 이명박 정권이 출범
한 후 이러한 실마리가 다시 엉키기 시작했다. 특히 2008년 7월에
금강산 관광객 피살 사건을 계기로 금강산 관광을 중단시킴으로
써 남북관계는 안보딜레마 악화의 길로 역주행하게 됐다. 2009년
오바마(B. Obama) 정부 출범 후 3월 키리졸브 한미연합훈련을 진
행하면서 조미관계도 긴장상태로 전환됐다. 이어 4월 조선이 광
명성 2호 인공위성을 궤도에 진입시킨 것을, 이명박 정부와 오바
마 정부는 유엔 안전보장이사회 결의 위반으로 규탄했고, 조선
은 이에 강하게 반발했다. 6자회담 과정에서 도출됐던 기능주의
적·정치적 해법이 실효성을 잃어가고 있던 2010년, 천안함 침몰
사건이 발생했다. 이명박 정부는 이를 조선의 소행이라고 주장
하며 강력한 국제제재를 가해 조선을 굴복시키려 했으나 시민사
회의 이의제기에 부딪혀 소기의 의도를 이루지는 못했다. 하지만
남북관계는 회복하기 어려울 정도로 냉각되었고, 미국 보즈워스
(S. Bosworth) 대북정책 특별대표 등이 모색하던 6자회담 재개도
실질적으로 불가능해졌다. 일본에서는 우애에 기초한 동아시아
공동체를 추구하던 하또야마 유끼오(鳩山由紀夫) 수상이 같은 해

6월 사임하면서 한반도뿐만 아니라 동북아시아도 전략적 안보경쟁의 시대에 들어서게 됐다.

4장은 악화일로를 걷던 안보 상호작용의 결과로 2013년 조선이 제3차 핵시험을 단행했음을 보여준다. 당시 이명박 정부와 오바마 정부는 '전략적 인내'라는 틀 안에서 △핵억제력과 재래식 군사력을 이용한 군사적 압박의 강화 △유엔의 제재를 중심으로 한 봉쇄 △'급변사태'를 상정한 저강도 전쟁이라는 세가지 축으로 조선을 압박하고 있었다. 이러한 압박에 대응하여 조선은 군사력을 강화했고, 경제적으로 반등의 전기를 만들었으며 정치적으로도 내부체제를 공고화했다. 남·북 안보딜레마와 조·미 안보딜레마가 유기적으로 결합되어 악화된 귀결점이 3차 핵시험이었다. 또 조선은 핵탄두 개발과 함께 미사일 사거리도 확장하기 시작했다. 2009년 광명성 2호로 장거리로켓 능력을 과시한 데 이어, 2016년 4월에는 신형 대륙간탄도미사일(ICBM)의 대출력 엔진 시험에 성공, 대형 핵탄두를 미국 본토에 투발할 수 있게 됐다. "핵에는 핵으로 맞서 싸울 수 있는" 군사력을 보유하게 된 것이다.[18] 과거의 비대칭적 상호억제가 무너진 이후 이제 핵무기와 핵무기가 대립하는 대칭적 상호억제 상태에 들어가게 됐다.

5장은 미국 오바마 정부 시기 미국과 조선 사이의 군비경쟁이 질적 전환에 들어갔음을 보여준다. 오바마 정부는 2011년 11월부터 미국의 전략적 관심을 아시아로 이전하겠다는 '아시아 회귀'

---

18 소현정 「북한, '신형 ICBM 엔진 분출시험 성공' 주장… 김정은 참관」, KBS뉴스 2016.4.9.

전략을 추진했다. 후에 이를 '아시아 재균형' 전략이라고 부르며 동북아시아에서 미국의 군사력 증강과 미·일 안보동맹을 강화하던 오바마 정부는 2016년 7월 중대한 결정을 내렸다. 구매력평가지수(PPP)에서 미국과 중국의 국내 총생산액이 역전되던 이 해에 주한미군에 사드(THAAD, 종말고고도지역방어체계)를 배치하기로 결정했던 것이다. 당시 박근혜 정부의 동의를 계기로 한국은 미국과 중국 사이의 전략적 경쟁에 깊숙이 말려들게 됐다. 하지만 한국에 사드를 배치한 것은 많은 이들이 지적하듯 중국 견제뿐 아니라 조선의 핵탄두 투발능력에 대비하기 위한 것이기도 하다. 한반도가 핵무기에 의존한 대칭적 상호억제의 상태로 진입하자마자 미국은 조선의 핵미사일을 무력화하기 위한 작업에 본격 돌입했던 것이다. 조선의 대륙간탄도미사일 엔진 시험 성공이 2016년 4월이었고, 미국의 사드 배치 결정이 같은 해 7월이었던 사실은 조·미 전략경쟁이 핵과 핵의 대결에서 핵무기와 미사일 방어의 대결로 넘어가는 '군비경쟁의 질적 전환'을 상징적으로 보여주었다. 더구나 조선은 미사일방어체계를 파괴할 수 있는 장거리포나 단거리 미사일을 다수 보유하고 있기 때문에 미국과 한국은 미사일방어체계를 보호하기 위해서도 조선을 선제타격하는 전략을 채택했다. 이것이 박근혜 정부와 오바마 정부의 '맞춤형 억제' 전략이었다.

6장은 2017년 출범한 트럼프 행정부 1.0이 이전 부시 행정부나 오바마 행정부와는 매우 다른 국가안보전략을 추구했다고 논구한다. '미국우선주의'를 내세우면서도 이전 정부와는 달리 일방주의나 선제타격전략을 채택하지 않았다. '화염과 분노'나 '완전한 파괴'를 운운했지만 거친 표현에도 불구하고 그러한 발언은 오히려 전통적 억제전략의 표현이었다. 즉, 부시 행정부가 시작한 예방전쟁의 위협을 오바마 행정부가 선제 핵타격 가능성으로 강화했고 이를 트럼프 정부가 뒤집어 전통적 억제전략으로 회귀시킨 것이다. 부시와 오바마 행정부의 공세적 전략이 북의 핵전력 보유를 정당화하고 가속화하는 데 기여했다면, 트럼프 행정부의 억제전략은 북이 비핵화 협상에 나설 수 있는 환경을 조성했다고 평가할 수 있다. 이러한 변화 속에서 2018년 남북정상과 조미정상이 "평화체제 구축"에 합의할 수 있었던 것이다.

7장은 그럼에도 불구하고 문재인 정부가 한반도 평화프로세스를 한국 안에서 실현하지 못한 상황에서 바이든(J. Biden) 정부가 트럼프 전임 대통령의 정상합의 내용을 이행하지 않는 과정을 검토한다. 문재인 정부는 판문점선언에도 불구하고 국방개혁2.0을 추진하며 박근혜 정부의 삼축체계 도입 계획을 이어받았고, 국방예산을 대폭 증액하며 군비확장에 나섰다. 트럼프 정부 안에서도 네오콘과 전통적 안보관료들이 정상회담 결과를 밑에서 집행하지 않거나 뒤집는 행태들이 나타났다. 이러한 상황 속에서 2021년 출범한 바이든 정부는 트럼프 대통령의 정상합의 내용들을 완전히 무시하고, 그 이전의 안보전략을 되살렸다. 즉 미국의 억제력에 더해, 조선의 군사력을 선제적으로 무력화할 능력을 한국과 함께 추구하겠다는 것이다. 게다가 윤석열 정부에 한·일 안보협력을 강제해서 한·미·일 삼각안보협력을 제도화하는 동시에 유엔

앞선 정부의 선제 핵타격 전략을 트럼프 정부가 전통적 억제전략으로 회귀시킨 것이 2018년 조미정상회담을 여는 데 기여했다.

사령부 참가국과 나토(NATO, 북대서양조약기구) 회원국의 군사 활동을 적극 유치하여 조선에 대한 압박을 국제화하기도 했다.

안보딜레마를 넘어, 분단체제를 넘어

8장은 한반도 안보상황이 윤석열 정부와 바이든 정부 시기를 거치며 매우 위태롭게 퇴보한 모습을 보여준다. 조선뿐만 아니라 미국과 한국, 일본이 모두 선제공격 능력을 추구하고 있기 때문이다. 조선과 한·미의 전략적 상호작용이 전례없이 위험하게 충돌하는 상황은 이재명 정부 시기에도 이어지고 있다. 한국과 미국은 '일체형 확장억제'를 내세우며 한국의 재래식 전력과 미국의 핵전력을 유기적으로 연계해 조선에 대응하고 있다. 앞서 말한 것과 같이 미국의 핵 억제력에 미사일방어체계를 추가해 핵 선제타격 가능성을 열고, 거기에 한국의 삼축체계 재래식 선제타격 능력을 결합하는 것이다. 조선은 이에 대응해 핵 선제타격을 법제화하고, 핵미사일과 비핵무기체계들을 첨단화·다양화하고 있다. 미사일 엔진은 고체연료로 전환해 즉응발사가 가능하도록 하고 기동성과 은폐성을 강화하는 동시에 지상·지하·해상·해저 발사체계들을 개발·배치함으로써 한·미의 타격 이전에 한·미 군사력을 타격할 선제공격 능력을 키우고 있다. 남·북 안보딜레마와 조·미 안보딜레마는 이렇게 모두 선제타격 능력을 추구하는, 위태로운 상황을 초래했다. 2024년 12월 계엄령 선포로 가는 과정에서 당시 윤석열 대통령과 그 동조자들은 이러한 '일촉즉발'의 상황을 건드려 터뜨릴 수도 있었던 것이다.

9장은 이러한 이중 안보딜레마의 역사적 뿌리를 한반도와 동아시아의 구조적 분단에서 찾는다. 즉, 2차 세계대전이 종식되는 과정에서 △냉전분단 △동아시아 분단 △현대 민족국가 분단은 서로 유기적 연관성을 가진 하나의 '삼중분단체제'를 이루면서 동아시아 전후질서를 구성했다. 그런데 삼중분단 구조는 21세기에 들어 본질적 요동을 경험하고 있다. 중국의 부상으로 인해 '냉전분단'이 그 의미를 잃어가고, 한국과 일본 시민사회의 적극적 활동으로 '동아시아 분단'도 극복되어가며, '현대 민족국가 분단'도 서서히 완화되는 과정이었다. 그러나 미국은 아직도 우세한 군사력과 동맹체제를 동원해 냉전분단을 되살리려 하고 있으며, 남아 있는 동아시아 분단과 현대 민족국가 분단을 강화함으로써 냉전분단 복구의 동력으로 삼으려 시도하고 있다. 바이든 정부 시기 삼중분단 구조를 재강화하려는 시도가 크게 힘을 얻었고, 윤석열 정부도 이에 크게 기여했다.

그렇다면 이러한 구조적 흐름에 어떻게 대응할 것인가? 10장은 트럼프 정부 2.0의 대응방식을 역사적·구조적으로 분석한다. 우선 트럼프 정부 2.0의 정책을 밑받침하고 있는 '노골적 현실주의'는 거칠고 사나운 모습을 보이고 있지만, 역사적으로는 1980년대의 레이건주의나 1차 세계대전 시기의 '미국우선주의'에 뿌리를 두고 있다. 이러한 미국의 노골적 현실주의는, 변화하는 세계 정치경제의 구조에 대응하여 미국의 이익을 극대화하되 비용은 최소화하는 것을 공통분모로 하고 있다. 트럼프 정부 2.0도 세계 최강의 군사력을 휘두르며 동맹국이나 우방국에서 최대한의 '보호세'를 받아내는 반면 정작 적국에 대한 군사력 사용이나 국제제도를 위한 비용 지출에 매우 민감한 모습이다. 2차 세계대전 이후 세계 최대 경제국으로 부상했던 미국이 구축했던 자유주의 국제질서를 유지하는 데는 관심이 없다. 이익보다 비용이 더 크기 때문이다. 트럼프 정부 2.0의 이러한 모습은 기존 체제에 익숙한 국가들을 모두 당혹시키고 있다.

반면, 트럼프 정부 2.0은 동아시아의 삼중분단 구조를 요동시킬 가능성도 열고 있다. 한반도를 휘감고 있는 이중 안보딜레마의 역사적 뿌리가 삼중분단 구조인 만큼 트럼프 정부 2.0은 지금까지 보지 못한 한반도 분단체제의 질적 변화를 야기하는 것이다. 미·중 경쟁 및 갈등이 아시아에서 냉전분단을 심화시키는 측면이 있지만 역설적으로 동아시아 분단과 민족국가 분단을 뒤흔드는 측면도 있기 때문이다. 한국은 트럼프 정부 2.0이 가져온 위기는 피하거나 완화하는 동시에 트럼프 정부가 열어준 기회의 창은 최대한 활용해야 할 것이다. 특히 미·중 긴장이 경제영역에서 안보영역으로 확대되는 것은 우려해야 하겠지만 한국이나 일본 등 아시아 국가가 미국의 절대적 영향력에서 벗어날 수 있는 가능성은 주목할 필요가 있다. 미군을 재편하는 과정에서 주한미군의 규모와 역할에 생길 변화를 반사적으로 두려워하기보다는 한반도의 안보딜레마를 해소할 수 있는 절호의 기회로 활용할 수도 있다.

이를 위해서는 조선이나 미국의 변화도 필요하지만 한국도 안보딜레마의 당사자로서 변화해야 할 주체임을 명심해야 한다. 문재인 정부 시기 평화체제 구축에 합의를 하고도 '힘을 통한 평화'라는 안보론을 극복하지 못했던 한계를 뼈를 깎는 심정으로 성찰하는 것도 필요하다. 즉 트럼프 정부 2.0이 한국 방어부담을 감축하려 한다면 이를 한국 국방력 강화로 보완하는 것이 아니라 한반도 평화체제로 승화시킬 기회로 삼아야 한다. 무엇보다도 '촛불혁명'에서 '빛의 혁명'으로 이어지고 있는 역사의 흐름은 이중 안보딜레마를 벗어나 삼중분단체제 해체라는 평화의 과제를 촉구하고 있음을 명심할 일이다. 한반도 평화체제가 남북분단뿐만 아니라 아시아의 식민분단, 세계의 냉전분단을 해소하는 씨알이 될 수 있는 것이다.

안보딜레마라는 개념을 제안한 존 허츠는 국제체제의 무정부

성과 국제관계에서 힘의 중심성을 강조한 현실주의자였지만, 현
실주의의 한계를 넘어설 수 있는 가능성을 끊임없이 탐구한 이상
주의적 현실주의자였다. 애슐리(R. Ashley)의 평가대로 그의 현실
주의는 '성찰적 이성'에 닻을 내리고 있고 '해방적 인식론의 이
해'에 닿아 있다.[19] 한반도의 안보딜레마를 인식하는 것은, 그리
고 한국이 당사자로서 지금까지 끊임없이 안보딜레마를 재생산
해왔다는 사실을 인정하는 것은 그 딜레마에서 해방될 가능성을
여는 첫걸음이다. 거기에서 출발하여 분단체제를 넘어, '삼중분
단'을 해소하는 데까지 갈 길은 아직도 요원하다. 그 노정 위에서
이 책이 하나의 이정표 구실이라도 할 수 있기를 바란다.

---

19 Richard K. Ashley, "Political Realism and Human Interests," *International Studies Quarterly*, Vol. 25 No. 2, 1981년 6월호 204~36면.

1부
탈냉전이 부른 위기

2장

미국의 '양대전쟁'전략과 한반도

9·11 이후 부시 정부의 군사전략 변화

한미동맹이 급격한 변화를 겪고 있다. 주한미군 일부를 이라크로 차출하겠다는 계획이 언론에 공개되면서 한미동맹의 변화에 대한 논의도 급물살을 타고 있다.(글이 발표된 2004년 가을 시점) 그러나 이러한 논의는 주한미군의 감축규모와 한미동맹의 위상변화에만 그 초점이 맞춰져 있지, 한미관계의 질적 변화를 초래하는 구조적 요인에 대한 분석은 미흡한 면이 있다. 한미동맹의 변화는 ①한국의 민주화 ②동북아시아 냉전체제의 점진적 와해 ③ 9·11에 편승한 미국의 전략변화라는 세가지의 구조적 변화가 맞물려 나타난 결과로 보인다. 이 글에서는 셋 중 미국의 전략변화 분석에 초점을 맞추고자 한다. 미국의 전략변화는 ①과 ②의 두 가지 구조적 변화에 대한 미국의 능동적 대응이라는 측면이 있을 뿐만 아니라 한국과 동북아의 변화 가능성을 일정한 방향으로 끌고 가기 때문이다.

한국은 내적 민주화의 결과로 많은 변화가 초래되었다. 민주화는 대외관계에서도 한미동맹만이 존재하던 상황을 변화시켜 다양한 대안을 모색할 수 있는 조건을 형성하는 한편, 미국과 조선에 대해 더욱 자주적인 입장을 지향하는 다양한 세력이 시민사회와 정치사회의 전면에 부상케 하는 계기를 제공하기도 했다. 이러한 내부적 변화는 한미동맹이 이전과 같은 헤게모니적 지위를 더이상 관철시키기 어려운 상황에 봉착했음을 의미하고 이에 따른 변화를 강제하는 한 조건이 되고 있다. 그러나 대외관계에서 내적 민주주의의 진전에 상응하는 발전이 이뤄지지 못해 사회의 요구와 현실 사이에 괴리가 존재하고, 정부 내외의 기존 외교안보 주도세력이 여전히 압도적인 영향력을 행사하는 한편, 대안적 외교안보 세력과 정책의 등장이 지연되는 한계가 존재하기도 한다.[1]

한미관계의 변화를 추동하는 두번째 구조적 요소는 동북아질서의 변화이다. '냉전의 섬'이라 불리던 한반도에서도 남북정상회담 이후 제한된 범위에서나마 경제적 교류와 인적 접촉이 이뤄지며, 여기에서 한발 더 나아가 남·북간 군사회담을 통한 초보적인 신뢰구축 조치가 취해지고 있다. 조·미 갈등구조가 허용하는 범위 안에서만 진전되던 남북관계가 극히 제한적이나마 그 범위를 벗어날 수 있는 가능성을 열고 있는 것이다. 이러한 가능성은 두차례의 정상회담에 이어 관계정상화가 적극적으로 모색되는 조일관계에서 더욱 진전된 모습으로 확인된다. 한편 한국과 중국

---

1 최장집 『민주화 이후의 민주주의: 한국 민주주의의 보수적 기원과 위기』, 후마니타스 2002 참조.

사이는 경제교류 확대와 정치적 접근이 이루어지는 반면, 미국과 중국 사이는 경제교류의 확대에도 불구하고 정치적인 긴장관계를 늦추지 않고 있다. 동북아의 이러한 과도기적인 모습도 한미관계의 변화에 영향을 미친다.

한편 미국의 신전략에서 동북아는 전쟁억제를 위해 미군을 전진배치하기로 한 4개 지역 중 하나일 뿐만 아니라 전략적으로 '신속한 승리'를 추구하는 주요전쟁 예상지역 두곳 중 하나이다. 두곳의 주요전쟁 예상지역 중 '결정적 승리'를 거두겠다는 지역이 한반도가 될지 다른 곳이 될지는 미국 대통령이 결정하도록 되어 있다. 미군이 전진배치되는 4개 지역이 중국을 반원형으로 둘러싸고 있다는 사실은 미국의 장기적인 전략지향점을 시사한다. 미국의 이러한 전략은 한국 민주화 및 동북아 냉전구조의 와해가 열어놓은 새로운 질서의 가능성을 견제하는 힘으로 작용하고 있다.

2001년 채택되고 2002년 정식화된 이러한 전략을 충실히 이행하기 위해 미군은 현재의 군사력을 21세기형 미래군으로 변환시키는 한편 전세계에 걸쳐 군사력 재배치를 추진하고 있다. '군사변환'과 '해외주둔 미군 재배치계획'(GPR)은 미국의 신전략을 이행하기 위한 양대 축인 셈이다. 미군의 구조조정은 주한미군 재조정과 미군기지 재배치를 규정하는 전략적 지침이 되고 있을 뿐만 아니라 한국과 일본을 미국의 구도 속으로 더욱 깊숙이 끌어들이는 힘이 되고 있다. 이러한 일련의 변화는 단기적으로는 조선에 대한 군사적 압박을 강화하여 한반도 안보상황을 불안하게 만들 것이며, 장기적으로는 중국과 아시아-태평양 일대에 대한 미군의 개입능력을 확대해, 미국과 아시아 사이의 군사력 불균형을 가속화하고 군비경쟁을 부추길 가능성이 높다. 첨단과학기술에 의한 압도적인 군사력으로 21세기 '팍스 아메리카나'(미국의 평화)를 이루려는 구상의 일환으로 진행되는 미군 재배치는 단기적으로나 장기적으로나 21세기 한반도 안보에 심각한 영향을 줄 것이다.

1. 미국 탈냉전 전략의 변화

(1) 부시 행정부의 탈냉전 전략과 동아시아 미군감축 계획

미 상원은 1989년 7월 '넌-워너(Nunn-Warner) 수정안'을 통과시켜 "아시아에서 동맹국을 지역의 안정을 위해 어떻게 참여시킬 것이며, 동아시아 주둔 미군을 어떻게 감축하고 재구축할 것인지"에 대한 보고서를 제출하도록 국방부에 요청하였다. 이러한 미 의회의 요구에 따라 미 국방부가 작성한 것이 1990년 4월에 제출된 「동아시아전략구상」(EASI)이다. 이 보고서는 탈냉전에도 불구하고 동아시아에서 극동러시아와 조선이라는 '냉전형 위협'이 잔존하고 있다고 지적하고, 이에 대응하는 '지역의 안정유지'를 미국의 국익으로 규정했다. 동아시아에 미군이 지속적으로 주둔하는 것은 '역내 미국의 경제활동을 보장'하는 토대라는 점도 분명히 하고 있다. 그러나 탈냉전 시기에는 미군을 감축해도 이러한 목적을 달성하는 것이 가능하다는 게 이 보고서의 핵심이다.

이같은 동아시아 전략의 배경에는 미국의 세계전략 변화가 있었다. 부시(G. H. W. Bush) 행정부는 전세계적 차원에서 소련을 중심으로 한 공산권의 위협을 막는 이전의 봉쇄전략을 폐기하고, 탈냉전 시기에는 이라크 및 조선과 같은 지역적 위협에 대응한다는 '지역방위'전략을 채택했다. 당시 콜린 파월(Colin Powell) 미 합참의장은 이러한 전략을 수행할 수 있는 군사력으로 '기본병력' 구상을 제시했다. 이 구상에 따라 미 국방예산과 병력규모는 25퍼센트 삭감하기로 했고, 이는 동아시아 주둔 미군의 감축을 강제했다.

「동아시아전략구상」 보고서는 한국·일본·필리핀에 배치되어 있는 미 지상군과 공군 병력을 3단계에 걸쳐 감축할 것을 제시했다. 3단계 계획 중 제1단계 감축계획에 따라 1992년까지 한국에서는 7000여명, 일본에서는 4800여명, 필리핀에서는 11000명의 미군이 감축되었다. 이에 한국군의 방위역할이 증대되어 한미야전사령부가 해체되고 한미연합사령부 예하의 지상군구성군사령부가 분리되어 한국군 장성이 사령관에 임명됐다. 그러나 2단계 감축은 이미 1991년 말부터 차질이 생겼다. 소위 '북핵문제'가 부각되기 시작하면서 1991년 11월 한국과 미국 국방장관은 한미연례안보협의회의(SCM)에서 "북한의 핵개발 위협과 불확실성이 사라지고 이 지역 내의 안보가 완전히 보장될 때까지 넌-워너 2단계 주한미군 감축을 **연기**하기로 합의"한다.[2] 이러한 변화 등을 반영해 1992년 7월 미 국방부는 제2차 「동아시아전략구상」에 따라

1993년부터 시작될 예정이던 2단계 이후의 감군계획을 보류하기로 결정했다.

(2) 클린턴 행정부의 '양대전쟁' 전략과 동아시아 미군감축 중단

보류되던 부시 행정부의 아시아 주둔 미군 감축정책은 1993년 클린턴(B. Clinton) 행정부가 통상 '윈-윈'(win-win)이라고 알려져 있는 '양대전쟁' 전략을 채택하면서 공식적으로 종식된다. 전임 부시 행정부가 채택한 '지역방위' 전략을 계승하되, 안보적 위협이 존재하는 지역을 중동과 한반도로 구체화하고 이 양대 전장에서 동시에 승리를 거두는 것을 목표로 하는 이 전략이 채택된 데는 1991년 걸프전과 1990년대 초의 1차 북핵위기가 결정적인 계기가 되었던 것으로 보인다. 양대전쟁전략은 이후 미국 세계전략의 중심이 된다.

애스핀(L. Aspin) 국방장관이 1994 회계연도 국방예산편성방침의 형태로 1993년 9월 발표한 「전력편성의 전면검토」(Report on Bottom-Up Review)는 "미군은 두개의 주요한 지역분쟁에서 거의 동시에 결정적 승리를 얻을 수 있도록 편성"되어야 한다며 양대전쟁전략을 정식화한 첫 공식문서였다. 양대전쟁전략은 지역방위전략의 효율적 이행방안으로 이전부터 검토되던 '윈-홀드-윈'(win-hold-win)이 요구하는 것보다 훨씬 더 큰 군사력과 국방비를 필요로 하는 것이었기 때문에 「전력편성의 전면검토」의 채

---

2 제23차 한미연례안보협의회의 공동성명서(서울, 1991.11.21), 강조는 인용자.

택은 미군의 감축계획에 큰 영향을 주었다. 양대전쟁전략은 이후 1997년에 발표된 「4개년국방검토」(QDR)에서 재확인된다.

클린턴 행정부가 1995년 2월 「동아시아전략검토」(일명 「나이Nye 보고서」)를 발표하고 아시아와 유럽에 각각 미군 10만명을 유지하겠다며 전세계적인 미군 감군계획에 쐐기를 박은 것도 이같은 전략변화에 따른 것이었다. 즉 유럽에 배치한 10만명으로 이라크와 같은 불안정 요소에 대처하고, 아시아에 배치한 10만명으로 조선이라는 위협에 대응한다는 것이었다. 주한미군의 3단계 감축계획 중 2단계와 3단계의 추가 감축은 '연기'와 '유보'를 되풀이하다가 이로써 완전히 취소된 것으로 보인다.[3] 한편 한·미 양국은 미국이 양대전쟁전략을 정식화한 직후인 1993년 11월 이 전략의 이행을 위한 방안 및 한미연합사의 작전태세 등을 조정하기로 했다.

(3) 부시 행정부의 '1-4-2-1' 전략과 미군의 재편

9·11사태가 터진 지 20여일 만에 부시(G. W. Bush) 행정부가 발표한 2001년 「4개년국방검토」는 양대전쟁전략을 계승하되 이를 더욱 공격적으로 전환시켰다. 즉 "미군은 중첩되는 시간대에 어느 두개의 전장에서도 미국의 우방과 우호국에 가해지는 공격을 **신속히** 격퇴할 수 있는 능력을 보유할 것"이라며 양대전쟁전략을 재확인했을 뿐만 아니라 전쟁 시 "(적국의) **영토를 점령**하거나 **정**

---

3 한미연례안보협의회의 공동성명은 1991년 2단계 주한미군 감축을 '연기'하기로 한 이후 1992년부터 1994년까지는 2단계 감축을 '유보'한다는 기조를 유지했다. 그러나 1995년부터는 2단계 감축에 대한 언급 자체가 사라진다.

권교체의 조건을 조성할"(강조는 인용자) 수 있는 군사력이 필요하다고 주장했다. 이 새로운 양대전쟁전략은 적국의 점령과 정권교체까지 시도하는 공격적 전략일 뿐 아니라 신속하게 군사력을 이동해 전장에 투입함으로써 조기에 전쟁을 끝낸다는 속전(速戰)을 지향하고 있다. 클린턴 행정부의 양대전쟁전략에 없던 이러한 신속성과 점령·정권교체라는 공격성은 2년 후 이라크전쟁에서 그대로 드러났다.

부시 행정부의 전략은 적국이 공격을 하지 않더라도 안보위협을 사전봉쇄하기 위해서 미국이 선제공격을 할 수도 있다는 공격적 예방전쟁정책이다. 이것은 9·11사태 이후 테러리스트의 공격가능성에 대한 미국인의 위기감이 고조되자, 미국을 '안전한 요새'로 만들기 위해서 취할 수밖에 없는 방어책으로 정당화되고 있다. 2001년 럼즈펠드(D. Rumsfeld) 장관이 북대서양조약기구(NATO) 동맹국들을 방문하면서 선제공격의 필요성을 시사하고, 부시 대통령이 육사졸업식에서 선제공격 준비를 하라는 연설에 이어 2002년에는 선제공격이 공식화된다. 9·11사태 1주년을 맞는 2002년 9월에 발표한 「국가안보전략」에서 부시 행정부는 "필요하다면 미국은 선제공격을 할 것"이라고 공표했다.

부시 행정부는 2002년 5월 「국방계획지침」을 채택해 「4개년국방검토」에서 제기된 국방목표를 이행하기 위한 방안으로 기존의 주요전쟁 예상지역을 '2'로 유지하면서, '1-4-1'을 추가해 '1-4-2-1 계획 개념'으로 조정했다. 「4개년국방검토」에서 제기된 다음의 과제들을 정식화한 것이다.

① '1' 미국 본토 방어: "미국 영토 밖에서 가해진 공격으로부터 미 국민과 영토 및 사활적 국방기간시설을 방어한다." 미국 본토 방어는 9·11 이후 그 중요성이 급격히 증대되어 북미사령부와 본토방위국의 신설을 가져왔고, 미사일 방어도 본격적으로 추진되고 있다.

② '4'개 지역에서의 전진억제: "유럽과 동북아, 동아시아 도서, 중동·서남 아시아에 그 지역에 맞는 미군을 전진·주둔 배치해 동맹국과 우방국을 안심시키고 적의 강제를 막아내며 미국과 미군 및 동맹국과 우방국에 대한 공격을 억제한다." 4개 지역에 미군을 전진배치함으로써 이 지역에서 있을지 모를 침략 및 위협을 사전에 억제하는 것뿐만 아니라 적국의 의도를 힘으로 좌절시키겠다는 것이다. 미군의 전진배치는 '안심'을 담보로 하여 동맹국과 우방국을 미국의 영향력 안에 두는 것도 목표로 한다. 4개 지역에 전진배치되는 미군은 이 지역에서 미국의 이해를 지키는 역할뿐만 아니라 다음의 ③과 ④를 위해 동원될 수 있는 군사력이자, ①의 본토방어에도 기여하기 위한 것이다.

③ '2'개 주요전쟁 승리: "두곳의 작전지역에서 중첩되는 시간대에 미국의 동맹국이나 우호국에 대한 공격을 신속히 격퇴한다." 미군이 전진배치되는 4개 지역 중 2개 지역에서 전쟁이 일어날 경우 전진배치되어 있는 미군을 두곳에 집중해 단기간에 승리를 거둔다는 것이다. 기존에 배치된 미군만으로 전쟁을 수행하는 것이 아니고, 미군을 신속기동군으로 변환해 배치지역에 상관없이 분쟁지역에 군사력을 투입해 집중성을 높이는 방식으로 군사

력을 운용하려는 '군사변환'과 맞물려 있는 변화이다.

④ '1'개 결정적 승리: "미군이 군사작전을 펼치는 두개의 전쟁지역 중 한곳에서는 (…) 적을 결정적으로 패퇴시킨다. 명령을 받는다면 영토를 점령하고 정권교체를 위한 조건을 구축할 수 있는 능력을 포함한다." 그리고 이를 위해 군사력 추가투입도 최소화할 수 있어야 하고 군사력을 집중하는 데도 오랜 시간이 걸리지 말아야 한다고 요구하고 있다.

여기서 특히 우려스러운 부분은 '2'가 이라크와 조선을 지칭한다는 것이다. 특히 양대전쟁전략이 수립될 때부터 지목된 양대 주적 중 이라크는 정권교체와 점령까지 이루었으므로 이제는 조선만 남은 셈이다. '결정적 승리'를 지향하는 4와 관련해 「4개년 국방검토」와 「국방계획지침」은 미 대통령이 그 대상을 선택하면 이를 실행할 수 있는 군사력을 보유해야 한다고 지적하고 있다. 현재는 이라크전쟁이라는 '사막의 늪'에 미군이 빠져 있기 때문에 조선을 상대로 결정적 승리를 거두겠다고 나서기는 어려운 상황이다. 그러나 미국의 세계군사전략이 조선을 겨누고 있는 한, 한반도는 '2'와 '1'의 대상으로 상시적으로 남아 있는 것이다. 이에 반해 러시아는 군사적 위협으로 지목되고 있지 않으며 중국은 "계획을 짜기 어려운 상대"로 인식되고 있다.

'1-4-2-1' 전략을 더욱 효율적으로 이행하기 위해 미국은 군사변환과 미군기지 재조정 작업을 동시에 추구하고 있다. 첨단과학무기를 이용한 비선형적 첨단전을 지향하는 군사혁신을 이룩해 미군을 21세기 첨단군으로 환골탈태하자는 것이 군사변환의 내용이다. 이러한 변환이 이뤄진다면 군사력 규모가 현재보다 축소되더라도 '1-4-2-1' 전략을 이행할 수 있다. 또한 세계적 규모로 진행되고 있는 미군 재배치 및 미군기지 재조정 작업도 바로 이 '1-4-2-1' 전략을 이행하기 위한 것이다. 이러한 군사변환과 재조정의 상승작용이 나타나면, 더 작은 군대로도 군사력을 극대화할 수 있다는 것이 부시 행정부 군사전략이다.

2. 미국의 군사변환

미국은 양보다는 질을 앞세우는 방향으로 군을 개혁, 냉전 시기의 구식군을 21세기 최첨단군으로 환골탈태하는 작업에 본격적으로 나섰다. 앤드루 마셜(Andrew Marshall) 국방장관 고문이 내세운 '군사혁신'은 애초에 첨단과학무기 개발에 초점을 맞추었다가, 최첨단 과학기술에 새로운 작전개념, 이에 걸맞은 군사조직이라는 3박자를 결합해 군사력을 혁신적으로 강화하는 개념으로 확장되었다. 이러한 혁신에서 한발 더 나아가 사고방식과 문화까지도 바꿔서 전혀 새로운 형태의 군을 만들겠다는 것이 '군사변환'이다.[4] 럼즈펠드 국방장관의 말대로 "생각하는 방식, 훈련하는

---

[4] 「합참비전 2020」은 「합참비전 2010」에서 변환의 주요도구로 적시된 '군사기술의 혁신'을 군사력 전분야에서의 혁신으로 확대했다는 점이 특징이다. 이후에 설명하는 변환의 6대 과제와 4대 능력을 구현하기 위해서는 군사기술만의 혁신으로는 부족하고, 전략과 군사조직, 훈련, 병참, 지도력, 군인, 기지 및 군사시설 등 모든 분야에서 혁신이 이뤄져야 한다는 것이다.

방식, 연습하고 싸우는 방식을 변혁하지 못한다면, 어떠한 최첨단 무기도 미 군사력을 변혁하지 못할 것"[5]이라는 것이다. 그러나 군사변환의 핵심은 첨단무기 + 신작전 + 신조직의 삼위일체로 미군의 전투력을 혁명적으로 강화한다는 데 있는 것으로 보인다.

군사변환의 궁극적인 목적은 "냉전 시기에 확보했던 적에 대한 근소한 우월성에서 21세기 군사작전의 모든 영역에 걸친 우월(합동대응군으로 전영역의 우월성 확보)로 이동"하는 것이며 "대규모 전쟁에서부터 평화유지 작전에 이르기까지 모든 영역에 걸쳐 작전능력을 구비하는 것"이다.[6] 이는 클린턴 행정부에서 합동참모부가 작성한 「합참비전」(Joint Vision)에서 21세기 군사력의 지향점으로 제시했던 '전방위 우위'와 대동소이한 내용이다. 미국은 21세기에도 대규모 전쟁은 물론 적의 비대칭 전략 및 소규모의 테러 등 모든 종류의 전쟁·분쟁에서 승리를 거둘 수 있는 압도적 군사력을 보유해야 한다는 합의가 공화당과 민주당 사이에 있는 셈이다.

군사변환은 기존의 무기체계보다 더욱더 효율적인 방식을 모색하는 한편, 발달된 과학기술을 적극적으로 도입해 정확하면서도 살상력이 높고 신속한 이동배치가 용이하며 아군의 생존율을 높여주는 무기체계의 개발을 목적의 하나로 하고 있다.[7] 첨단

---

5 Donald Rumsfeld, "Secretary Rumsfeld Speaks on '21st Century Transformation' of U.S. Armed Forces," 2002.1.31.

6 Transformation Study Group, *Transformation Study Report: Transforming Military Operational Capabilities,* 2001.4.27, 5면과 7면.

7 음속의 8배에 달하는 속도로 날게 될 극초음속 폭격기는 5.5톤의 무기를 싣고 미국

무기 개발과 함께 작전개념도 혁신되고 있는데, 전선에서 싸우는 방식이 적의 핵심부와 후방, 측면 등을 동시에 입체적으로 타격하는 방식으로 바뀌고 있는 것이다. 미 합동사령부는 정보력과 살상력, 기동력의 우위를 극대화한 작전개념을 '신속결전'(Rapid Decisive Operation, RDO)이라 부르고 있는데, 미국은 현재 이보다 발전된 '네트워크 전쟁' 개념을 개발하고 있다. 이 개념의 핵심은 적의 반격에 의한 피해가능성을 최소화하면서 적을 입체적으로 공격하기 위해 분산된 상태에서 정보 네트워크로 연결되어 전쟁을 수행한다는 데 있다.

미군 구조도 이에 걸맞은 신속전개군 형태로 변화하고 있다. 가장 대표적으로 알려진 것이 스트라이커여단이다. 스트라이커여단은 세계 어느 곳이든지 96시간 안에 투입이 가능할 정도로 경량화와 신속투사를 특징으로 하고 있다.[8] 육군은 스트라이커여

본토에서 발진해 전세계 어느 곳이나 2시간 이내에 치명적인 폭격을 가할 수 있는 능력을 보유하게 된다. 유재훈 「미, 초음속폭격기 개발 추진」, 한겨레 2003.11.28; 워싱턴 AFP 「부시, 차세대 핵무기연구 허용 법안 서명」, 연합뉴스 2003.12.2.

8 기존의 육군은 M1 에이브러햄 전차와 브래들리 장갑차 등으로 중무장된 부대와 이러한 중무기가 없는 경보병으로 양분되어 있다. 그러나 중무장 부대는 신속한 전개가 불가능하고 경보병은 신속전개가 가능한 대신 적의 화력에 취약하다는 약점을 안고 있었다. 이를 보완해 등장한 것이 스트라이커여단 전투팀으로 이 부대는 신속전개가 가능하면서도 적을 제압하는 화력을 보유하고 있다. 이 부대의 주요 무기체계인 스트라이커 장갑차 계열은 가볍기 때문에 C-17 수송기나 고속수송선에 탑재되어 신속전개가 가능하다. M1 에이브러햄 전차는 70톤, 브래들리 장갑차는 30톤인데 비해 스트라이커 장갑차는 19톤에 불과하기 때문이다. 이에 따라 여단전투팀은 96시간 안에 세계 어느 곳이든지 파견이 가능하며, 1개 사단 파견에는 120시간, 5개 사단에는 30일이 걸리도록 한다는 계획이다. 에릭 신세키(Eric Shinseki) 육군 참모총장이 1999년 10월 이같은 계획을 발표했다. Global Security.org의 Stryker Brigade Combat Team 참조.

단 전투팀 6개팀을 신설해 기존의 경무장 병력과 중무장 병력 사이의 공백을 채우는 동시에 기존 군사력을 미래형 '목적군'으로 변환시키는 디딤돌로 이용할 계획이다.[9] 장기적으로는 모든 종류의 작전에서 압도적인 우위를 누리며 위협에 즉각적으로 대응할 수 있고 신속전개가 가능한 '목적군'으로 재편하는 것을 추구하고 있다. 이를 위해서 코만치 헬리콥터와 '미래전투시스템'(Future Combat System, FCS) 등 신무기체계를 개발하는 중이다.

해군은 '1-4-2-1' 전략을 이행하기 위해 '세계작전개념'을 개발해 기존의 해군체계를 37개 '독립타격단'으로 재편하는 중이다. 12개 항공모함 전단을 6개월씩 순환배치해 3개 해외지역에 배치하는 방식은 더욱 신축적으로 운용될 예정이다. 새로운 계획에 따르면 항공모함 전단은 전진배치에서 모항으로 귀항하는 즉시 6개월 정비를 거치고 6개월 훈련을 받은 후 나머지 6개월간은 전선투입 준비상태를 유지하게 된다. 이렇게 되면 미 해군은 필요

---

[9] 미 육군은 이미 2000년 초부터 워싱턴주 포트루이스에서 이러한 변환과정을 시작했다. 이 과정에서 이미 스트라이커여단 전투팀 2개팀이 구성되어 일부는 이라크전쟁에서 실전 테스트 과정을 거친 바 있고, 2008년까지 4개 여단을 추가로 편성할 계획이며 그중 일부는 하와이와 알래스카에 배치되어 아시아-태평양 지역에서 활약할 것으로 보인다. 럼즈펠드 국방장관은 2002년 12월 4개 스트라이커여단 편성을 승인하고, 2개 여단은 추가검토하기로 한 데 이어 2003년 12월 이 2개 여단 편성을 승인했다. 워싱턴주 포트루이스 소재 2사단 3여단과 25사단 1여단은 이미 스트라이커여단으로 재편되고 있고, 이어서 알래스카의 172보병여단이 재편될 예정이다. 루이지애나 2기갑연대는 이라크전쟁에서 복귀하는 대로 개편작업에 들어가 2006년까지 재편이 완료될 예정이다. 25사단 2여단(하와이 쇼필드 기지)은 2006년에, 펜실베이니아 육군 주방위군 28사단 56여단은 2008~10년에 스트라이커여단으로 재편될 계획이다. 「4개년국방검토」에 따르면 미 육군은 2007년까지 유럽에 1개 스트라이커여단을 배치할 계획이다. Global Security.org의 앞의 글 참조.

한 경우 6개 항공모함 전단을 전선에 동시에 투입할 수 있는 능력을 상시적으로 보유하게 된다. 현재 기존의 해군·해병력은 12개의 '항공모함 타격단', 12개의 '기동타격단' 등으로 재편되고 있다. 이렇게 재조직된 해군은 ①해양기지 ②해양타격 ③해양방패 ④군사력 네트워크 등 네가지 작전개념을 중심으로 운영될 예정이다.

군사변환에서 중요한 부분은 군사력 극대화를 위한 합동화로서, 한편으로는 육·해·공·해병의 합동화를 추진하고, 정규군과 특수군 및 CIA와의 결합을 도모하고 있다. 또한 핵전력을 통상전력의 상위 군사력으로 구분하던 것을 폐기하고 핵전력과 통상전력의 통합적 운용을 추구하고 있어 실전에서 핵무기가 사용될 가능성이 높아졌다. 미 국방장관실에 제출한 한 보고서는 '1-4-2-1'에서는 "전략핵무기가 통상전력과 구분되는 것이 아니라 전세계의 테러리즘과 불량국가들에 대한 다양한 전략적 대응능력의 한 부분일 뿐"[10]이라고 지적하고 있다.

이러한 '군사변환'은 럼즈펠드 국방장관의 진두지휘 아래 급속히 진행되고 있다. 부시 행정부는 2001년 발표한 「군사변환 연구 보고서」와 「4개년국방검토」에서 군사변환의 목표와 기본개념 등 그 청사진을 제시한 데 이어, 수차례의 전쟁게임에서 검토를 거치고 아프가니스탄과 이라크의 실전에서 그 타당성과 필요성이 확인되었다며 이를 강력히 추진하고 있다. 반면 변환에 비판적

---

10 William M. Arkin, "U.S. Military: War Plans Meaner, not Leaner," *LA Times*, 2004.4.21.

인 세력은 이라크전쟁이 군사변환의 한계를 보여준다고 반박하고 있어 변환을 둘러싼 논쟁은 이라크전쟁을 계기로 더욱 본격화되는 양상이다. 아프가니스탄과 이라크전쟁 초기에 보여준 모습은 '군사변환'의 정당성을 강화하는 측면이 있는 반면, 초기 전투에서의 압승에도 불구하고 지루한 전쟁의 늪에 빠져 있는 모습은 과학기술에 의존한 압도적 힘으로 적국을 제압하겠다는 방식의 한계를 보여주기도 한다. 이라크전쟁은 특히 해외기지의 필요성에 대한 논쟁 및 미 육군의 적정규모를 둘러싼 논쟁도 가속화시키고 있다.

이러한 논쟁이 어떠한 방식으로 해소될지는 아직 불확실하다. 하지만 논쟁의 중심축이 첨단과학전을 지향하는 군사변환론자와 재래식 전쟁의 중요성을 강조하는 전통주의자 사이에 형성되어 있다는 것은 미국 담론구조의 한계를 여실히 보여준다. 즉 군사력의 사용방식에 대한 의견 차이가 존재하는 것이지 군사력의 사용여부 내지 필요성에 대해 심각한 이견이 있는 것은 아니라는 것이다. 1990년대 초에 시작되었던 아시아 주둔 미군의 감축을 중단시킨 것이 민주당 클린턴 행정부였고, 클린턴 행정부에서도 대표적인 자유주의자라고 할 만한 조지프 나이(Joseph Nye) 당시 국방부 차관이 "미국의 사활적 이해를 지키기 위해서 아시아-태평양 지역에 미군의 강력한 전진배치가 필요"하다고 발언한 사실만 보아도 군사력이 미국 대외정책의 주요도구라는 인식은 공화당과 민주당 사이에 광범위하게 공유되고 있는 것으로 보인다. 9·11 이후 본격화되고 있는 국방비 증액에 대해서도 민주당은 강력히 반대하지 않고 있다.

군사변환을 추진해 미 군사력을 혁명적으로 신장시키지 않더라도 미국은 이미 세계 최첨단의 군사력을 보유하고 있다. 스톡홀름국제평화연구소가 지적한 바와 같이 현재 미국의 국방비는 전세계 국방비의 절반에 육박할 정도이다. 군사력에 많은 투자를 하는 미국이 국방예산을 지속적으로 증액할 계획에 있는 것은 무엇 때문인가?

우선 '힘'을 강조하는 현실주의가 미국 대외정책의 사상적 기반이라는 점을 지적할 수 있다. 미국의 대외정책은 전통적으로 국제법과 국제기구를 중시하는 자유주의, 국가주의적 군사력을 중시하는 현실주의를 양대 축으로 전개되어왔다. 그러나 9·11 이후 미국의 대외정책을 결정하는 논의구조는 공세적 현실주의와 방어적 현실주의를 중심으로 전개되는 양상을 보이고 있다. 단순화해서 말하면 기본적으로 '힘'을 중요하게 여기는 현실주의가 사상적 기반이 되고 있고, 이 '힘'을 어떻게 사용할 것이냐를 둘러싼 견해차가 존재하는 셈이다. 이러한 변화는 경제정책에서는 신자유주의, 안보정책에서는 현실주의를 사상적 기반으로 받아들인 클린턴 행정부에서부터 나타나기 시작한 것으로, 9·11 이후 더욱 뚜렷한 흐름으로 자리잡고 있다. '개입과 확장'이라는 국가안보전략을 채택하고 자유주의적 정책을 추진한 클린턴 행정부에서부터 이러한 변화가 시작되었다는 것은 앞에서 인용한 나이 차관의 발언뿐만 아니라, 「동아시아전략검토」에서 아시아-태평양 지역에 주둔하는 미군 수를 10만명으로 정하고 더이상의 감군이 없다고 결정한 사실에서도 확인되며, 클린턴 행정부가 핵전략의 핵심을 다음과 같이 정리한 데서도 알 수 있다.

잠재적 적국이 가장 중요하게 여기는 핵심적 자산과 능력을 위협할 수 있는 능력을 보유하고 있을 뿐만 아니라 이러한 능력의 보유사실을 적국이 알 수 있도록 해야 한다는 것이 미국의 전반적 핵정책이다.[11]

미국이 현재 군사력 유지·강화에 4천억 달러가 넘는 막대한 예산을 지출하는 이유를 「4개년국방검토」 보고서는 세가지로 명료하게 정리하고 있다. 첫번째가 "미국의 안보와 행동의 자유 확보"이다. 두번째는 "사활적 지역, 특히 유럽과 동북아, 동아시아 도서, 중동 및 서남아시아를 적대적 국가가 압도하는 것을 방지"하는 것이다. 마지막으로 "경제적 복리에의 기여"를 위해 ①"세계경제의 역동성과 생산성" 보호 ②"국제 해상, 공중, 우주 수송로와 정보통신망의 안보" ③"주요 시장과 전략적 자원의 확보"이다.[12] '무장화된 세계화'와 '미국 중심의 세계화'를 지향하는 이러한 안보정책에 대해서는 민주·공화 양당간 근본적인 의견차가 없는 것으로 보인다. '1-4-2-1' 전략 중 '1-4-2'에 대해서는 암묵적인 합의가 존재하는 한편 영토점령 및 정권교체를 의미하는 마

---

11 2000년 5월 23일, 미 상원 군사위원회 미국 전략 핵군사력 요구에 관한 청문회에서 월터 슬로콤(Walter Slocombe) 국방부 정책담당 부장관의 발언.
12 U.S. Department of Defense, *Quadrennial Defense Review*, 2001, 2면.

지막 '1'에 대해서 이견이 있고, '선제공격'에 대한 비판만이 존재하는 셈이다. 대량살상무기에 대한 정책에서도 대량살상무기의 개발·확산·사용을 저지해야 한다는 목적에 대해서는 민주당과 공화당 양당간 이견의 여지가 없는 것으로 보이고, 단지 이러한 목적을 이행하는 수단으로 선제공격 등의 공세적 군사수단이 효율적인가를 둘러싼 차이가 있을 뿐이다.

3. 미군 재배치

주한미군 구조조정은 이와 같은 미국 전략변화와 군사변화에 따른 세계적인 미군 재배치 및 기지조정 작업의 일환이다. 부시 대통령은 지난 2003년 11월 25일 전세계 미군의 재배치를 본격 시작하겠다고 발표, 전략변화와 군사변환과 미군 재배치라는 3대 과제 중 마지막을 수행할 것임을 공식화했다. 이에 따라 진행되는 미군 재배치 및 미군 '변환'은 단기적으로는 '1-4-2-1' 전략 중 '2'와 마지막 '1'의 표적인 조선에 대한 미군의 공격력을 강화, 한반도 안보상황을 불안하게 만들 가능성을 내포하고 있다. 장기적으로는 중국을 포함한 아시아-태평양 일대에서 벌어질지 모르는 불특정 위협에 대한 미군의 개입능력을 강화할 것이다.

미 육군은 '1-4-2-1' 전략을 효과적으로 수행하기 위한 기지 및 주둔 재조정을 하고 있으며 이를 위해 '통합 세계기지 및 주둔 전략'을 채택하고 있다. 이는 미군을 특정지역에 고정배치된

'붙박이 군대'가 아니라 여러 지역에서 다양한 임무를 신속히 수행할 수 있도록 변화시키고, 미군의 작전반경 또한 주둔지역에서 전세계로 확대하려는 것이다. 해외주둔 미군 수와 기지 면적은 축소하되, 미군의 기동성과 유연성은 극대화해 필요한 지역에 군사력을 신속하게 집중시킨다는 구상이다.

이러한 미군 재배치에서 우선 눈에 띄는 부분은 「해외주둔 미군 재배치계획」에서 지적하는 바와 같이 '군인 수'가 아니라 '군사력'이 중요하다는 점이다. 군대의 이동·작전 속도와 기민성, 조합성, 능력을 향상시킨다면 군인 수는 줄어도 오히려 군사력은 강화될 수도 있다. 앞의 예처럼 항공모함 운영방식의 개선으로 6개 이상의 '항공모함타격단'을 동시에 동원할 수 있는 능력을 갖추게 되는 것이다.[13] 육군의 경우 군인 수를 6퍼센트가량 늘릴 계획이지만, 군사력 운영방식의 혁신 덕분에 전투력은 30퍼센트 향상될 것으로 보인다.[14]

(1) 대북 군사력 강화

현재 용산에 있는 한미연합사를 비롯해 전방의 주한미군 대부분이 오산·평택 지역으로 이전할 계획이다. 그 시기와 비용 분담

---

[13] 미 국방부는 이 능력을 시험해보기 위해 2004년 여름 항공모함타격단 7개단을 세계 도처에서 동시적으로 운용하는 군사훈련을 실시했다. 태평양에서는 항공모함 키티호크, 스테니스, 레이건호가 동시에 동원됐고, 키티호크와 스테니스는 최초로 공동훈련을 실시했다.

[14] 추가된 군인으로는 사단을 신설하는 대신 다양한 군사작전에 투입될 수 있는 독립적 여단을 재편할 계획이다.

에 대한 협상은 진행중이지만 이전 자체는 기정사실화되어 있다. 여기서 한가지 유의할 점은 신속기동군의 타격 목적지가 반드시 동남아 등의 해외만은 아니라는 점이다. 신속기동군의 한강 이남 배치는 대북 군사력 강화라는 점을 놓쳐서는 안 될 것이다. 미군의 후방배치가 대북 공격력 강화라는 역설적인 결과를 가져오는 이유는 무엇일까?

우선적으로 지적되어야 하는 점은 미군의 후방배치가 미군의 생존능력을 높인다는 사실이다. 1994년 '북핵위기' 때 미국이 군사력 사용을 검토했으나 엄청난 피해가 예견되었기 때문에 그것을 포기했다는 것은 잘 알려진 사실이다. 즉 조선이 전방에 배치해놓은 만여기의 장거리포가 미군을 볼모로 잡고 있기 때문에 군사력 사용을 포기해야 했던 것이다. 이러한 상황에서 미군을 보호할 수 있는 가장 확실한 방법은 북의 장거리포가 미치지 못하는 후방으로 재배치하는 것이다. 이와 관련해 더글라스 페이스(Douglas Feith) 국방부 정책담당 차관은 주한미군을 남쪽으로 이전시키면 "북한이 장거리포에 쏟아부은 '엄청난 투자'의 사정거리 밖으로 나오게 된다"[15]고 밝힌 바 있다. 이것이 오산·평택이 미 2사단의 재배치 지역으로 주목받게 된 이유이다. 이러한 재배치로 미군의 생존능력을 높이면 부시 행정부의 선제공격 독트린 이행이 용이해진다.

이와 함께 중요한 점은 미군의 군사작전이 공세적으로 변화했

---

15 Kathleen T. Rhem, "Policymakers 'Plan to be Surprised' in New Global Posture," American Forces Information Services, 2004.6.30.

다는 점이다. 부시 행정부가 선제공격을 공식적으로 채택해, 필요하다면 예방전쟁 차원에서 상대방을 먼저 공격하고 정권교체와 영토점령을 하겠다고 나섰고, 정책과 전략을 이행하는 군사전술도 공격적으로 변했다는 것은 군사변환에서 두드러지게 나타난다. 미국은 적의 수뇌부와 중추신경계를 파괴해 적군을 마비시킨 후에 적군과 일일이 전면전을 하기보다는 우월한 기동성과 정보능력을 이용해 핵심 거점을 장악하는 첨단기동전과 네트워크전을 지향하고 있다. 공군기지와 군항을 끼고 있는 오산·평택은 조선의 전방과 후방을 동시에 타격한다는 기동전·네트워크 작전에 이상적인 기지인 셈이다.

한미동맹은 한반도 내 역할에 국한되는 것이 아니라 세계적 규모의 활동으로 그 성격이 근본적으로 변화하고 있다. 그러나 이러한 변화에만 주목하는 것은 미국의 현 군사전략을 놓칠 위험을 안고 있다. 군대는 미래의 위협에도 대비해야 하지만 최우선의 사명은 현재의 전략을 이행하는 점이다. 미국의 현 군사전략이 조선을 '주적'으로 지목하고 '신속한 승리'와 '결정적 승리'를 요구하는 한, 미군의 최대임무는 이러한 전략을 이행할 능력과 준비태세를 갖추는 것이다. 현재 진행되는 주한미군 재조정은 일차적으로 '1-4-2-1' 전략의 이행을 위한 것이라는 사실이 간과되어서는 안 된다.

이러한 점은 한미연례안보협의회의에서도 확인할 수 있다. 2003년의 안보협의회의에서 한·미 국방장관은 주한미군의 '전략적 유연성' 및 한미동맹의 세계적 역할에 공감을 표시하고, 군사

변혁과 군사력 증강을 추진한다는 합의를 하면서 그 목적을 다음
과 같이 명시했다.

> 향후 3년에 걸쳐 **한국 방위와 직접 관련된** 약 110억불 상당의 군사력 증
> 강계획을 이행할 미국의 공약을 재확인하였다. (…) 한미연합사의 **연**
> **합작전능력을 향상시킬 수 있도록** 미국의 군사변혁을 참조하면서 한국
> 군사력의 발전적 변화를 추진한다는 의지를 재확인하였다.[16]

　그런데 조선은 '1-4-2-1' 전략의 대상 중 하나일 뿐만 아니라
핵태세검토와 비확산전략의 주요대상이기도 하다. 미국의 양대
전쟁전략과 대량살상무기 비확산전략이라는 십자포화의 한가운
데에 놓여 있는 것이 조선이라는 사실이 한반도와 동아시아 안
보의 가장 시급한 현안이다. 2002년 초 공개된 「핵태세검토 보고
서」는 조선에 대해서 핵무기를 사용할 자세한 시나리오를 제시하
는 등 대북 핵전쟁의 가능성을 구체적으로 천명하고 있다. 또한
2002년 12월에 발표된 「대량살상무기 퇴치 국가전략」과 2002년
5월 부시 대통령이 서명한 「국가안보 대통령명령 17호」는 대량살
상무기나 장거리 미사일 "확보에 근접한" 국가나 테러리스트 조
직에 대한 '선제공격'을 승인한 것으로 알려지고 있다.[17]

16　제35차 한미연례안보협의회의 공동성명, 2003.11.17. 강조는 인용자.

17　Allen, Mike and Barton Gellman, "Preemptive Strikes Part of U.S. Strategic
　　Doctrine: 'All Options' Open for Countering Unconventional Arms," *The Washington
　　Post*, 2002.12.11.

즉 조선은 미국이 핵심적 안보사안으로 여기고 있는 대량살상
무기 비확산정책의 최우선 목표이며 조선이라는 '확산위협'에 대
처하기 위해 미국은 핵무기 사용, 선제공격, 군사적 봉쇄, 외교적
압박 등 다양한 수단을 동원할 태세이다.

(2) 주한미군의 지역방위군으로의 전환

미국의 전략이 변화하고 미군변환이 추진되고 있지만, 그것이
동맹국에 대한 무시나 경시를 곧바로 의미하는 것은 아니다. 일
방주의를 내세우고 있는 부시 행정부지만 '1-4-2-1' 전략과 군
사변환을 원활하게 추진하기 위해서도 동맹국과의 긴밀한 협력
관계를 원하고 있다. 「합참비전 2020」이 이전의 「합참비전 2010」
과 다른 주요한 부분 중 하나는 군사동맹 및 연합군과의 작전을
중요시한다는 점이다. 이에 따라 합동 및 연합 작전에서의 상호
호환성이 강조되고 있는데 이 호환성은 무기체계 등의 기술적 호
환성에만 국한되는 것이 아니라 군사조직, 과정, 전문영역 등에까
지 적용되는 개념으로 발전되고 있다.[18] 이는 동맹국에 대한 첨단
과학무기 구입 압력 및 동맹군의 첨단과학군화 촉구의 조건인 것
이다.

동맹국이 미국의 전략이행에 도움이 되고 군사변환과 보조를
맞춘다는 전제 아래 미국은 동맹의 활동범위 확대도 적극적으로
추진하고 있다. 미국은 동맹조약에 규정되지 않았다 하더라도 전

---

[18] General Henry H. Shelton, *Joint Vision 2020*, 2000.6, 16~17면.

략을 이행하는 데 필요한 지역에서 동맹군이 활동할 수 있기를 바란다. 「아미티지 보고서」가 밝힌 것과 같이 일본이 '아시아의 영국' 역할을 하기를 바라던 미국은 「신방위가이드라인」 등을 통해 미일동맹의 활동범위를 확대했고, 나토(NATO, 북대서양조약기구)의 활동범위도 북대서양조약의 규정을 넘어서고 있다.[19]

용산기지 이전을 둘러싼 협상이 비용문제에 국한되어서는 안되는 이유가 여기에 있다. '미래한미동맹정책구상'이 한미동맹의 성격 및 주한미군과 한국군의 역할, 한국의 신무기체계 도입계획 등 국가안보의 핵심적 사안에서 근본적 변화를 가져올 수 있기 때문이다. 일본은 역할 확대를 통해서 '보통국가화'라는 숙원을 성취하려 하고 있고, 나토는 활동범위 확대를 통해서 유럽 인근지역의 안보를 확보하려는 의도를 가지고 있다. 한국의 경우는 이러한 변화가 미국 군사체계에 더욱 깊숙이 편입될 뿐만 아니라 한반도 및 동북아의 긴장이 고조되는 결과를 가져올 것이라는 데 문제의 심각성이 있다.

2002년 연례안보협의회의 결정에 따라 2003년부터 진행되고 있는 '미래한미동맹정책구상'은 한미동맹의 범위를 확대한다는 합의를 전제로, 한국군과 미국군 사이의 역할 분담과 실천내용을 구체화하는 과정으로 보인다. 즉 주한미군은 휴전선 일대의 작전과 관련한 10가지 군사임무를 한국군으로 이전해 전방에서 한국군의 역할을 늘리는 동시에, 미군은 후방으로 이동해 북의 장거

---

19 Donald Rumsfeld, "News Conference with NATO Secretary-General," 2004.4.6.

리포가 미치지 않는 안전한 곳에서 북을 타격하는 데 집중한다는 역할 분담이 구체화되고 있는 것이다. 이는 또한 1990년대 초부터 제시되던 구상대로 한반도 방위는 한국군이 주도하고 미군이 지원하며, 지역방위는 미군이 주도하고 한국군이 지원하는 방식으로 한미동맹이 재편되고 있음을 의미한다.

미국은 군사변환을 주한미군에 적용하기 위한 과정의 일환으로 향후 3년 동안 약 110억 달러 상당의 군사력 증강계획을 추진하고 있다. 주목할 점은 이러한 군사변환이 주한미군에 국한되지 않고 한국군에 군비증강 압력으로 작용하고 있다는 사실이다. 한·미 양국은 이미 2002년 "연합방위태세를 개선하기 위해 군사기술 및 과학의 발전을 활용할 필요가 있다"며 한국군도 첨단과학군으로 변환해야 한다는 데 합의했다. 이어 2003년에는 "한미연합사의 연합작전능력을 향상시킬 수 있도록 미국의 군사변혁을 참조하면서 한국 군사력의 발전적 변화를 추진한다"는 의지를 조영길 국방장관이 표명했다.[20] '협력적 자주국방'을 내세운 참여정부의 안보정책이 군 현대화를 명분으로 국방비 증액과 군사력 강화 및 한국군의 전방역할 증대로 나타나고 있는 것은 미국의 전략변화 및 군사변환과 정확히 조응한다.

---

[20] 제34차 및 35차 한미연례안보협의회의 공동성명 참조.

4. 결론

한·미 국방부 당국자들은 한미연합사의 작전반경을 지역적 내지 세계적으로 확장하고 한미동맹의 성격을 한국 방어에서 세계 분쟁 개입으로 전환하려는 논의를 1990년대 초부터 진행해왔다. 최근 부시 행정부에서 미국의 군사전략이 공격적으로 변화하고 군사변환에 힘이 실리면서 이러한 논의는 한·미 국방부 간의 합의를 거쳐 본격적인 실행단계에 들어갔다.

한국군이 이미 아프가니스탄과 이라크전쟁에 파견되어 미군 지휘하에 있으며 2004년 8월이면 주한미군 일부가 이라크전쟁에 바로 투입된다는 사실은 한미동맹의 현주소를 그대로 보여준다고 하겠다. 주한미군을 신속기동군으로 재편하고 한미동맹을 전세계적인 군사소요에 대응할 수 있도록 하겠다는 것은 미래의 청사진이 아니라 이미 현실이다. 한국과 미국이 이미 2004년 2월 24일 '한미상호군수지원협정'을 개정해 한반도와 북미지역에 한정된 한국과 미국의 상호 군수지원 대상지역을 전세계 모든 국가로 확대했다는 사실도 이를 반증한다.

한미동맹의 역할과 범위를 이렇게 전세계적으로 확대하는 것은 한미상호방위조약을 명백하게 위배하는 것이다. 한미상호방위조약 제3조는 대한민국이 외부로부터 공격을 받았을 경우에만 조약당사국이 행동하도록 되어 있다. 또 1954년 1월 19일 미 상원이 한미방위조약을 비준하면서 추가한 양해사항도 "일방국이 외부로부터의 무력공격을 받는 경우를 제외하고는 그를 원조할 의

무를 지는 것이 아니다"라고 한미상호방위조약의 발동조건을 엄격히 제한한 바 있다.

또 동 조약 제3조는 그 적용범위를 "각 당사국은 타 당사국의 행정지배하에 있는 영토와 각 당사국이 타 당사국의 행정지배하에 들어갔다고 인정하는 금후의 영토"로 엄격히 한정하고 있다. 현 한미상호방위조약은 한국군이나 미군이 한국의 영토를 벗어나 작전하는 것을 금하고 있는 것이다. 한국의 방위를 위해 주둔하는 주한미군이 그 작전범위를 한국 이외의 동북아나 다른 지역으로 확대하는 것은 한미상호방위조약을 위배하는 것이다.

그럼에도 불구하고 한국군을 이라크전쟁에 파견하고 주한미군을 이라크전쟁에 차출한다는 것은 이미 양국군이 한미상호방위조약은 그대로 두되 실질적 내용은 변화시키는 작업에 착수했다는 것을 의미한다. 한미상호군수지원협정의 적용범위를 전세계로 확대한 것도 상위법인 한미상호방위조약은 그대로 둔 채 하위법을 수정해 상위법이 규정하고 있는 한미동맹의 성격과 적용범위를 변경시키고 있음을 보여준다.[21] 이러한 법적인 문제뿐만 아니라 미군 재조정이 한국 안보에 부정적인 결과를 초래할 가능성도 명확히 인식되어야 한다.[22]

---

[21] 이러한 움직임은 일본이 헌법은 개정하지 않은 채 '창조적 헌법해석론'에 근거해 유사법제 등 하위 법체계를 정비해 실질적인 '보통국가화'를 추진하고, 미·일 신방위가이드라인 등을 채택해 미일상호방위조약의 성격과 적용범위를 확대하는 것과 유사하다.

[22] 미국과 중국 사이에 대만을 둔 전쟁이나 중국과 일본 간 댜오위댜오/센까꾸 분쟁에 한국이 끌려들어갈 위험성을 김영희 기자는 "미사일을 든 고래들의 싸움에 새우가 부엌칼 들고 나서는 꼴"(「한국이 중국을 공격한다?」, 중앙일보 2004.5.28)이라며

현재 노무현 정부가 추진하는 '협력적 자주국방'은 '자주'라는 수사에도 불구하고 실질적으로는 미국의 이러한 전략변화에 편승하고 있다. 노무현 정부가 계획하고 있는 국방비 증액 및 첨단무기 도입은 정확히 미국의 군사변환이 원하는 바이다. 한국의 국방비를 GDP의 3.2퍼센트까지 증액해 주한미군이 담당하던 전방방위를 맡음으로써 주한미군의 신속기동군화를 보조하는 동시에 한국군을 첨단과학군화해 21세기형 미군과의 연합작전을 원활히 수행하려는 것이다. 한미동맹의 변화를 주동하는 미국의 전략과 군사변환에 대한 정확한 이해 위에서, 이러한 변화가 한국 및 동북아에 미치는 장단기적 안보영향을 면밀히 검토해 대응책을 마련하는 작업이 이뤄지지 않는 한 '협력적 자주국방'은 '자주' 없는 '협력국방'이 될 위험성을 내포하고 있다.

작전지휘통제권을 환수받지 못하고 독자적 전략개념과 작전계획을 수립·집행하지 못하는 한, 한국군은 미군의 변화에 따라갈 수밖에 없는 구조적 한계를 안고 있다. 진정한 '협력적 자주국방'을 위해서도 작전지휘통제권을 돌려받고, 자주적 입장에서 협력할 수 있는 구조를 만드는 것이 최우선 과제가 되어야 한다. 작전지휘통제권의 환수와 함께 '합리적 방어충분성'을 한국적 전략개념으로 하고, 이에 따라 미국 주도의 선제공격 및 공세적 억제작전을 전선방어적 작전계획으로 전환해야 한다. 전략개념과 작전계획을 이렇게 전환할 경우 현재 문제로 지적되고 있는 정보력

경고하고 있다.

의 부족·작전수행 능력의 부족이 동시적으로 해결될 수 있다는 발상전환이 필요하다. 아울러 주한미군 감축을 남·북·미 3자간의 평화체제 구축과 군축을 위한 계기로 활용하기 위해 노력을 기울여야 한다.

이와 함께 협력안보 개념에 기초한 동북아 다자간 안보체제의 구축을 위한 외교도 협력적 자주국방의 주요내용이 되어야 할 것이다. 미국의 군사변환과 미군 재배치가 한국뿐 아니라 동북아 및 아시아—태평양 전체에 미칠 부정적 영향을 최소화하면서 미국·중국·일본과 모두 협력적 관계를 발전시킬 수 있는 열쇠는 지역차원의 협력적 안보체제의 구축에 있다. 소위 '북핵문제'를 중심으로 3차까지 진행된 베이징 6자회담을 장차 6자간 안보논의체로 발전시킬 가능성, 동북아의 에너지·환경문제를 지역적 차원에서 공동으로 다룰 구조의 형성가능성, 이 지역의 평화와 협력을 추동할 다국간 시민사회 연대의 가능성 등을 다면적으로 모색해야 지역적 협력안보의 길이 열릴 것으로 보인다.

3장

'천안함 폭침설'이 말해주는 것[1]

천안함사건이 보여준 한국 민주주의의 한계와 가능성

한국 민주주의는 중요한 기로에 서 있다. 1987년 민주화가 시작됐고 1998년 김대중 야당 후보가 대통령에 취임하면서 평화적이고 수평적인 정권교체가 이루어졌다. 그리고 다시 2008년 정권이 바뀌면서 민주주의 절차가 뿌리내렸음을 보여주었다. 하지만 2012년 대선을 바라보는 지금(글이 발표된 2012년 가을 시점) 한국 민주주의에 새로운 틀이 필요하다는 주장이 힘을 얻고 있다.[2] 새로운 시대적 요구, 즉 경제민주주의, 보편적 복지, 남북관계 개선, 소수자 보호 등 실질적인 발전을 이루어야 할 때이고 이를 위해서는 정치체제도 질적으로 도약해야 한다. 이런 상황에서 천안함

---

1 이 글은 『창작과비평』 2010년 가을호에 발표한 「결정적 증거, 결정적 의문」(이승헌과 공저)과 2012년 가을호에 발표한 「천안함 사건이 보여준 한국 민주주의의 현재와 미래」(남태현과 공저)를 통합하여 개고한 것이다. 공저한 글의 게재를 허락해준 이승헌·남태현 교수에게 감사의 뜻을 남긴다.

2 백낙청 『2013년체제 만들기』, 창비 2012.

사건은 우리에게 한국 민주주의가 얼마큼 와 있는지, 어디로 가야 할지 가늠할 수 있는 좋은 좌표라 하겠다.

2010년 천안함사건은 민주주의의 문제이자 분단의 문제다. 천안함 침몰 이후 국가와 시민사회가 보여준 모습은 한국 민주주의의 한계와 가능성을 극적으로 보여주기 때문이다. 한편으로는 분단체제 절반의 영역에서 절차적 민주주의를 획득하더라도 이는 구조적 한계를 지닌 기형적 민주주의라는 사실이 이 과정에서 극명하게 드러났다. 그와 동시에 이러한 분단체제의 한계를 넘어설 추동력은 시민사회에 있고, 시민사회의 역량이 이제 그 한계와 힘을 겨룰 만큼 성숙했다는 사실도 확인할 수 있었다.

1987년 이후 선거제도를 중심으로 한 절차적 민주주의 면에서 괄목할 만한 성과가 나왔음에도 불구하고, 천안함사건은 남북문제가 여전히 강고한 성역으로 남아 있음을 여실히 드러내주었다. 그 성역 안에서 민주주의적 절차와 원칙이 심각하게 훼손되었던 탓에, 과학적 근거에 반대되는 '폭침설'이 정부의 공식입장이 될 수 있었다. 그 과정에서 행정부는 입법부를 철저히 배제했고, 국회는 특별위원회를 구성하기는 했지만 실질적 활동 없이 이를 해산, 행정부에 대한 감시와 견제의 기능을 스스로 포기했다. 이후 천안함과 관련된 일련의 재판에서 사법부도 독립적 기구로서의 역할을 제대로 수행하지 못했다. 국가기구 간의 권력균형과 상호견제가 무너진 가운데 행정부는 '폭침설'에 합리적인 의혹을 제기하는 시민들에게 '종북주의자'라는 딱지를 붙이고 공권력을 들이대며 의사표현의 자유라는 헌법상 권리를 제한했다.[3] 즉 천안함 정국은 분단체제 아래서 국가안보라는 명목으로 민주주의가 총체적으로 훼손될 수 있음을 뚜렷하게 보여주었다.

국내 민주주의의 취약성 속에서 이명박 정부는 5·24조치를 발표, 개성공단을 제외하고는 남북교역을 전면 중단시켰다. 대북 지원사업을 보류하고 국민의 방북을 불허하는 한편 대북 신규 투자는 금지시켰다. 2008년 금강산 관광객 피격 사건 이후 금강산 관광이 중단된 데 이어 이러한 조치들이 취해짐에 따라서 김대중 정부와 노무현 정부에서 이어온 남북교류와 협력이 실질적으로 끊기게 됐다. 남북관계가 악화일로를 걷는 와중에 이명박 정부가 천안함사건을 유엔 안전보장이사회에 상정하는 등 국제화하면서 6자회담도 실질적으로 와해됐다. 천안함을 계기로 지역정세가 급격히 악화하는 속에서 미국은 후뗸마 기지를 오끼나와 내에 유지한다는 합의를 일본 하또야마(鳩山由紀夫) 정부에 강요했고 한국군 전시작전지휘권 전환은 2015년까지 연기하기로 했다. 김대중·노무현 정부가 추진했던 남북관계 개선은 물론 하또야마 정부가 추진하던 동아시아 공동체 구상도 좌절하게 된 것이다.

이러한 한계와 동시에 천안함 정국은 긍정적 가능성도 내비쳤다. 즉 시민사회의 의식과 역량이 이전 시기와는 뚜렷하게 다를 정도로 성장하여 정부 차원의 '북풍'이 예전과 같이 먹히지 않았다는 것이다. 지방선거를 불과 보름여 앞두고 천안함이 조선 어뢰에 의해 폭침되었다는 공식 발표가 나오고, 이어서 남북관계를

---

3 이명박 대통령 제91차 인터넷 라디오 연설(2012.5.28). 이러한 발언의 문제점은 졸고 「MB의 위험한 '종북세력' 발언」(경향신문 2012.6.3.) 참조.

전면적으로 중단한다는 5·24조치가 취해지는 등 안보위기감을 극대화하는 조치가 잇따랐다. 그럼에도 유권자들은 과거의 투표 행태와는 달리 야당에 승리를 안겨주었다. 보수언론을 비롯한 많은 매체에서 공세를 퍼부었지만 국민의 3분의 2는 정부의 '폭침설'을 신뢰하지 않을 정도로 성숙한 의식을 보이기도 했다.[4] 특히 참여연대와 '평화와 통일을 여는 사람들' 같은 시민운동단체들이 보고서 발표 등 정부에 대한 감시 및 견제의 역할을 수행했고, 이를 국제사회로까지 확장하여 유엔 안보리에 정부 조사결과에 의문을 제기하는 공식서한을 보내기까지 했다.

이 글은 천안함사건을 둘러싼 일련의 사태를 통해 한반도와 동북아시아 평화의 한계와 가능성을 분석하고자 한다. 즉 민군합동조사단(합조단) 보고서의 모순을 지적하거나 천안함의 침몰 원인을 규명하는 것이 아니라,[5] 이 사건을 통해 한국 민주주의의 현주소를 재확인하려는 것이다. 또한 이러한 과정에서 2013년 이후 한국 민주주의가 더 발전해갈 수 있을지, 그 가능성과 과제를 찾아보려 한다.

---

4 서울대 평화통일연구원의 '통일의식조사' 결과에 따르면 천안함 침몰 원인에 대한 정부 발표를 신뢰한다는 응답자의 비율이 2010년과 2011년 각각 32.4퍼센트와 33.6퍼센트에 불과했다. 강원택 「차기 대선과 대북정책」, 서울대 평화통일연구원 학술심포지엄 '2011 통일의식조사 발표: 통일의식과 통일준비' 자료집 104면.

5 이에 대해서는 서재정·이승헌 「결정적 증거, 결정적 의문: 천안함 민군합동조사단 보고에 부쳐」, 『창작과비평』 2010년 가을호 참고.

1. 천안함사건에서 나타난 정부 내 비민주주의

국방부는 2010년 3월 31일 합조단을 82명으로 구성했다가, 4월 12일 73명으로 재편성하여 조사를 진행했다. 연합군사훈련 도중 발생한 군 사고이므로 국방부가 조사를 주도해야 했다는 명분이 따를 수도 있으나, 군이 당사자인 사건을 군이 조사한다는 점에서 출발부터 한계가 있었다. 사건의 성격상 국방부에서 독립된 기구나 사법부 또는 입법부, 아니면 민간 주도의 조사가 이뤄졌어야 함에도 국방부가 이를 주도했다는 사실 자체가 조사의 투명성과 객관성을 제약했다. 조사 주체의 독립성이 보장되지 못한 것은 조사 결과에 대한 신뢰도를 떨어뜨렸을 뿐 아니라 국가안보와 관련된 사안에 대해서는 여전히 비밀주의의 보호 속에 민주적 감시·감독이 이뤄지지 못하고 있음을 보여주었다.

물론 조사단에 민간인들을 참여시킨 것은 투명성을 높인 진일보한 조치였다. 더군다나 최초 합조단 82명 중 민간인은 6명만 참가했던 데 비해 재편성 후 그 수가 27명으로 늘어난 것은 내부 민주주의를 증진하는 데 기여했을 것으로 보인다.[6] 다만 '민간전문가'가 국립과학수사연구원이나 국립해양조사원 등 국립연구기

---

[6] 보고서는 최초 82명 중 17명이 관(官), 6명이 민(民)이라고 명기하고 있으나, 재편성 후 몇명이 관인지는 밝히지 않고 있다. 따라서 '민간인' 27명 중 상당수는 국책연구기관에 근무하는 '관'인 것으로 보이고, 조선소나 대학에 근무하는 4~6명만 민간인인 것으로 추정되나 그 정확한 수는 알 수 없다. 「대한민국 국방부 합동조사결과 보고서: 천안함 피격사건(2010.9.10.)」, 38~42면. 이하 보고서 인용은 본문에 면수만 표시함.

관이거나 삼성중공업이나 현대중공업처럼 국방부의 수주를 받는 관계에 있다는 점은 이들의 독립성이 상대적으로 제한되었을 가능성을 내비친다. 충남대와 울산대 교수 같은 학계나 국회에서 추천한 위원들만이 상대적으로 군으로부터 자유롭다고 보면 실질적으로 독립적인 민간인은 소수였을 것이다. 외국에서 파견한 전문가 24명은 기본적으로 군 내지 관으로 봐야 하고, 지원요원 98명 중 82명이 군인이었다는 사실에 비춰보면 합조단이 대부분 군이나 국가의 영향력 아래에 있는 전문가들로 구성되었음을 알 수 있다. 이는 합조단의 독립성을 저해하고, 군의 투명성을 제고하는 데도 도움이 되지 않을 구조적 한계를 보여준다.

이 한계가 합조단의 조사과정에 어떻게 영향을 미쳤는지를 알 수 있는 사례가 있다. 우선 합조단 각 분과에서 조사·분석하여 보고한 데이터가 합조단 차원에서 내린 결론과 상반된다. 예를 들어 과학수사분과의 증거물채증팀은 해저 및 해역 함체에서 수거한 증거물을 분석한 후 "천안함사건에 사용된 어뢰의 파편이라고 단정할 수 있는 금속은 식별하지 못했다"고 결론내린다(120면). 또 생존자 및 시신에 대한 검안 결과 "화상, 파편상, 관통상은 없었다"고 보고하고 "시신 대부분은 (…) 외상에 의한 사망 가능성은 적으며, 정황상 익사한 것으로 추정되었다"고 적시했다(132면). 그뿐 아니라 근접폭발 시 충격파와 폭발소리에 의해 청각장애 환자가 다수 발행해야 하나 이러한 환자는 없었다고 인정한다. 근접폭발 시 나타나야 하는 파손부위 열손상도 없었고(77면) 폭발위치에 나타나야 하는 꽃무늬 모양의 파공도 남아 있지 않았다

(84면). 즉 근접폭발 시 당연히 남았어야 할 파편, 파공, 충격파의 흔적, 열손상 중 어느 것도 남아 있지 않다고 과학수사분과는 보고하고 있다. 이 분과의 데이터는 명백히 어뢰의 근접폭발 가능성을 부인하는 것이다.

또한 함정구조/관리분과 선체충격해석팀의 분석 결과도 어뢰폭발설과 배치된다. 이 팀은 천안함 파괴 경위를 공학적 시뮬레이션으로 구현해 그 결과를 보고서 155면에서 172면까지 친절하게 나열했다. 여기서 주목할 부분은 천안함 함수와 함미를 모두 보여주는 시뮬레이션 중 어느 것도 천안함이 양분되는 것을 보여주지 않는다는 사실이다. 즉 선체충격해석팀은 시뮬레이션을 통해 버블효과로 천안함이 함수와 함미로 두 동강 나지 않았다는 것을 입증하고 있다. 또 시뮬레이션은 버블효과가 있었다면 천안함 가스터빈실 부분의 한가운데가 절단되어야 한다는 점을 보여줌으로써 실제 천안함의 파손형태(가스터빈실 부분의 가운데는 멀쩡하고, 그 앞과 뒷부분이 절단)는 버블효과로 설명될 수 없음을 입증했다.

즉 여러 팀에서 보고한 데이터가 어뢰 같은 폭발물의 근접폭발이 없었음을 강력히 시사함에도 불구하고 이러한 데이터는 무슨 이유에서인지 어뢰의 근접폭발설을 뒷받침하는 것으로 둔갑했다. 보고서에는 그 이유가 합조단 내의 비민주성이지 않았을지 의심쩍은 대목들이 여럿 발견된다.

예를 들어 과학수사분과는 HMX, RDX, TNT 같은 폭약성분을 검출했으나, 이 폭약의 원산지는 밝히지 않았다. 보고서는 "국립과학수사연구소에서 미국, 프랑스, 캐나다, 우리나라의 폭약성

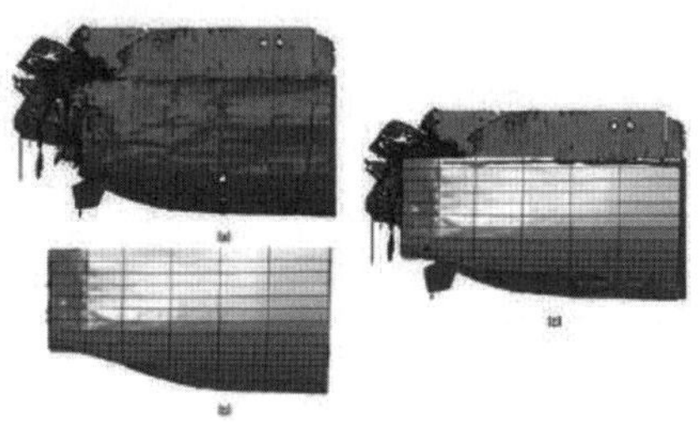

[그림 1] 예측된 손상 결과와 실제 손상상태 비교

분과 채증물에서 검출된 폭약의 동위원소 분석을 통한 화학적 지문검사를 실시하여 폭약성분의 원산지를 판단하고자 했으나, 구체적으로 밝히는 것은 제한되었다"고 스스로 한계를 인정한다(117면). 누가, 무엇을, 어떻게, 왜 '제한'했는지는 밝히지 않았지만, 조사팀의 활동과 보고에 내외적인 제한이 가해졌음을 시사하는 것이다.

그중 적어도 내적인 제한이 있었음은 보고서의 다른 부분에서 유추할 수 있다. 보고서는 그림 3장-6-23에서 28까지 일련의 자료에서 시뮬레이션 결과를 임의적으로 함수와 함미 부분으로 절단하여 보여주면서, 시뮬레이션 결과로 천안함이 이렇게 절단될 수 있다는 착시효과를 일으키고 있다.(그림 1 참조) 시뮬레이션 결과를 어뢰의 버블효과에 절묘하게 갖다맞춘 것이다. 과학적으로 시행된 것으로 보이는 시뮬레이션의 결과들, 버블효과를 부정하는 그림 3장-6-14에서 22와는 매우 다른 모습이다.(그림 2 참조) 이두 그룹의 그림들은 합조단 안에 객관적으로 분석을 실행한 전문가들과 분석의 결과를 '폭침'으로 유도하려는 전문가들이 있었

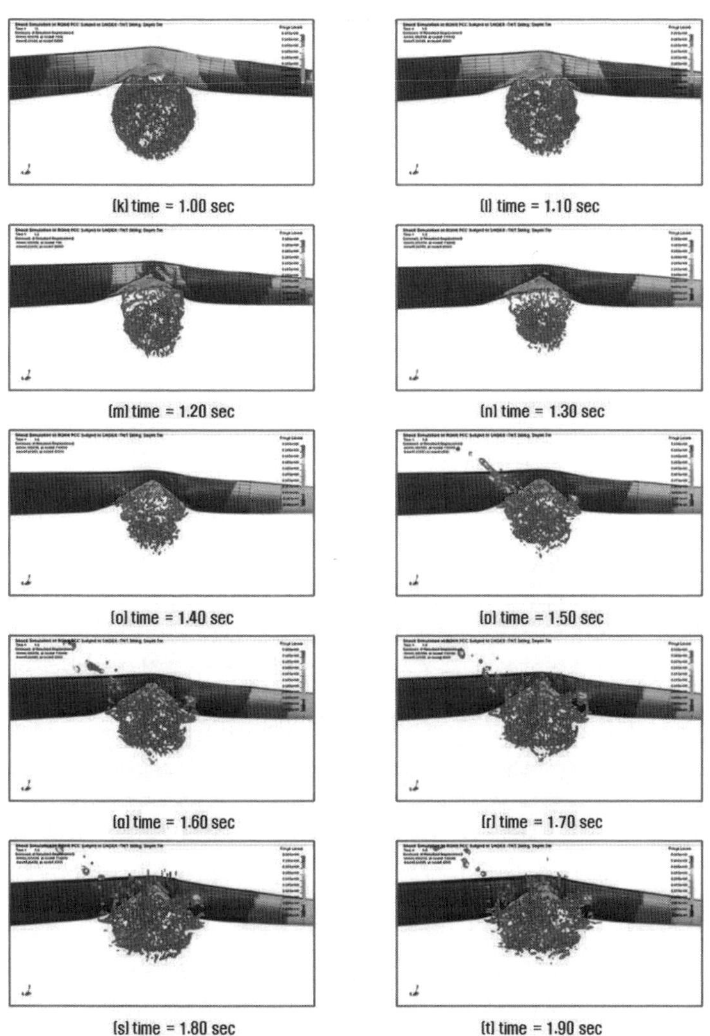

[그림 2] TNT 360kg이 수심 7m에서 폭발한 경우의 해석 결과

고, 후자가 합조단을 주도했음을 강력히 시사한다.

이러한 의혹은 소위 '흡착물' 분석에서 더 구체적으로 드러난다. 합조단은 천안함 선체와 어뢰추진체에서 채취한 흰색 분말덩어리가 "알루미늄 산화물과 수분"이라며 그 근거로 그림 3장-5-11과 12를 제시한다. 그런데 문제는 에너지분광분석(EDS)과 X선회절분석(XRD)에서 나온 이 두 물질의 데이터 자체는 정확하지만 그 해석이 왜곡됐다는 것이다. 같은 '흡착물질'을 분석한 안동대 정기영 교수와 캐나다 매니토바대학의 양판석 박사도 같은 데이터를 얻었고, 이외의 분석을 추가하여 이것이 알루미늄 황산염 수화물 계열이라고 추후 확인한 바 있다. 합조단의 전문가들도 이러한 사실을 알고 있었지만,[7] 이 데이터는 합조단의 누군가에 의해 알루미늄 산화물의 근거로 오용되었고, 여기에 모의 폭발실험에서 나왔다고 주장하는 조작된 데이터가 추가되면서 폭발과정에서 생성된 '흡착물'로 결론지어졌다.(그림 3 참조)[8] 흡착물이 폭발의 결과물이라는 해석을 합조단 내에서 주도적으로 몰고갔던 사람이 있다는 내부증언까지 있는 형편이다.[9]

결론적으로 국방부가 연루되어 있는 사건을 국방부가 주도하여 조사했기 때문에 그 결과에 대한 신뢰도는 추락할 수밖에 없는 구조였고, 보고서와 내부증언 등을 종합할 때 실제로 합조단

---

7 KBS「추적 60분」'의문의 천안함, 논쟁은 끝났나?', 2010.11.17.

8 보고서 부록 V-5-2는 모의 폭발실험에서 나온 흡착물의 에너지 분광분석 결과로서 알루미늄 산화물의 시그널을 보여야 하지만, 그림상에서는 알루미늄 황산염수화물의 시그널과 같게 표시되어 있다. 함체 및 어뢰추진체에서 추출된 '흡착물'의 분석 결과와 동일하도록 조작되지 않고서는 있을 수 없는 결과다. 자세한 내용은 이승헌 『과학의 양심, 천안함을 추적하다』, 창비 2010, 113~15면.

9 황준호「서재정·이승헌, '천안함 합조단에 조작 주도한 인물 있었다'」, 프레시안 2012.4.3.

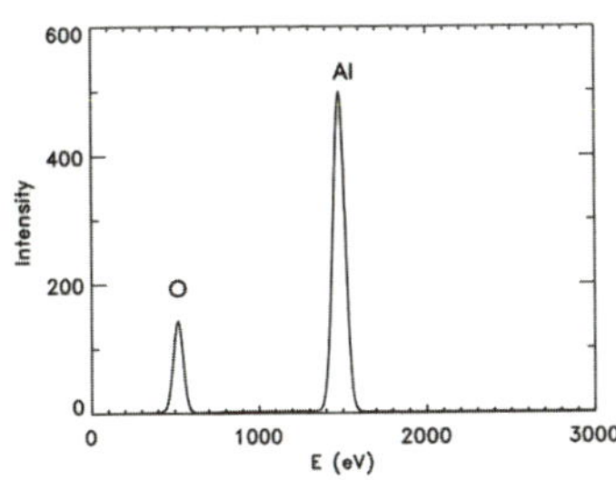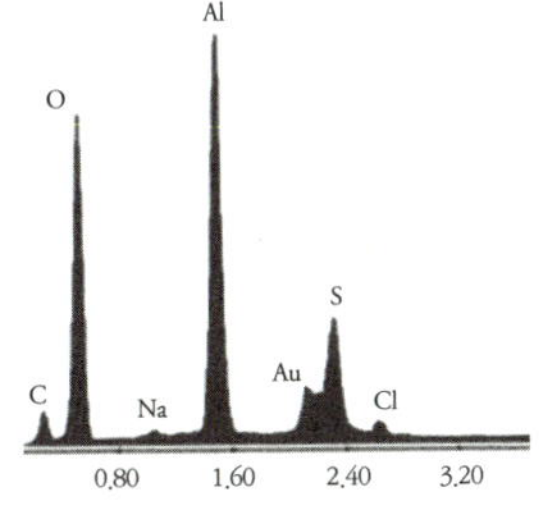

[그림 3] 산화알루미늄(좌)과 폭발실험에서 나온 '산화알루미늄'(우)의 EDS 결과 비교

의 조사는 내부의 비민주성으로 인해 객관적이고 공정하게 이뤄지지 못한 것으로 보인다. 즉 천안함사건의 조사과정은 첫째, 군에 대한 문민통제라는 민주주의 대원칙에 어긋났고, 둘째, 합조단의 독립성과 내부 민주성을 지키지 못했다는 측면에서 민주주의를 훼손한 것이다.

2. 천안함사건에서 나타난 한국 민주주의의 한계

대한민국 헌법은 국가권력의 남용으로부터 국민의 자유와 권리를 보호하기 위해 국가의 기능을 입법·행정·사법으로 분립하여 견제와 균형을 이루게 하는 권력분립제도를 채택하고 있다. 예를 들어 행정부의 권력남용을 막기 위해 의회는 국정감사 등을 통해 행정부를 견제할 수 있다. 그러나 현실적으로 한국은 대통령에게 권력이 집중되어 있고 행정부가 막강하여 입법부와 사법부의 견제기능이 미흡한데다, 천안함사건 당시의 18대 국회는 한나라당이 압도적 다수를 차지한 채 여당으로서의 정부견제 기능마저 포기한 상태였다. 이같은 현상은 분단체제하의 남북관계나 안보영역에서 두드러지게 나타나지만, 이명박 정부 아래서 한국 민주주의가 후퇴한 시기에 더욱 적나라하게 드러난 것이다. 천안함 정국이 이를 극적으로 보여준다.

삼권분립과 관련하여 두드러진 것은 사건의 진상규명이나 이후 조치를 취하는 데 국회가 거의 완벽하게 배제되었다는 사실이다. 문정인이 지적했듯이 "삼권분립의 관점에서 행정부의 발표는 절반의 진실"이다.[10] 특히 국가안보에 영향을 주는 위중한 사안이고 여러 의혹이 제기되는 상황에서 본격적으로 조사하고 그 결과를 발표해야 할 입법부가 배제된 것은 삼권분립이라는 민주적 원칙이자 헌법적 원칙에 어긋난 것이다.

2010년 4월 28일 국회는 '천안함 침몰사건 진상조사 특별위원회'(특위) 구성안을 통과시킨 후 '흡착물' 성분분석 재실험을 했다. 하지만 그것은 제한적인 성과였을 뿐,[11] 그밖에는 한나라당과

---

[10] 황방열·이경태·권우성 「문정인 교수 인터뷰 ② '북, 김정일 유고 때 국방위 체제로 움직일 것'」, 오마이뉴스 2010.6.14.

[11] 전국언론노동조합 민주언론실천위원회 성명 「국회 천안함 특위 파행? 언론도 파행!」, 2010.7.1. 특위의 활동 덕분에 천안함 함체와 어뢰추진체에서 채취된 '흡착물'을 직접 분석할 수 있었던 과학자는 정기영과 양판석이다. 이 둘은 독립적인 별개의 분석을 통해서 이 물질이 알루미늄 산화물이 아니라고 입증했다. 이들의 연구결과 덕분에 합조단의 주장이 틀렸음은 의문의 여지 없이 밝혀졌으며, 앞으로 밝혀져야 할 것은 합조단의 누가, 왜 이 물질을 알루미늄 산화물이라고 주장했느냐는 것이다. 김광섭 등도 합조단의 주장이 틀렸음을 지적, 이런 조사의 필요성이 더욱 높아지고 있다. 단 김광섭의 주장 중 선행연구 결과나 독자적 실험 없이 가능성만을 내세운 부분은 보완되어야 할 것으로 보인다. 강태호 「천안함 1번 글씨 연소 여부, 모두 틀렸다」, 한겨레 2012.6.22.

정부의 비협조적인 태도 때문에 제대로 활동하지 못했다. 특위 구성은 4월 28일 결정되었으나 한나라당이 위원 명단을 제출하지 않아 5월 24일까지 첫 회의가 열리지도 못했다. 그나마 공식 활동 시한이 6월 27일까지라 실제활동 기간은 불과 한달뿐이었던 셈이다. 이 기간에 공식회의는 단 네차례 열렸고 더구나 5월 28일과 6월 25일 전체회의는 한나라당 의원들과 국방부 등 정부의 불참으로 유명무실해지고 말았다. 결국 특위는 5월 24일과 6월 11일, 단 두차례 회의를 연 후 해산되었다.[12] 국회의원 20명으로 구성된 특위 활동 한달, 전체회의 두차례. 초계함이 침몰하고, 군인 46명이 사망했을 뿐 아니라, 남북관계의 전면적 중단을 가져온 5·24조치의 원인이 된 사건과 관련한 국회의 초라한 기록이다.

국가안보와 관련된 사안에 행정부가 우위를 차지하는 것은 예외라고 할 수 없지만 의회가 이 정도로 무기력한 모습을 보여주는 것은 다른 민주주의 국가에서 찾아보기 쉽지 않다. 예를 들어 미국에서는 1975년과 1976년 의회에서 초당적 처치위원회(The Church Committee)를 구성하여 FBI와 CIA의 정보수집과 공작활동이 법을 위반하지 않았는지 광범위한 조사를 벌여 보고서 14권을 발표하고 개선조치들을 권고했다. 1989년 선원 47명이 사망한 아이오와호 폭발사고에서도 해군 자체조사에 만족하지 못한 의회가 청문회를 개최하고, 의회 산하의 회계감사원이 해군조사단 조사 결과를 재조사하도록 했다.[13] 9·11 이후에도 미국은 2002년

---

12 국회사무처 제290~291회 국회(임시회) '천안함 침몰사건 진상조사 특별위원회 회의록' 1~4호, 2010.5.24~6.25.

11월 초당적 9·11위원회를 구성하여 사태를 방지하지 못한 이유 등을 거의 2년 가까이 강도 높게 조사한 바 있다.

반면 한국에서는 안보 사안, 특히 조선이 관련된, 혹은 관련되었다고 의심받는 사안에서 국회가 독립적으로 역할을 수행한 사례를 찾기 어렵다. 그 이유는 정부조직의 구조적 문제와 현대사의 문제로도 설명할 수 있으나, 두가지 다 분단체제로 귀결된다는 점에서 분단은 한국 민주주의를 제한하는 구조적 질곡이라 할 수 있다.

우선 정부구조 면에서 한국은 제2공화국 시기를 제외하고는 대통령제를 유지하고 있다. 대통령제에서도 대통령이 법률안 제출권, 국가긴급권, 헌법개정안제안권, 국민투표부의권을 가지고 있을 뿐 아니라 헌법재판소 소장·재판관을 임명하고, 대법원장·대법관을 임명하며, 광범위한 사면권을 행사하는 등 입법부와 사법부의 권력을 초월하는 "초권력적 대통령제"를 채택하고 있다.[14] 또 각부 장관이 국회의원을 겸직할 수 있어 제도적으로나 실질적으로나 행정부와 입법부 간에 견제와 균형이 이뤄지지 않고 있다. 이렇게 된 데는 의원내각제를 채택했던 제헌의회의 헌법초안이 대통령제로 갑자기 바뀐 이유, 제3공화국·유신헌법·제5공화국이 등장한 이유 등이 맞물려 있지만 분단이 그 구조적 원

---

13 이 방식은 천안함사건의 처리방식에 많은 시사를 던져준다. 석광훈 「천안함, 美 아이오와호 폭발사고 조작과 판박이」, 프레시안 2010.6.9.

14 정종욱 「한국 대통령제의 성공을 실현하기 위한 운영 모델」, 『서울대학교 법학』 43권 3호 266면.

인으로 작동하고 있다. 즉 대통령제는 분단이라는 특수상황에서 사회안정을 이루고 안보를 지키기 위해 필수적이라는 명분 아래 지속적으로 강화되어왔던 것이다.

분단체제하에서 입법부의 독립성이 침해받아온 역사는 1948년 제헌의회에서부터 시작된다. 제헌의회는 1948년 9월 22일 대한민국 법률 제3호로 반민족행위처벌법을 제정, 반민족행위특별조사위원회(반민특위)를 구성했으나, 행정부의 반대와 방해 및 친일세력의 특위 위원 암살 음모 등으로 활동에 어려움을 겪던 중 결정적으로 '국회 프락치 사건'이 터지면서 실질적으로 와해되었다. 결정적 증인도 객관적 물증도 없는데도[15] 국회의원 13명이 남로당 공작원이라는 혐의로 실형을 받은 이 사건은 이후 두고두고 국회의원들에게 트라우마로 남았다. 이후 한국전쟁 기간 벌어진 국군의 민간인 학살사건에 대해서도 국회가 조사를 벌였으나 실패한 경험도 있다.[16]

국회가 그나마 상대적 독립성을 어느정도 누리고 있던 시기에 이런 사건들이 발생했음을 상기할 때, 대통령의 권력이 강화된 유신체제와 제5공화국을 거치면서 국회의원들의 피해의식이 얼마나 깊어졌을지 짐작할 수 있다. 즉 조선이나 안보에 관련된 사안을 잘못 건드렸다가는 고생만 하고 심지어 간첩으로 몰려 처벌받을 수도 있다는 내면적 자기검열기제를 고착화했고, 이것이 이번

15　박원순 「국회 프락치 사건, 사실인가」, 『역사비평』 1989년 가을호 228면.
16　전갑생 「1960년 국회 '양민학살사건조사특별위원회' 자료」, 『제노사이드연구 1』, 한국제노사이드연구회 2007, 253면.

천안함사건에서 의회의 무기력으로 나타났다고 추정할 수 있다.

　2011년 6월 28일 국회 인사청문특별위원회의 조용환 헌법재판소 재판관 후보자에 대한 인사청문회는 국회가 안보 사안에서 단순히 무력한 정도가 아니라 안보공세의 장이 되고 있음을 시사한다. 이 청문회에서 조 후보자는 천안함사건에 대해 "북한이 저질렀을 가능성이 대단히 높다"고 답했으나, 자유선진당 박선영 의원이 "북한 소행이라고 확신할 수 없다는 말이냐"며 추궁하자 "정부 발표를 받아들이지만 직접 보지 않아 확신이란 표현은 적절하지 않다"고 답변했다.[17] 그 발언 때문에 헌법재판관 선출안이 역사상 처음 국회 본회의에서 부결됐다. 오랫동안 제 목소리를 내지 못하던 국회가 민주화 이후 5·18광주청문회와 과거사위원회 등으로 독자성을 부분적으로나마 획득했으나, 천안함이 계기가 되어 이 독자성이 다시 크게 손상된 것이다.

　마지막으로 이같은 민주주의의 후퇴는 국가와 시민의 관계에서도 나타난다. 천안함 침몰 직후 정부는 사건 발생시간을 수시로 바꾸어 발표하고, 침몰 위치에 대해서도 번복하고, 확인되지도 않은 채로 사고 원인을 예단하여 발표하는 등 스스로 신뢰를 떨어뜨렸다. 시민과 언론이 이러한 문제점에 합리적 질문을 제기하면, 성실히 답변하고 국민과 소통하는 대신 국가권력으로 질문 자체를 봉쇄하려 했다.[18] 정부는 의혹의 가능성 자체를 봉쇄하기 위해

---

17 김기현 「조용환 헌재재판관 후보자 인사청문회 답변 논란」, 동아일보 2011.6.29.
18 KBS 「9시 뉴스」는 천안함 수색 작전에 참여한 한주호 준위가 2010년 4월 7일 '제3의 부표'에서 숨졌다고 보도했다. 국방부는 즉각 부인성명을 내고 KBS에 정정보도

한편으로는 명예훼손 소송이라는 합법적 도구를 사용하고, 다른 한편으로는 사찰과 배후압력을 행했다.[19] 그 결과 "국가 단합을 도모하는 구심점으로서의 정부 역할이 흔들"렸을 뿐 아니라[20] 국가가 공권력을 동원해 표현의 자유와 양심의 자유를 제한하는 반민주주의적인 행태도 나타났다.

2012년 5월 이명박 대통령이 라디오 연설에서 천안함사건에 의혹을 제기하는 시민을 "(조선의) 주장을 그대로 반복하는 우리 내부의 종북세력"이라고 지칭한 것은 이러한 반민주주의적 모습의 정점이라고 할 만하다. 이러한 발언은 대한민국의 법치주의 원리를 훼손하고, 헌법적 원칙을 위배하기 때문이다. 만약 조선의 "주장을 그대로 반복하는" 시민이 있다면 국가보안법 위반이지만 검찰은 천안함사건과 관련한 국가보안법 고발 건들은 모두 무혐의로 각하한 바 있다. 그럼에도 행정부 수장인 대통령이 '종북주의' 운운하는 것은 법치주의 원리를 훼손한 것이며, 헌법에도 명시된 무죄추정의 원칙을 위배한 것이다. 또한 사법부가 천안함과 관련

를 요구, KBS가 정정보도를 내고 그 뉴스 영상을 삭제하도록 했다. 해군본부는 8개 신문사를 상대로 언론중재신청을 했고, 방송통신위원회는 「추적 60분」 '천안함' 편에 중징계를 결정하기도 했다.

19 국방부 장관은 박선원을 허위사실유포 혐의로, 합동참모본부는 이정희 의원을 명예훼손혐의로, 해군은 신상철을 전기통신기본법 위반 혐의로 고소했다. 경찰은 의혹을 제기하는 내용의 유인물을 배포한 대학생을 연행, 구속영장을 신청했다. 보수단체인 라이트코리아, 납북자가족모임, 6·25남침피해유족회는 김용옥을 국가보안법 위반 등의 혐의로, 인터넷에 의혹을 올린 누리꾼 12명을 전기통신기본법 위반 혐의로, 라이트코리아와 고엽제전우회는 참여연대와 '평화와 통일을 여는 사람들'을 명예훼손과 국가보안법 위반 등으로 고발했다.

20 송민순 「천안함, 국가안보를 생각하며」, 2010.4.30. http://blog.naver.com/songminsoon/50087490819

하여 국가보안법 위반 판결을 내린 적도, 내릴 수도 없는 상황에
서 행정부 수반이 불특정 다수 시민을 '종북세력'이라는 국가보
안법 위반자로 규정지은 것은 삼권분립의 민주적 원칙을 훼손한
것이기도 하다.[21]

3. 천안함사건으로 본 한국 민주주의의 현주소

지금까지 논의한 것과 같이 천안함사건은 민주주의의 퇴행과
한계를 보여주기도 하지만 동시에 민주화의 발전상도 보여준다.
한국정부는 사건 이후 일련의 대응을 통해 남·북간 긴장을 고조
시키며 안보정국을 조성하려 했지만 결과는 그러한 의도와는 판
이했다. 시민사회와 일부 언론에서 정부의 설명에 대해 의심과
반론을 던졌고, 이를 제압하려는 정부의 갖가지 노력에도 불구하
고 상당수의 일반 시민들은 정부의 주장에 회의적인 반응을 보였
다. 즉 천안함사건은 역설적이게도 민주주의가 그만큼 성숙했음
을 보여준 것이다.

2010년 5월 20일 합조단은 천안함 침몰이 조선 소행이라고 주
장하는 보고서를 발표했고, 이로부터 나흘 뒤 '북한의 군사도발'
을 규탄하는 이명박 대통령의 담화문이 따랐다. 이와 함께 정부
는 천안함 추도 모금행사를 벌이며 안보와 군의 중요성을 강조하

---

21 이에 대한 더 자세한 논의는 졸고 「MB의 위험한 '종북세력' 발언」, 경향신문
2012.6.3 참조.

는 등 이 사건을 안보와 직결시켰다. 정부의 이러한 노력은 시민들이 정부 발표를 대체로 받아들일 수밖에 없는 상황을 초래하는 듯했다. 과거의 비슷한 경우, 정부 발표는 일단 기정사실로 받아들여지기 일쑤였다. 혹 의심이 간다고 해도 정부의 주장을 뒤집을 만한 정보를 가진 단체가 드물었거나, 있더라도 이러한 단체들이 일반 시민들과 소통하기에는 역량이 모자랐기 때문이다.

하지만 천안함사건은 달랐다. 정부의 주장에 중요한 질문을 던짐으로써 정부의 설명이 얼마나 취약한 것인가를 보여준 대표적인 NGO로 참여연대를 꼽을 수 있다. 천안함 침몰로 어수선한 정국 속에서 참여연대는 NGO 가운데 처음으로 군의 수사방식이 폐쇄적이라는 비난을 공식논평에 싣는 것을 시작으로 정부 사태 대응의 문제점을 조목조목 따졌다.[22] 또한 국방부가 침몰시간조차 제대로 파악하지도 못했음을 지적했고,[23] 수중 버블제트에 의한 폭발이 타당한지, 조선의 어뢰인지, 어뢰에 의한 공격인지, 조선의 연어급 잠수정이 실재하는지, 그렇다면 침투가 가능한지 등 중요한 의문을 제기했다.[24] 이들은 공론화를 위해 각종 토론회를 주최하여 대중의 관심을 이끌어냈다.[25] 또한 '민주사회를 위한 변

---

22 참여연대 논평 「대통령 지시도 통하지 않는 군의 기밀주의」, 2010.4.2; 「천안함 진상조사, 더욱 두터워지는 비밀의 장막」, 2010.4.19; 「천안함 밀실조사, 독점 정보 오남용, 도를 넘어섰다」, 2010.5.12; 「정보공개는 의무이지 쇼가 아니다」, 2010.6.1.

23 참여연대 논평 「군 해명자료 사건발생 시간 제각각」, 2010.4.2.

24 참여연대 천안함 이슈리포트 1 「천안함 침몰 원인 조사 결과가 남긴 8가지 의문점」, 2010.5.25.

25 참여연대 긴급좌담회 「천안함 침몰과 군사기밀」, 2012.4.6; 토론회 「천안함 참사 관련 정부의 정보통제와 언론보도의 문제점」, 2010.4.13; 긴급토론회 「천안함사건 조사

호사모임'과 함께 정보공개청구를 제기하고, 이 청구가 거부되자 시민 1160명을 대신해 '천안함 관련 정보공개거부처분의 취소'를 요구하는 행정소송을 제기하기도 했다. 나아가 침몰 직후 국제사회가 한국정부의 발표에만 전적으로 의지하고 있을 때 정부 조사에 의문을 제기하는 서신을 유엔 안보리 회원국들에 전했다.[26] 한편 주목해야 할 것은 참여연대에 대한 정부의 대응이 제한적이었다는 것이다. 사태의 위중함으로 볼 때 정부는 예전처럼 직접적인 폭력 수단을 쓸 수도 있었지만 민주화 이전 식의 탄압을 가하지는 않았다.[27] 그만큼 NGO가 활동할 수 있는 정치적 공간이 확대된 것이다.

참여연대 같은 NGO의 정치적 역량의 성장은 언론의 자유와 밀접한 관계가 있다. NGO의 메시지가 대중에게 효과적으로 전달되기 위해서는 언론의 자유로운 보도가 매우 중요하다. 이번 천안함사건을 보면 언론매체들 중 보수언론은 '폭침설'을 정부보다 앞서 주도했지만, 일부는 정부 압력으로부터 상당한 정도의 독립성과 자유를 행사했다. 예를 들어 KBS의 「추적 60분」은

결과에 대한 토론회」, 2010.5.23; 토론회 「천안함 1주년: 천안함 진실과 민주주의 그리고 한반도 평화」, 2011.3.24.

26 참여연대 "The PSPD's Stance on the Naval Vessel Cheonan Sinking," 2010.6.1.

27 하지만 정부가 탄압을 가하지 않은 것은 아니다. 단지 그 방법이 달라졌을 뿐이다. 국무총리가 국회에서 참여연대를 "어느 나라 국민인지 의문이 생겼다"고 공개적으로 비판했고, 언론은 익명의 정부관계자를 인용하여 참여연대의 활동을 "이적행위"로 지칭했다. 이에 맞추어 일부 우익단체는 참여연대 앞에서 시위를 벌이는 한편 이적행위와 허위사실 유포 등의 혐의로 고발, 검찰이 수사에 착수하도록 했다. 참여연대 관계자는 이러한 압박에 "위협과 공포를 느낀다"고까지 발언했다. 이정환 「"이적행위? 국제적 망신을 누가 시키고 있나?"」, 미디어오늘 2010.6.14.

자체 실험과 분석을 토대로 어뢰폭발로 남아 있어야 할 산화물이 추출되지 않았다는 사실을 밝혔다. 또 온라인 미디어인 프레시안은 심층보도 기능에 더해, 정부의 '관리'가 미치지 않는다는 장점 덕에 천안함사건 진상규명에서 큰 역할을 할 수 있었다. 프레시안은 과학자들의 증거에 기반한 이견을 끊임없이 보도함으로써 독자들로 하여금 정부가 내세운 과학의 가면을 벗길 수 있도록 도왔다.[28] '흡착물' 의혹, 어뢰폭발의 유무 등 전문적인 지식이 없으면 접하기 힘든 점을 알기 쉽게 소개함으로써 정부의 설명에 대중이 질문을 던질 수 있게 만든 것이다. 이외에도 한겨레21과 MBC 「뉴스데스크」에서도 정부의 발표와 관련 각종 의혹을 심도있게 다루었다. 이러한 성과는 권력층으로부터 상당한 견제가 있던 상황에서 이루어진 것이라 더욱 값지다고 할 만하다. 「추적 60분」의 예를 들면, 친정부 성향의 고위급 인사들이 보도 내용을 놓고 방송 제작과정에 지속적으로 간섭했고[29] 심지어 방영 자체가 불투명해지기도 했다.[30] 그뿐 아니라 방송이 나간 후 방송통신위원회는 의문을 제기한 보도에 대해 "불명확한 내용을 방송"했다는 이유로 '경고'라는 중징계를 내렸던 것이다.[31]

---

28 졸고 「버블효과는 없었다」, 프레시안 2010.5.27; 황준호 「美 물리학자 "어뢰 폭발했다면 '1번' 글씨 타버려"」, 프레시안 2010.5.31; 황준호 「천안함 조사, 더이상 과학이란 이름을 더럽히지 마라」, 프레시안 2010.6.7.

29 조현호 「교양 프로그램에 김윤옥 여사 미화 장면 넣으라 지시」, 미디어오늘 2012.3.27.

30 채은하 「추적 60분 '천안함'편 불방될 수도… "분노가 목구멍까지"」, 프레시안 2010.11.17.

31 조현호 「5공식 추적 60분 천안함 징계」, 미디어오늘 2011.1.6; 「방통심의위 〈추적

　NGO의 활동과 독립적 언론에 못지않게 중요한 것은 시민의 식의 성장이었다. 정부의 다양한 노력에도 불구하고 시민들은 안보정국에 휩쓸리지 않았다. 정부 발표의 신뢰도를 측정한 한 여론조사에 따르면 침몰이 일어난 2010년에는 정부 발표에 대해 "전적으로 신뢰한다" 또는 "신뢰하는 편이다"라고 응답한 사람은 단지 32.4퍼센트였다. 반면 "전혀 신뢰하지 않는다" 또는 "신뢰하지 않는 편이다"라고 응답한 사람은 무려 35.8퍼센트에 이른다. 이러한 수치가 2011년 조사에서도 거의 똑같이 나타난다(33.6퍼센트 대 35.1퍼센트)[32]는 점은 특히 주목할 만하다. 연평도사건에서 조선의 포격으로 사상자까지 발생하여 정부의 안보논리가 대중에게 큰 설득력을 가졌을 만한 국면이었음에도, 시민들은 여전히 정부의 설명에 대한 의심을 떨치지 못했다는 것이다.

　이는 결국 2010년 6월 지방선거에서 여권의 참패로 이어졌다. 안보정국이 선거에 도움이 되지 않은 정도가 아니라 역풍이 되었던 것이다.[33] 많은 사람(69.3퍼센트)이 천안함사건의 배후에 정치적 의도가 있다고 봤다. 민주당 지지자들의 거의 대부분(90.3퍼센트)이 이러한 의심을 갖고 있었을 뿐 아니라 한나라당 지지자의 거의 절반(41.2퍼센트)도 마찬가지 생각이었다. 투표 시에 천안함사건을 고려한 사람은 여야 모두 절반이 되지 않는다(각각 40.1퍼센트,

---

　60분〉'천안함'편 중징계 내려」, 경향신문 2011.1.6.
32 강원택「차기 대선과 대북정책」, 앞의 자료집 104면.
33 강원택「천안함 사건은 지방선거의 변수였나?」, 동아시아연구원 오피니언 리뷰 1, 2010.6.22.

48.2퍼센트). 더군다나 천안함사건으로 지지후보를 바꾸지 않은 사람이 대부분(70퍼센트)이고, 바꾼 사람도 여당에서 야당으로 바꾼 사람(12.7퍼센트)이 그 반대(2.4퍼센트)보다 압도적으로 많았다. 즉 천안함발 북풍이 역풍으로 바뀐 것은 그만큼 한국의 민주주의가 성장했음을 역설적으로 보여준다 하겠다.

4. 남은 과제들, 그리고 한국 민주주의의 미래

결국 천안함사건은 한국 민주주의의 한계와 가능성을 그대로 반영한다. 따라서 천안함 문제의 해결은 한국 민주주의의 발전과 함께 이뤄질 것이며, 그것이야말로 2013년체제를 여는 핵심 고리의 하나다. 합조단 보고서 중 조작된 것이 확실한 데이터에 대한 청문회나 국정조사는 민주주의 회복을 위한 단단한 디딤돌이 될 것이다. 그뿐 아니라 한국 민주주의가 안보영역으로 확대되고 분단구조의 질곡에서 벗어나는 중요한 첫걸음이 될 것이다. 천안함발 북풍이 이전처럼 한국의 정치를 뒤흔들지 못했다는 사실은 한국 민주주의가 그만큼 성숙했음을 반영하기도 하지만 남은 과제가 무엇인가도 말해준다. 그 숙제는 다름 아닌 남·북간 긴장 완화가 더욱 성숙한 민주주의 발전을 위해 꼭 필요하다는 것이다.

첫째, 남북대립은 동북아시아 국제정치 긴장의 원인이 되고, 이는 한국의 안보위기를 불러일으켜 민주주의를 제한한다. 천안함사건과 연평도사건으로 이어지는 남·북간 긴장의 고조 속에서 미국이 2010년 말 핵항공모함 조지워싱턴호를 서해로 보낸 것이 그 예라 할 것이다. 미 함대 파견은 조선과 중국에 위협으로 인식되어 해군력 증가 등 군사적 대응을 불러일으켰다. 이 와중에 일본 대중은 오끼나와 미 해병대 기지의 현(縣)외 이전에 대한 반대를 접었고, 일본 정치권에서는 평화헌법을 수정하려는 움직임도 탄력을 받고 있다. 결국 천안함사건을 거치며 한반도와 동북아시아에서 모두 대화와 협력이 파탄 나고 관계악화의 길을 걷게 됐다. 이러한 지역안보 긴장은 한국의 안보와 민주주의에 대한 구조적 압력으로 작용한다.

둘째, 남·북의 긴장은 국가보안법을 정당화한다. 시민의 기본적인 자유, 즉 사고와 양심의 자유를 처벌하는 법이 존재하는 이상, 민주주의는 언제라도 퇴보할 수 있는 구조적 결함이 있는 것이다. 2012년 1월 사진작가 박정근이 조선을 조롱하려는 의도로 조선의 '우리민족끼리' 트위터 내용을 리트윗했는데 이 때문에 국가보안법 위반 혐의로 구속까지 당한 것이 그 단적인 사례다. 조선이 관련되어 있다는 이유만으로 시민의 표현의 자유를 제한할 수 있는 법적 토대 위에서 민주주의가 건강하게 발전하기는 불가능하다.

셋째, 남·북의 긴장은 법적인 개인의 자유뿐 아니라 사회 전체의 건강한 토론과 의식의 성장을 가로막는다. 남·북의 긴장이 사회적 의식을 짓누르는 예는 쉽게 찾을 수 있다. 우리는 친구라는 뜻의 '동무'라는 말을 잘 쓰지 않는다. 조선에서 애용되는 호칭인 탓에 남한사회에서 일종의 금기가 된 것이다. 또한 사회주의라든가 공산주의라는 말에 과장된 부정적 반응을 쉽게 보인다. 실제로 모든 자본주의사회는 사회주의나 공산주의에서 주창하는 제도를 도입해 수정하며 발전해왔다. 한국도 예외는 아니다. 하지만 우리 사회의 알레르기적 반응은 이들 제도가 주는 이론적·실제적 공헌을 체계적으로 연구하고 공개적으로 논의하는 것을 막아왔다. 사회당의 미미한 존재감과 공산당의 부재는 이를 단적으로 보여준다.

천안함사건을 통해 우리는 한국 민주주의가 부딪힌 한계점과 그간 쌓아온 역량을 동시에 진단해보았다. 이를 한마디로 요약한다면 국내 민주주의는 남한만의 문제가 아닌 것이다. 조선의 정치적 안정과 경제적 발전, 이를 바탕으로 한 국제사회와의 교류와 긴장 완화 없이 남한만의 민주주의는 불완전할뿐더러 심각한 위협에 언제라도 처할 수 있다는 것이다. 2013년 한국사회에는 새로운 정치사회 패러다임이 등장할 가능성이 크다. 하지만 그 어떤 국내 변화도 남북긴장의 완화와 분단체제의 해소 없이는 구조적 한계를 안을 수밖에 없음을 잊지 말아야 한다.

4장

힘에는 힘으로

조선의 핵·미사일 개발과 한반도 안보

조선은 2013년 2월 12일 오전 3차 핵시험을 강행했다.[1] 이후 한반도는 격랑에 휩싸였다.(글이 발표된 2013년 여름 시점) 곧이어 시작된 한미연합군사훈련에 오바마(B. Obama) 행정부는 전례없이 B-2 전략전폭기 등을 동원했고, 유엔에서 조선에 대한 국제제재를 강화했다. 한국에서는 정부도 조선의 핵시험에 강력히 대응했을 뿐만 아니라 유력 정치인이 한국의 독자 핵무장론을 공개적으로 주장하는 등 분위기가 험해졌다. 조선은 이에 더욱 강경하게 반발하며 미국 본토에 대한 핵 선제타격을 운위하는가 하면, 정

---

[1] 조선의 'nuclear weapon test'를 한국에서는 '핵실험'으로 번역하고 조선에서는 '핵시험'이라고 부르고 있다. 강호제는 과학적인 견지에서 이중 '핵시험'이 더 적합하다고 지적한다. 이 글에서는 강호제의 지적에 따라 '핵시험'이라는 용어를 사용한다. 실험은 이론이나 가설의 검증을 위한 것이고, 시험은 검증된 이론을 익힌 정도를 확인하는 것이다. 핵무기의 근거가 되는 이론은 이미 검증이 된 것이므로, 조선이 시행하는 것은 이 이론을 실체화할 수 있는 능력을 확인하는 것이다. 강호제 「북한은 '핵시험', 우린 '핵실험'… 용어 다른 까닭은?」 프레시안 2013.2.28.

전협정은 물론 남북불가침 합의 등도 백지화한다고 선언했다. 한반도에서 정전상태를 유지할 제도와 통로들이 모두 제거된 일촉즉발의 위험한 상황이 된 것이다. 이로써 한반도 비핵화를 향한 항해는 커다란 암초에 좌초하게 되었을 뿐만 아니라 군사적 충돌이 일어날 가능성도 배제할 수 없는 최고의 위기상황을 맞았다.

이후 4월 중순 들어 미국이 예정되었던 대륙간탄도미사일(ICBM) 시험발사를 연기하고, 존 케리(John Kerry) 국무장관이 아시아 순방에서 대화의 가능성을 시사하며 다소 진정국면으로 들어서긴 했다. 중국도 우다웨이(武大偉) 6자회담 특사를 미국에 파견하며 대화의 가능성을 적극 모색하고 나섰고, 러시아도 대화와 외교로 돌아서야 한다고 재촉하고 있다. 여기에 남·북 사이 개성공단을 둔 강 대 강의 대치가 또다른 불씨가 되고 있다. 조선이 연평도사건에도 닫히지 않았던 개성공단의 통행을 제한한 데 이어 근로자 철수 조치를 취했고, 이에 대응해 한국정부도 인원철수를 단행, 개성공단은 실질적 폐쇄의 상태로까지 치달았다. 향후 한국과 미국 및 조선의 대응에 따라 새로운 대화의 기회가 만들어질 수도 있지만, 상황이 더욱 악화될 가능성도 배제할 수 없다. 한반도는 비핵화와 평화를 둔 심각한 갈림길에 서 있는 것이다.

이 글에서는 조선이 3차 핵시험을 강행하게 된 원인과 그 이후 3~4월 한반도 안보상황이 최악의 위기로 치닫게 된 이유를 분석한다. 특히 조선과 한·미 양국과의 군사안보적 상호작용이 위기를 초래하는 과정에 주목한다. 두번째 장에서는 최근 상황에 대한 분석을 지난 20년의 경험과 비교하며, 조선과 한·미 양국과의

관계에 대해 내릴 수 있는 결론을 찾아본다. 마지막으로 이러한
분석에 근거하여 한반도 위기의 해결책은 '한반도 비핵화 평화체
제'에 있음을 제시한다.

1. 조선의 3차 핵시험과 한미군사동맹

조선은 왜 핵무기를 개발하는가? 최근 들어 조선은 왜 핵위협
을 극단화하는가? 이 질문에 대해 네가지 정도의 설명이 있다.[2]
첫째는 조선의 핵무기를 군사수단으로 보는 설명이다. 두번째, 조
선의 핵무기는 협상의 도구라는 주장이다. 세번째, 조선의 핵무기
는 정치적 수단이라는 주장이다. 네번째는 조선의 핵무기를 상징
적 표상으로 보는 입장이다.

첫번째, 군사적 도구라는 설명은 핵무기가 공세적 도구라는 주
장과 방어적 도구라는 주장으로 나뉜다. 전자는 대남 군사우위
를 확보하기 위한 수단이며 적화통일이라는 궁극적 목적을 달성
하기 위해 핵위협을 휘두르고 있다는 주장이다.[3] 이에 비해 후자
는 조선이 전략적 수세 입장에서 생존을 위한 최후의 수단으로

---

[2] 빅터 차는 조선이 대량살상무기를 개발하는 이유를 '훈장' '방패' 및 '칼'로 비유
한 바 있다. 즉 상징적 가치, 방어적 도구, 공격용 무기의 세가지 이유를 제시한 것
이다. 이 외에도 몇가지 설명이 추가되어야 할 것이다. Victor Cha, "North Korea's
Weapons of Mass Destruction: Badges, Shields or Swords?," *Political Science Quarterly,*
Vol. 117 No. 2, 2002년 여름호 209~30면.

[3] 이는 조선이 로동신문 등 매체에서 공개적으로 선언한 주장이다. 역설적으로 한국
국방부와 군 관련 인사들이 이런 주장을 되풀이하고 있다.

핵무기를 개발한다는 설명이다. 이러한 주장은 조선의 이러한 목적 설정과 정책 추진이 외부와의 상호관계 없이 '주체적'으로 이뤄진다는 가정을 전제로 하고 있다. 따라서 이러한 설명은 왜 3차 핵시험이 2013년 2월에 이뤄졌고, 3~4월에 조선의 핵위협이 전례 없이 고조됐는지에 대한 설득력이 부족하다. 아래에서 지적하는 것과 같이 조선의 행위, 특히 핵무기와 관련된 활동은 미국 및 한국과의 전략적 상호작용을 보지 않고는 설명하기 어렵다.

두번째, 핵무기를 조선의 국내정치적 역학으로 설명하는 것은 개연성은 있어도 그 근거가 취약하다. 특히 김정은 제1위원장의 정권장악이 취약하다든지, 내부에 강경파와 온건파 간 갈등이 있다는 물증이 제시되지 않고 있다. 또 외부위협을 정권안정에 이용할 수는 있지만 왜 핵위협이라는 극단적 수단을 쓰는 것인지, 왜 그 시점이 2013년인지 명확한 근거가 없다. 조선의 내적 동인만으로 조선의 핵활동을 설명하는 것은 첫번째 설명과 같은 한계를 노정한다.

세번째, 외부와의 협상용이라는 설명은 그 협상의 목적을 두고 경제적 지원을 얻기 위한 레버리지라는 주장과, 미국과의 관계정상화와 평화조약 체결을 압박하는 수단이라는 주장으로 나뉜다. 이 설명은 조선과 외부와의 상호작용에 주목한다는 점에서 위의 두 설명보다는 진전된 것이다. 하지만 핵무기가 경제지원과 바꾸기 위한 것이라는 주장은 그 등가성에서도 맞지 않고 지난 20년의 경험과도 어긋난다.[4] 정치적 협상의 수단이라는 주장은 조선이 미국과의 관계정상화와 평화협정 체결을 외교의 목표로 내세였다는 것과는 일치하지만 평화협정을 위해 핵 선제공격으로 위협한다는 것은 논리적으로 설명이 되지 않는다.

마지막으로 핵무기가 국제적 위상을 높여준다든가 조선 정권의 '존엄'을 과시하는 상징물이라는 '극장국가'적 설명도 설득력이 약하다. 핵확산방지조약(Non-Proliferation Treaty, NPT)체제 내에서 핵보유국가로 인정받은 국가의 위상이라면 몰라도, NPT체제 밖에서 핵무기를 보유하는 것은 국제질서의 '이단아'로서의 위상만을 심화한다. 조선 내부적으로 다른 어느 국가와 마찬가지로 수많은 상징조작들이 이뤄지고 있지만, 굳이 핵무기를 휘두르는 위협을 동원해야 하는 이유도 명확히 제시되지 않고 있다. 그리고 이러한 문화적 설명은 핵위협의 시점이 왜 2013년인지에 대한 구체적 해명이 되지 않는다.

종합하자면 기존의 설명은 조선의 핵활동을 조선의 내적 요인(군사적, 국내정치적 또는 문화적)으로 설명하려는 한계를 가지고 있거나, 상호작용에 주목을 해도 그 상호작용의 성격을 정확하게 파악하지 못하고 있다. 이 글에서는 조선의 3차 핵시험과 2013년 봄 핵위협의 과정을 분석하며 조선과 한·미 양국과의 군사안보적 상호관계에 주목한다. 조선의 행위는, 적어도 조선의 핵활동은 조선의 내적 동인만으로 추동된다기보다는 미국 및 한국의 행위

---

4 Charles Kartman, Robert Carlin and Joel S. Wit, *A History of KEDO: 1994–2006*, Center for International Security and Cooperation 2012; Joel S. Wit and Jenny Town, "How to Talk Kim Jong Un Off the Ledge: Is John Kerry Ready to Deal with North Korea?," *Foreign Policy*, 2013.4.12.

에 대한 반작용이라는 측면이 강하다. 즉, 조선은 미국의 주동으로 유엔 대조선 제재가 강화되는 것에 핵시험으로 대응하고, 이어서 3월부터 시작된 한미군사훈련이 자신의 안보를 약화시킨다고 보고 이에 대해 최대한 강경하게 반발한 것이다. 국제정치학에서 말하는 억제정책의 전형적인 모습인데, 이를 객관화해서 정확하게 이해하지 못하기 때문에 남·북과 미국은 서로의 행동으로 말미암아 상대방의 안보불안이 심화되는 안보딜레마의 악순환에서 벗어나지 못하고 있다.

이번 3차 핵시험은 이명박 정부와 오바마 1기 행정부가 지난 4년간 확고한 공조 속에 추진해온 '전략적 인내'에 대한 대응이었다. 또 2012년 4월 조선의 로켓 발사시도 이후 외교가 실종되고, 악화의 일로를 걷던 조미관계의 논리적 귀착점이기도 하다.

'전략적 인내'는 세가지 축을 중심으로 이뤄져 있었다. ①핵억제력과 재래식 군사력을 이용한 군사적 압박의 강화 ②유엔의 제재를 중심으로 한 봉쇄 ③'급변사태'를 상정한 저강도 전쟁이 그 세가지이다.[5] 즉 조선의 대량살상무기 능력에 우선 군사적으로 대응하고, 제재를 통해 조선이 대량살상무기를 제조할 경제적 능력을 봉쇄·약화시키고, '급변사태'를 계기로 근원적 차원에서 정치적 해결을 도모한다는 것이다. 오바마 정부에서 확장억제 등 군사적 압박이 강화되기도 했지만, 국제주의의 틀 안에서 조선에 대한 제재와 압박을 강화한 것이 특징이다. 다음 절에서 지적하

---

5 이에 대한 자세한 논의는 졸고 「미국의 동아시아 전략과 대북정책: 다층적 복합적 상호의존과 그 대응」, 『내일을 여는 역사』 2012년 겨울호 74~93면 참조.

는 바와 같이 이러한 정책은 과거 미국정부의 대조선정책보다 강도가 높은 것이었다.

그러나 이러한 압박에 대응하여 조선은 군사력도 강화했고, 경제적으로 반등의 전기를 만들었으며, 정치적으로도 내부체제를 공고화했다.[6] 특히 대량살상무기 능력의 신장이 눈에 띈다. 유엔 안전보장이사회가 의장성명으로 조선의 인공위성발사를 규탄하자 핵시험으로 대응했고, 결의 1874호가 채택되자 "새로 추출되는 플루토늄 전량을 무기화"할 것이라고 선언했다. 안보리 결의 2087호에 대응해서는 3차 핵시험을 단행하고, 핵무기의 "소형화, 경량화, 다종화"를 선언했다. 또한 사거리가 3~4천 킬로미터가 될 것이라고 추정되는 무수단 미사일을 2007년 공개한 데 이어 2012년에는 대륙간탄도미사일로 추정되는 KN-08 신형 탄도 미사일을 선보였다. '전략적 인내'에 대응하여 조선은 장거리 핵 미사일을 확보했을 수도 있는 것이다.[7] 조선은 이미 2012년 10월 국방위원회 성명에서 "미국 본토까지 명중타격권에 넣고 있다"며 이러한 가능성을 시사한 바 있다.

돌이켜보면 2012년 2월 29일 조미합의가 이뤄졌을 때만 해도

---

6 이 글에서는 조선의 정치·경제 상황에 대해 논의하지 않는다. 하지만 김정은 제1위원장으로 권력이양이 이뤄지고, 노동당 및 국가기구의 정상화가 이뤄지고 있다는데 큰 이의가 없는 것으로 보인다. 경제적으로는 대형발전소 건설이 완공되고, 제철 및 화학공업 개비가 완료되면서 소비재 및 농축산업의 발전으로 이어지는 모습을 보이고 있다.

7 조선의 "소형화, 경량화" 주장을 검증할 수 있는 방법도 없고, 무수단 미사일과 KN-08 미사일의 사거리와 정확도도 확인된 바는 없지만, 조선의 핵·미사일 능력이 확대·발전되고 있는 것은 부인할 수 없다.

조선의 대량살상무기 능력이 이토록 성장하는 것을 외교적으로 막을 가능성이 있었다. 당시 글린 데이비스(Glyn Davies) 대북정책대사와 김계관 외무성 제1부상의 베이징회담에서 매우 중대한 합의가 이뤄졌었다. 조선은 조·미 대화를 위한 분위기를 조성하기 위해 △장거리 미사일 발사 △핵시험 △우라늄 농축활동을 포함한 영변 핵활동에 대한 유예(moratorium)에 합의했다. 또 영변 우라늄 농축활동 유예를 검증하고 모니터하며, 5메가와트 원자로와 관련시설의 불능조치를 확인하기 위한 국제원자력기구(IAEA)의 사찰팀 복귀에도 합의했다.

이 절호의 기회는 지난 2012년 4월 조선의 광명성 발사 시도 이후 무산되었다. 미국은 이를 장거리 미사일 발사로 규정하고 2·29합의를 조선이 위반했다고 반발, 유엔 안보리에서 이를 "강력히 규탄"하고 제재대상을 확대하는 의장성명의 채택을 주도했다. 조선은 이를 "정당한 위성발사권리를 침해하는 적대행위"로 규정하고 2·29합의에 "더이상 구속되지 않을 것"임을 선언했다. 이로써 조선의 핵활동과 장거리 미사일 발사를 유예시킬 수 있는 합의는 불과 2개월을 넘기지 못하고 파탄됐다. 유엔 안보리 의장성명은 조선을 핵무장과 미사일 발사로 밀어 넣은 역효과를 낸 것이다.

그럼에도 불구하고 조선은 2012년 7월 중순만 해도 6자회담 재개 의사를 공개적으로 밝혔다. 박의춘 외무상이 7월 14일 프놈펜에서 개최된 아세안지역안보포럼 외무장관회의에 참석, 호르 남홍(Hor Namhong) 캄보디아 외무장관과 만난 자리에서 6자회담을 재개할 준비가 되어 있다고 한 것이다. 그러나 조선이 공개적으로 6자회담의 재개 가능성을 언급한 것은 이것이 마지막이었다. 이후 '동까모'(김일성 동상을 까부수는 모임)의 김일성 동상 파괴 시도를 적발한 조선은 20일 외무성 대변인 성명에서 이 시도에 "미국이 깊숙이 개입"했다고 주장하며 경계를 높이기 시작했다. 7월 29일 국방위원회 대변인은 이 시도를 "국가정치테러"라고 규정하고 "핵억제력을 포함한 자위적 군사력 전반을 끊임없이 강화"하겠다며 강경한 입장을 천명했다. 이틀 후 외무성도 대변인 담화에서 "미국의 적대시정책에는 핵억제력 강화로 대처"하겠다며 이러한 입장을 재확인했다.[8]

경색되기 시작하던 조선의 입장은 8월 약간의 유보적인 모습을 보이며 잠시 완화됐다. 8월 중순 미 백악관 국가안전보장회의와 중앙정보국 관리의 비밀방북이 그 계기였던 것으로 추정된다.[9] 그 이후 10월에 발표된 국방위원회의 성명에 비춰보아 당시 미국 관리들이 조선의 "미국의 적대시정책" 우려를 불식시키려 했던 것이 아닌가 추측할 수 있다. 비밀회동 후 8월 31일 조선 외무성이 발표한 비망록은 핵무장 강화라는 길을 선택한 것이 아니

---

8 조선은 이를 단순한 동상 파괴 시도가 아니라 자국 내부에 소요를 발생시켜 외부의 개입을 유도할 저강도전쟁의 시나리오로 보고 강하게 반발한 것으로 보인다. 자세한 내용은 앞의 글 참조.

9 조숭호·이승헌 「백악관인사 8월 극비방북… 美대선 관련 거래?」, 동아일보 2012.11.29. 국방위원회는 2012년 10월 9일 발표한 성명에서 "최근 우리와 공식 및 비공식석상에서 만난 바 있는 미 국가안전보장회의와 중앙정보국의 중진정책 작성자들도 미국의 대조선 적대시정책은 없다고 하였다"며 8월 비밀회동의 내용을 시사했다.

라 평화적 해결의 길도 아직 열려 있다며 7월 말보다 완화된 입장을 보이고 있기 때문이다. 이 비망록은 "핵문제 해결의 기본장애는 미국의 대조선 적대시정책"이라고 지적하면서도 미국에 "두 가지 길"을 제시했다. 즉 "대조선 적대시정책"을 중단하고 조선과 평화의 관계를 건설하거나, 적대시정책을 유지하고 조선의 핵능력이 "현대화되고 확장"되는 길을 선택하라는 것이었다.

"두가지 길"의 가능성을 열어놓았던 조선의 입장은 10월 7일 한·미 양국 정부가 '미사일지침'을 개정, 한국이 미사일 사거리를 8백 킬로미터까지 연장하여 조선 전역을 사정권에 넣도록 하면서 급변했다. 새로운 미사일정책선언을 발표한 직후인 10월 9일 조선 국방위원회는 이 미사일 선언이 미국의 대조선 적대시정책을 확인해줬다며 "반미대결전"을 내세우기 시작했다. "두개의 길" 중 미국이 적대시정책을 선택했으므로 조선도 "군사적 대비태세를 백방으로 강화"하겠다는 것이다. "미국 본토까지 명중타격권에 넣고 있다"며 "핵에는 핵으로, 미사일에는 미사일로 대응할 모든 준비가 다 되어 있다"고 나섰다.

"두가지 길" 중 평화적 해결의 길이 차츰 닫히는 상황에서 한국이나 미국은 외교력을 발휘하여 이 길을 되살리는 대신 오히려 군사적 조치를 강화했다. 한·미 양국군은 10월 24일 제44차 한미연례안보협의회의(SCM)에서 조선의 모든 위협에 대한 전방위 대응체제를 구축하기로 합의, 군사적 대응을 강화하는 조치를 선택했다. 또 12월 12일 조선의 은하3호 발사에 대응하여 유엔 안보리 결의 2087호를 채택, 조선에 대한 제재 대상을 확대했다.

조선 외무성은 유엔 안보리가 결의 2087호를 채택하자마자 그 다음 날인 1월 23일 "핵억제력을 포함한 자위적인 군사력을 질량적으로 확대강화하는 임의의 물리적 대응조치들"을 취할 것이라는 성명을 발표했다. 24일에는 국방위원회가 "미국을 겨냥"하여 "진행할 높은 수준의 핵시험"을 선언, 핵시험이 임박했음을 시사했다. 조선이 3차 핵시험을 감행할 조짐들이 보이는 상황에서 한국과 미국은 외교적으로 긴장 완화를 모색하기보다는 군의 경계태세를 강화하고 3월 초에 예정된 군사훈련 준비에 들어갔다. 유엔이 제재결의를 채택한 후 압박이 가중되는 상황에서 조선은 결국 2013년 2월 12일 3차 핵시험을 감행했다.

이상에서 본 것과 같이 조선의 3차 핵시험은 유엔의 제재결의에 직접적으로 대응한 것이지만, 지난 1년간 조선과 한·미의 관계가 악화된 것이 그 배경에 있다. 그나마 2·29합의나 미국의 비밀방북 등의 대화 시도가 관계의 급속한 악화를 늦추기는 했지만 국제제재와 이에 대한 반발이라는 구도를 전환시키기에는 역부족이었다. 핵시험을 단행한 주체는 조선이므로 일차적인 책임은 조선에게 있지만 조선은 한국 및 미국과 상호작용하는 관계 속에서 정책적 선택을 한다. 그런 점에서 조선이 타진한 대화의 가능성을 한·미가 무시하고 일관성있게 강경정책을 선택한 것은 조선이 3차 핵실험을 선택하는 전략적 상호작용으로 작용했다고 하겠다.[10]

---

10 조선의 대화 제의가 소위 '위장평화공세'였을 것을 배제할 수는 없다. 그러나 조선의 대화 제의를 받아들이지 않았기 때문에 조선의 진정성을 확인할 수 있는 기회 자

2. 3차 핵시험 이후 긴장 격화

3차 핵시험 이후 한반도는 급격하게 긴장이 상승, 전쟁의 가능성마저 우려해야 하는 상황으로 치달았다. 외교의 실종과 유엔 제재가 3차 핵시험으로 귀결됐다면, 대조선 군사력 시위를 통한 억제력 확보는 조선의 강경대응을 초래했다. 그 결과는 유례없는 군사적 긴장 격화였다. 한미연합군사훈련이 실시되던 3월과 4월 동안 한국과 미국의 군사적 조치는 그에 상응하는 조선의 군사적 대응을 불러일으켰고, 조선의 군사적 조치는 한·미의 군사적 대응을 낳는 상호작용이 한반도의 위기를 고조시킨 셈이기 때문이다.

2013년 3월 1일 독수리연습이 시작되어 미 증원군 병력이 미 본토와 태평양 지역, 일본 등에서 한국으로 출발하자 7일 조선 외무성 대변인은 성명을 발표, 미국의 군사훈련에 대응해서 미국에 대한 "핵 선제타격 권리"를 행사하겠다고 천명했다. 조선 최고사령부가 키리졸브연습이 시작되는 3월 11일부터 정전협정을 백지화할 것이라고 선언한 데 이어, 8일에는 조선 조국평화통일위원회가 한국의 독수리연습 참여에 대응하여 "불가침에 관한 합의와 비핵화 공동선언들을 백지화"한다고 선언했다.

이어 3월 11일 키리졸브연습이 시작하자마자 그다음 날인 12일 김정은 국방위원회 제1위원장은 서해 최첨단에 위치한 월내도방

체를 상실한 것이다.

어대를 시찰했다. 여기서 "적들을 (…) 모조리 불도가니에 쓸어넣으라"고 강경발언을 하고, 포 작전규정에서 타격순차와 진압밀도를 한·미 양군의 최근 동향에 대응하여 조정하는 동시에 해상 작전규정도 "침범할 때는 강력한 조준격파"하는 것으로 강화했다.

3월 18일 한국을 방문한 애슈턴 카터(Ashton Carter) 미 국방부 부장관이 "B-52 전략폭격기가 19일 한반도에서 비행훈련할 것"이라고 하자, 20일 조선 외무성 대변인은 "전략폭격기가 조선반도에 다시 출격한다면 적대 세력들은 강력한 군사적 대응을 면치 못하게 될 것"이라고 대응했다. 실제로 3월 25일 괌 앤더슨 공군기지에서 출발한 B-52 전폭기가 강원도까지 날아와 모의 폭탄을 투하하는 폭격연습을 실시하자, 그다음 날인 26일 전략로켓군부대들과 장거리포병부대들을 포함한 모든 야전포병군집단들을 1호전투근무태세에 진입시켰다. 그리고 27일 남·북 연결 통신선 8회선을 모두 차단했다.

군사적 긴장이 최고조에 달한 것은 B-2 전략폭격기 2대가 미국 본토 미주리 화이트맨 공군기지를 출발해 공중 급유를 받아가며 비행, 군산 앞바다 직도 사격장에 훈련탄 8개를 투하한 3월 28일이었다. 상대방의 레이더에 잡히지 않기 때문에 군사작전에서 가장 먼저 출동하여 적군의 대응력을 초기에 무력화시키는 B-2 스텔스기가 출격하자 김정은 제1위원장은 그날 밤 바로 최고사령부 회의를 소집했다. 여기서 전략미사일을 사격 대기상태에 들어갈 것을 지시하는 미사일 기술준비공정계획서에 최종 서명한 것으로 알려져 있다. 조선의 조선중앙통신은 이례적으로 이를 신속히 전하며 조선 미사일이 미국 본토와 하와이, 괌 등을 타격하는 경로를 보여주는 지도를 공개하기도 했다.

이상에서 본 것과 같이 조선의 '위협'과 행위는 한·미와의 전략적 상호관계 속에서 이해될 수 있다.[11] 한·미 양국이 억지를 위해 군사력을 과시한 것처럼, 조선은 한·미 양국을 억지하기 위해 군사력을 과시한 것이다.

그렇지만 과거 한미군사연습 때와는 달리 조선이 이번에는 유례없이 강경하게 대응하며 긴장상태를 최고조로 높인 이유는 무엇인가? 3차 핵시험 이후 한·미 당국이 조선에 대한 압박을 유례없이 강하게 했다는 점과, 조선의 자신감이 높아졌다는 점이 최악의 조합을 이뤘기 때문이다.[12] 특징적인 점은 이전의 부시(G. W. Bush) 행정부가 일방주의적 군사력 사용을 시도했다면 오바마 행정부는 유엔과 동맹을 중시하는 국제주의적 모습을 보이고 있다는 것이다. 하지만 오바마 행정부의 국제주의는 결국 경제제재와 군사적 수단을 이용한다는 점에서 부시 행정부와 다르지 않고, 오히려 더 세련되게 국제사회를 동원한다고 할 수 있는 부분

---

11 김관진 국방장관은 B-2 스텔스기 등 미군의 최첨단 무기가 최근 한반도 상공에서 훈련을 진행한 것에 대해 "키리졸브훈련과는 별도로 유사시 한미연합 전력의 우위를 보여줌으로써 북한의 도발을 억지한다는 의미"라고 말했다. 마찬가지로 조선은 핵위협을 극대화함으로써 한·미를 억지하려고 한다. 김유대 「김관진 "개성공단 만약의 사태시 군사조치"」, 뉴스1 2013.4.3.

12 조선의 자신감은 앞에서 언급한 정치·경제적 안정화와 핵 및 미사일 능력의 성장(또는 그렇다고 믿는 것)에 기인한 것일 것이다. 노동당 중앙위원회 정치국이 2013년 2월 결정서에서 "조성된 엄중한 정세에 대처하여 (…) 강도 높은 전면대결전"을 벌일 것임을 이미 선언한 것에 비추어 보아 3~4월의 "강도 높은" 대응은 이미 예정된 수순이었다. 그 구체적 내용과 수위는 한·미의 행위에 조응하여 결정된 것이다.

3월 18일	⇨	3월 20일	⇨	3월 28일
애슈턴 카터 미 국방부 부장관 방한 "B-52 전략폭격기 (3월) 19일 한반도에서 비행훈련 할 것."		조선 외무성 "전략폭격기(B-52)가 조선반도에 다시 출격한다면 적대 세력들은 강력한 군사적 대응을 면치 못하게 될 것."		한미연합사 미 B-2 스텔스기 한반도서 폭격 훈련 실시 발표.
3월 29일	⇨	**5월 5일**	⇨	**3월 28일**
김정은 "(B-2 폭격 훈련은) 조선반도에서 기어이 핵전쟁을 일으키겠다는 최후통첩."		조선 국방위 "5월 10일경에는 새로운 해양 합동훈련을 구실로 핵탄을 적재한 니미츠호 항공모함 타격집단이 부산항에 들이닥치게 된다."		한미연합사 "함정의 작전 운용과 항구 방문 등에 관해서는 사전공개하지 않았음. 현재 제공할 수 있는 정보 없음."

[표 1] 조선과 한·미 사이의 전략적 상호관계

이 있다.

　이런 면에서 조선의 3차 핵시험에 대응하여 통과된 유엔 안보리 결의 2094호가 이전 결의와 달리 유엔헌장 7장을 제재조치의 근거로 명시했기 때문에 조선의 위기의식을 높였다는 주장을 주목할 필요가 있다.[13] 유엔헌장 7장 '평화에 대한 위협, 평화의 위반 및 침략행위에 대응한 행동'은 잘 알려진 것과 같이 국제평화

13　결의 2094가 유엔헌장 7장을 처음으로 적용했다는 만수로프의 주장은 사실과는 거리가 있다. 유엔 안보리 결의 1718호와 1874호도 유엔헌장 7장을 적용했기 때문이다. 하지만 만수로프의 주장은 조선의 위기의식을 어느정도 반영하고 있을 수 있다는 점에서 주목할 만하다. Alexandre Mansourov, "North Korea: Turning in the Wrong Direction," *38 North,* 2013.4.10.

에 위협이 되는 경우에 국제사회가 개입할 수 있도록 한 조항이다. 전쟁과 평화에 관한 가장 핵심적인 장이라고 할 수 있는 7장 중에서도 41조와 42조는 각 국가들이 취할 수 있는 구체적인 조치를 허용하고 있다. 41조는 주로 비군사적 조치들로서 경제관계의 부분적 내지 전면적 중단, 철도 및 해상, 항공, 우편, 전화, 라디오 등 통신·교통의 중단과 외교관계의 단절 등을 허용하고 있다. 42조는 "이러한 조치들이 부족할 것이거나 부족하다고 입증됐다고 안전보장이사회가 판단하는 경우 안보리는 국제평화와 안보를 유지하거나 회복하기 위해 필요한 육·해·공군의 행동을 취할 수 있다"고 군사력 사용을 허용하고 있다.

결의 2094호는 유엔 헌장 7장을 근거로 제시하고 41조에 의거한 조치들을 취하도록 했다. 41조를 언급한 것은 만족할 만한 결과가 나오지 않을 경우 군사적 조치들을 취할 수 있다는 암묵적인 압박이고, 군사적 조치들을 정당화할 수 있는 중요한 근거로 기능한다. 더군다나 이러한 안보리 결의가 한미연합군사훈련이 시작된 지 일주일 만인 2013년 3월 8일 통과됐다는 사실은 조선의 위협인식을 최고조로 끌어올렸을 것으로 보인다. 그리고 이 결의에 들어 있는 소위 '트리거(방아쇠) 조항'은 유엔 안보리가 군사적 행동을 허용할 수 있는 근거가 된다는 사실을 조선은 주목하고 있었을 수도 있다.[14]

---

14 안보리 결의 2087호는 "추가 발사나 핵시험이 있다면 중대한 조치(significant action)를 취할 것"이라고 추가조치의 가능성을 열어놓았고, 안보리 결의 2094호도 "추가적 중대한 조치"를 취하기로 하는 트리거 조항이 들어갔다. 이에 비해 1718호

오바마 행정부는 임기 초부터 지금까지 조선에 대한 유엔의 압력을 지속적으로 강화시켜왔다. 2009년 4월에는 "조선인민공화국의 2009년 4월 5일(현지시간) 발사를 규탄"하는 안보리 의장성명만을 채택했으나, 조선의 2차 핵시험이 있은 후인 6월 12일에는 안보리 결의 1874호로 압박의 수위를 높였다. 1874호는 이전의 안보리 결의 1718호보다 금융제재의 범위와 강도도 높아지고 선박에 대한 공해(公海)상의 검색 등 부시 행정부가 일방적으로 취했거나 하려고 했던 조치들을 유엔 차원에서 채택했다는 점에서 주목할 만하다. 2013년 3월 7일 채택된 안보리 결의 2094호는 공해상에서 조선 선박이 검색을 거부하는 경우 유엔 회원국들은 그 선박의 입항을 거부하도록 의무화하고 금지 품목 적재 의심 항공기에 대한 이착륙 및 영공 통과 불허를 촉구하는 등 조선을 외부 세계와 단절시키는 강한 조치들이 포함됐다. 오바마 행정부의 자유주의적 국제주의가 실질적으로는 부시 행정부의 현실주의적 일방주의보다 조선에 대한 제재와 압력을 강화한 측면이 있는 것이다.

한편 조선의 인공위성 발사는 국제법을 위반하는 것이 아니므로 이전 미국정부는 이를 국제적 문제로 삼지 않았고, 2006년 7월 15일 유엔 안보리 결의 1695호가 채택되기 전까지는 미사일 발사에 대한 제재도 없었다.[15] 그럼에도 불구하고 오바마 행정부가 인

나 1874호는 "추가적 조치가 필요하다면 추가적 결정이 요구될 것"이라고 추가적 조치를 제한했다.

15 1998년 8월 31일 광명성 1호(조선은 그 추진체를 백두산이라 명명)를 발사했을 당

공위성 발사를 유엔에 상정, 제재를 추진했다는 점에서 부시 행정부보다 더 강경한 대조선정책을 구사한 것이다. 그나마 2009년 4월과 2012년 4월에는 중국 등의 반대로 조선의 "발사를 규탄"한다는 안보리 의장성명만을 발표했다가, 2013년 1월 22일에는 안보리 결의 2087호를 채택하여 압박을 강화했다.[16] 2012년 12월의 로켓 발사가 인공위성을 궤도에 올려놓기 위한 것이었음은 부인하지 않으면서도, 이 발사가 과거의 안보리 결의들(1718와 1874)을 위반했다는 이유로 또다른 제재 결의를 채택한 것이다.[17] 조선은 이제 인공위성을 발사해도 과거의 안보리 결의를 위반한 것이 되기 때문에 추가적 경제제재를 받는 세계 유일의 국가가 됐다.

조선에 대한 압박은 인권 측면에서도 진행됐다. 유엔 안보리에서 경제제재 결의안이 논의되는 것과 동시에 제네바에 위치한 유

시 미국 등은 이 추진체를 대포동-1로 명명하고 미사일로 규정했지만 유엔 제재를 부과하지 않았다. 6자회담 도중 BDA 금융제재를 부과하고, 2006년 6~7월에 '용감한 방패'와 '환태평양 해군연합훈련'이 실시되자 조선이 2006년 7월 5일 미사일 7기를 연속발사했고, 조선 외무성은 "우리를 표적으로 한 대규모의 군사연습"에 대응한 "군사훈련의 일환"으로 발사했다며 이 로켓이 미사일임을 공식적으로 인정했다. 이에 대응해 미국과 일본의 주도로 조선의 "미사일 발사를 규탄"하는 유엔 안보리 결의 1695호가 7월 15일 채택됐고, 이에 반발한 조선은 10월 8일 1차 핵시험을 단행했다. 당시 미국과 조선의 적대적 상호작용에 대해서는 졸고 「북한의 무력시위만 문제인가」, 프레시안 2006.7.7.

16 우주기술위원회 뿐만 아니라 동방은행과 금룡무역(조선광업공사의 별칭), 토성기술무역회사, 연하기계연합기업소 등도 제재대상으로 규정됐다. 우주기술위원회는 인공위성 발사와 직접적으로 관련이 있지만 민간기구가 제재의 대상이 되었고, 광업 및 금융, 무역, 기계공업 등에 종사하는 업체들이 제재 대상으로 선발된 것이 눈에 띈다. 「유엔 안전보장이사회 결의 2087호」.

17 2012년 2·29합의에서 조선은 "장거리 미사일 발사(…)에 대한 유예"에 합의했다. 조선은 2012년 4월에 발사한 인공위성은 "장거리 미사일"이 아니므로 이 합의를 위반한 것이 아님에도 불구하고, 미국이 이 합의를 존중하지 않았다고 주장한다.

엔 인권이사회에서는 3월 14일 북한인권 결의안이 제출되어 21일 통과됐다. 이 결의는 조선 정권의 인권유린에 대한 조사위원회 설립 등 전례없이 강력한 내용을 담고 있으며, 특히 조사위원회가 조선의 인권유린이 '반인도적 범죄'에 해당되는지 여부를 규명하도록 했다는 점이 중요하다. 최근 들어 정권에 의한 '반인도적 범죄'는 국제사회의 '보호를 위한 책임'(R2P)을 발동시켜 국제사회의 군사적 개입을 정당화하고 있기 때문이다.[18] 예를 들어 2011년 3월 17일 유엔 안보리는 결의 1973호를 채택, 리비아 시민을 보호하기 위해 "필요한 모든 조치"를 허용했고, 18일 리비아 정부가 이 결의를 준수할 것이라고 발표했음에도 불구하고 19일 프랑스의 공습을 필두로 다국적군의 군사개입이 이뤄졌다. 이어서 나토(NATO, 북대서양조약기구)의 군사작전으로 확대되고 프랑스와 영국 등의 특수부대의 지상작전으로 이어지면서 결국 카다피 정권의 붕괴를 초래했다. 따라서 북한인권 결의안 채택은 조선의 입장에서는 군사적 개입을 우려해야 하는 또 하나의 이유가 된 셈이다.

이렇게 국제적 제재를 강화하며 군사적 추가조치의 가능성을 열어놓는 유엔 결의들이 채택되는 것과 거의 동시에 키리졸브 독

---

[18] '보호할 책임'(Responsibility to Protect)은 2001년 '개입과 국가주권에 관한 국제위원회'가 도입한 원칙으로 2005년 유엔세계정상회담에서 채택되고 2009년 유엔총회에서 추인됐다. 그러나 아직 국제법의 지위는 획득하지 못했으며 그 정확한 정의와 적용 범위, 개입 방식과 절차 등에서 많은 논란이 있다. Philip Cunliffe, ed., *Critical Perspectives on the Responsibility to Protect: Interrogating Theory and Practice*, Routledge 2011; Cristina G. Badescu, *Humanitarian Intervention and the Responsibility to Protect: Security and Human Rights*, Routledge 2011.

수리 연습이 진행됐다는 사실은 조선의 위기의식을 최고조로 끌어 올렸을 것이다. 그리고 그 훈련의 강도가 전례 없이 높았다는 점도 기여했을 것이다. 2013년 훈련에는 B-2 전략폭격기가 미 본토에서 직접 날아온 것을 비롯해서 일본 오끼나와 후뗀마 기지에 배치된 수직이착륙 수송기 오스프리가 처음으로 참가하기도 했다.[19] 또 호주군 전투병력이 이 훈련에 참가, 유엔사령부 회원국이 전투병력으로는 처음으로 한미연합 야외기동훈련에 참가하기도 했다.[20] 오바마 행정부의 대조선정책은 자유주의적 국제주의 틀 안에서 경제제재와 군사적 압박을 강화한 것이었고, 그 범위와 강도는 오히려 부시 행정부 때보다 더 넓고 강해졌다. 이것이 조선이 과거보다 강하게 반발한 외적조건으로 작용했다.

3. 군사력, 경제제재 및 비정치적 교류협력을 넘어서

지난 20여년의 경험은 명확한 교훈을 준다. 군사적 압박이나 경제제재와 같은 강경책은 한반도 비핵화와 평화에 역행하는 결과를 낳는다는 것이다. 이에 반해 대화와 교류는 적어도 조선 핵프로그램의 동결 및 불능화에 성공하는 등 비핵화와 평화에 기여했다.[21] 하지만 평화의 문제를 뒤로 돌리고 비핵화에 우선순위를

---

19 박병진 「美 해병대 '오스프리' 韓·美 연합훈련 첫 참가」, 세계일보 2013.4.18.

20 정아란 「한미 해병대 상륙훈련에 호주 전투병력 첫 참가」, 연합뉴스 2013.4.20.

21 Alexander Vorontsov, "War and Peace on the Korean Peninsula," *38 North,* 2013.4.15.

둔 지금까지의 협상과 합의도 비핵화와 평화체제를 완성하는 데까지 가지는 못했다.

부시 정부가 취했던 군사적 압박정책은 조선의 핵프로그램을 군사화하는 결정적 계기를 제공했다.[22] 또 앞에서도 지적한 것과 같이 오바마 정부와 이명박 정부가 함께 추진한 제재정책은 조선의 대량살상무기 능력을 확장·발전시켜주는 결과를 가져왔다.[23] 제재정책을 국제화한 유엔 결의 1695호 직후 조선은 1차 핵시험을 단행했고, 국제적 제재를 강화하는 유엔의 조치에 대응해 2차·3차 핵시험을 실시했다. 경제제재가 시행된 지난 5년여간 조선은 플루토늄을 무기화하고 새로운 우라늄 농축시설을 설치했다. 그리고 경수로 건설에 착수하여 완공을 향해 치닫고 있다.

이 우라늄 농축시설이 조선이 주장하는 대로 경수로용 저농축우라늄(LEU) 생산에 이용된다면 매해 2톤 정도의 저농축우라늄을 생산할 수 있지만 무기급 고농축우라늄(HEU) 생산에 사용된다면 매해 무기급 고농축우라늄 30~40킬로그램을 생산할 수 있을 것으로 예측되고 있다.[24] 2012년부터는 매해 핵무기 한두개를 만들 수 있는 고농축우라늄을 생산할 수 있다는 것이다. 경수로마저 완공되어 핵무기 생산에 전용된다면 조선은 2015년부터는 매해 핵무기를 10기 생산할 수 있고, 2016년까지 핵무기를 최대

---

22 본서 2장 참고.

23 졸고 「미국의 동아시아 전략과 대북정책: 다층적 복합적 상호의존과 그 대응」, 『내일을 여는 역사』 2012년 겨울호 74~93면.

24 Siegfried S. Hecker, "Redefining Denuclearization in North Korea," Bulletin of the Atomic Scientists, 2010.12.20.

25기 추가로 생산할 수 있을 것으로 예측되고 있다.[25] 비핵을 맨 앞에 내세운 제재정책의 결과물은 조선의 핵능력 신장이었다. 조선은 열심히 우라늄 농축시설을 가동하고 경수로를 건설하고 있는데, 이를 동결하기는커녕 조선의 핵활동을 감시·확인조차 못하고 있는 것이 제재정책의 현실이다.

제재를 강화한 유엔 안보리 조치가 2차·3차 핵시험의 직접적 계기가 된 것과 같이, 한국과 미국이 3~4월 군사력으로 전쟁 억지력을 과시하려 한 것은 조선의 강력한 군사력 시위를 불러왔다. 한·미와 조선의 이러한 군사력 시위가 상호 상승작용을 일으키며, 결국 개성공단까지 불똥이 튀어 실질적 폐쇄상태가 되다시피 했다. 군사력 시위로 상호간 전쟁억지가 되어 전쟁이 일어나지 않았다고 주장할 수 있을지는 모르지만, 3~4월의 경험은 군사력 시위로 유지되는 전쟁억지는 평화가 아님을 극적으로 보여주었다.[26]

이에 반해 제네바합의와 6자회담이 보여주듯이 외교와 합의는 한반도의 비핵화와 평화에 기여한 바가 크다. 제네바합의는 1994년부터 2002년까지 조선의 핵프로그램을 동결시켰다. 또 2003년부터 시작된 6자회담은 방코델타아시아(BDA)에 대한 금융제재 때문에 진전을 보지 못하다 BDA 문제가 해결된 2007년부터 2008년 사이에 핵 프로그램을 동결시켰을 뿐만 아니라 이를 불

---

25 David Albright and Christina Walrond, *North Korea's Estimated Stocks of Plutonium and Weapon-Grade Uranium*, Institute for Science and International Security 2012.
26 갈퉁(J. Galtung)은 '긍정적 평화'(positive peace)와 '부정적 평화'(negative peace)를 분리한다. 전쟁억지 상태인 한반도는 부정적 평화에 해당한다고 볼 수 있겠다.

능화시키고 핵활동에 대한 전면적 신고까지 나가는 데 성공했다.

조선은 1979년 영변에 5메가와트 실험용 원자로 건설을 시작하여 1986년 완공, 그 가동을 시작했다.[27] 1981년에는 영변에서 북서쪽으로 약 30킬로미터 떨어진 태천에 200메가와트의 원자로 건설을 착공했고, 1986년에는 다시 영변에 50메가와트의 원자로 건설을 시작했다. 조선은 이 원자로를 1996년까지 완공할 예정이었으나 결과적으로 완공하지 못했다. 1994년 체결된 제네바 기본합의에 따라 실험용 원자로의 운전과 원자로 건설이 동결됐기 때문이다.

한반도 비핵화의 관점에서 이 원자로 건설동결은 사실 실험용 원자로 운전동결보다도 훨씬 중요하다. 조선이 건설중인 원자로들을 완공하여 가동했다면 엄청난 양의 무기급 플루토늄을 생산했을 것이기 때문이다.[28] 미 의회연구소는 CIA를 인용하며 이 두 원자로가 완공됐다면 연간 275킬로그램의 플루토늄을 생산할 수 있었을 것이라고 추정하고 있다.[29] 이는 대략 핵무기 25~40기를 만들 수 있는 분량이다. 이 원자로들이 1998년부터 가동되었다고 가정을 하더라도 수구언론에서 '잃어버린 10년'이라고 부르는 1998~2007년 기간에 조선은 무기급 플루토늄을 2750킬로

---

27 아래는 졸고 「북한 '핵개발', 현재적 과거의 대차대조」(프레시안 2012.9.27)에서 재인용.

28 1993년 미국 정보당국은 조선이 핵시설을 가동하면 2000년까지 핵무기 60~100기를 만들 수 있는 핵물질을 보유할 것으로 추산했다. Joel S. Wit and Jenny Town, "Dealing with the Kims," *Foreign Policy*, 2012.2.21.

29 Congressional Research Service, "North Korea's Nuclear Weapons: Technical Issues," 2012.4.3, 7면.

시기	1994–2002	2002–2007	2007–2008	2009–2013	2013–?
정책 성격	관여정책	군사적 압박	관여정책	경제적 압박	군사적 억지
정책 도구	제네바 합의	선제공격	6자회담	유엔 결의	군사훈련
결과(북 대응)	핵 동결	1차 핵시험	핵 불능화	2·3차 핵시험	핵시위

[표 2] 지난 20년간 대북정책의 성격과 도구 및 결과[30]

그램 생산했을 것이다. '잃어버린 10년'은 정작 조선이 핵무기 250~400기를 만들 수 있는 시기를 잃어버린 10년이었다. 제네바 합의는 조선이 이러한 플루토늄 능력을 확보하지 못하도록 하는 데 결정적 기여를 한 것이다. 그리고 6자회담은 이 플루토늄 생산 시설을 불능화하고 폐기하는 수순을 밟고 있었다.

조선과 합의를 이룬 덕분에 비핵화에서 엄청난 진전을 봤을 뿐만 아니라, 합의를 이루기 위한 협상과정도 한반도의 평화에 중요한 기여를 했다. 외교가 활발하게 진행되며 협상이 이뤄지고 있는 동안에는 조선이 미사일 발사나 핵시험과 같은 도발적 행

---

30 이 표는 지난 20년간 시도됐던 대북 비핵화정책의 성격과 그 결과를 도식적으로 정리한다. 복합적인 현실을 단순화하는 위험이 있고, 특히 1998년에서 2007년까지는 한국정부가 '햇볕정책'이라는 관여정책을 시도한 시기 중 미국의 정책과 엇박자를 낸 부분을 정확하게 반영하지 못한다. 그렇지만 조선의 핵정책은 미국의 대북정책에 강하게 대응하고 있어, 부시 행정부가 들어선 이후 켈리(J. Kelly) 차관보가 방북한 2002년부터 제네바합의는 무너지기 시작했다. 이후 대북정책의 본질적 성격은 군사적 압박이라고 하는 데 무리가 없어 보인다. 또 2003년부터 시작한 6자회담은 2005년에 9·19공동성명이라는 기념비적 성과를 냈지만, 그와 동시에 BDA문제로 실질적 성과를 내지 못했다. 결국 BDA문제가 해결된 2008년부터 짧은 기간이지만 불능화와 신고에 있어서 많은 진전을 이뤘다.

위를 자제했기 때문이다. 이는 부시 행정부에서 근무했던 보수적인 학자도 인정하고 있다. 1984년부터 2011년까지 조선의 도발과 협상의 상관관계를 연구한 빅터 차(Victor D. Cha) 교수는 "지난 27년간 북한이 미국을 포함한 협상 도중에 도발을 벌인 적은 단 한번도 없었다"고 의회에서 증언한 바 있다.[31]

그렇지만 협상과 교류를 중심으로 한 관여정책도 비핵화라는 목표를 달성하기에는 부족했다. 비핵화와 평화의 문제를 분리하여 평화의 문제를 후순위로 미뤘기 때문에 위기가 발생할 여지를 항상 열어두고 있었기 때문이다. 제네바합의도 "비핵화 한반도의 평화와 안전"을, 6자회담도 "한반도의 영구적 평화체제"를 언급했지만 실행에서는 비핵화의 후순위로 밀린 것이 현실이다. 그 결과 제네바합의도 부시 행정부가 '선제공격 독트린'을 채택하며 위협을 느낀 조선이 반발하여 붕괴됐고, 6자회담도 유엔 제재로 압박하는 오바마 정부에 위기감을 느낀 조선이 반발하며 무산됐다. 한반도 평화의 문제가 해결되지 않고는 비핵화문제도 완전히 해결되기 어려운 것이다. 동시에 한반도의 비핵화가 이뤄지기 전까지는 항상 불안의 요소가 존재하므로 비핵화문제가 해결되지 않고는 평화의 문제가 해결될 수도 없다. 즉 비핵화와 평화를 위해서는 더이상 이 두 문제의 연관성과 정치성을 무시할 수 없는 상황까지 온 것이다. 또 앞서 밝힌 것과 같이 조선과 한·미는 상호 적대적 의존관계 속에서 비핵화와 평화의 문제로 상호 적대성

---

31 Victor D. Cha, "Testimony before United States House of Representatives, Committee on Foreign Affairs," The Office of Korean Chair 2011.

을 재생산하는 분단체제를 구성하고 있다. 이러한 상황에서 '한반도 비핵화 평화'는 동요하는 분단체제를 비적대적 상호의존으로 수렴할 수 있는 틀이기도 하다.

'비핵화=평화'라는 패러다임의 전환은 지금까지의 생각을 뒤집는 데서 출발해야 한다. 우선 군사력 행사, 군사적 압박 및 제재 등을 강조하는 현실주의는 지금까지 조선의 핵능력을 오히려 강화시켰다는 역사적 경험을 인정해야 한다. 또 조선이 비핵화를 하면 받을 수 있는 대가를 제시함으로써 조선의 우선적 행동을 유인할 수 있다는 기능주의의 한계도 인정할 필요가 있다. 이제는 현실주의와 기능주의를 넘어서 평화가 조선의 핵무장을 해제할 수도 있다는 평화주의를 고민할 때가 된 것이다. 조선이 지금까지 자신의 핵무장을 정당화한 근거는 미국의 핵위협과 적대정책에 대응한 '억제력'이라는 것이었다. 따라서 평화를 제시하여 그 근거를 해제하는 것이, 조선의 핵무장을 해제하는 가장 근원적인 해결책일 수 있다. 조선의 비핵화를 이루어 평화를 누리자는 것이 아니라 평화체제와 비핵화를 동전의 앞뒷면으로 보자는 것이다. 평화 없는 비핵화도 없고, 비핵화 없는 평화도 불가능하기 때문이다.

이러한 패러다임 전환은 이상주의가 아니라 가장 현실적인, 어쩌면 유일한 현실적 제안일 수 있다. 우선 오바마 행정부에서 힐러리 클린턴(Hillary Clinton) 국무장관도 이와 유사한 제안을 한 바가 있다.[32] 또 조선도 이러한 가능성을 배제하지 않고 있다. 조선의 조국통일평화위원회와 외무성 및 국방위원회는 입을 모아 앞으로 "조선반도 비핵화를 논의하는 대화는 없을 것"이라고 선언했지만, "앞으로 조선반도와 지역의 평화와 안정을 보장하기 위한 대화는 있어도"라는 전제를 깔고 있다. 즉 조선은 아직까지 평화와 안정에 대한 대화의 가능성은 열어놓고 있다.[33] 뿐만 아니라 말로는 핵무기를 포기하지 않겠다고 하지만, 핵무기 포기의 가능성을 제도화하고 있기도 하다. 조선이 4월 1일 최고인민회의에서 제정한 '자위적 핵보유국의 지위를 더욱 공고히 할 데 대하여'라는 법은 일면 핵무기 보유를 제도화하는 것이지만, 제1항에서 "조선민주주의인민공화국의 핵무기는 우리 공화국에 대한 미국의 지속적으로 가중되는 적대시정책과 핵위협에 대처하여 부득이하게 갖추게 된 정당한 방위수단"이라고 규정, "적대시정책과 핵위협"이 제거되면 핵무기의 근거도 없게 된다고 천명하고 있기 때문이다.[34] 조선은 대외적으로 핵위협을 휘두르고 절대 핵을 포기하지 않을 것 같은 수사를 쓰고 있지만, 제도로서는 '비핵화=평화'의 가능성을 만들어두고 있는 것이다.

---

32 힐러리 클린턴 장관은 조선이 핵을 포기하면 △조미 수교 △평화협정 체결 △경제지원을 하겠다는 제안을 2009년 2월 13일, 7월 23일과 11월 21일 등 모두 세차례에 걸쳐 했다. 정세현은 "그때마다 '비핵-개방-3000'을 내세우며 조선의 선비핵화를 요구한 이명박 정부의 반대로 결국 진전을 보지 못했"다고 지적한다. 결국 대화협상 트랙은 국제제재의 트랙에 주도권을 빼앗기고 오바마 1기 대조선정책의 기조에서 사라졌다. 정세현 「5월 한미정상회담, '박근혜 해법'을 제시하라」, 프레시안 2013.4.21.

33 「조선외무성, 유엔 안보리 결의에 대한 성명 발표」, 조선신보 2013.1.23.

34 동시에 이 법은 "적대적인 핵보유국들과의 적대관계가 해소되는 데 따라 상호존중과 평등의 원칙에서 핵전파방지와 핵물질의 안전한 관리를 위한 국제적인 노력에 협조한다"고 하여, 미국과의 적대관계가 해소되지 않으면 핵확산방지에 협조하지 않겠다는 위협도 포함하고 있다.

따라서 조선이 공식적으로 열어놓고 있는 "평화와 안정을 보장하기 위한 대화"라는 기회의 창에 한반도 비핵화라는 어젠다를 넣으라는 주장에 주목할 필요가 있다. 정욱식은 남-북-미-중이 참여하는 4자 한반도 평화포럼에서 정전체제를 평화체제로 전환하기 위한 논의를 하자고 제안한 바 있다. 이 제안에서 주목할 부분은 "비핵화와 평화협정을 서로 분리된 것이거나 시간적인 선후의 문제가 아니라 '융합'의 대상으로 보자"는 패러다임의 전환을 시도하고 있다는 점이다. 그는 구체적으로 "평화협정에 북한의 핵폐기 대상, 방법, 시한을 명시하는 것"을 검토해보자고 제안하고 있다.[35]

그의 제안을 더욱 발전시켜 평화협정에 한반도 비핵지대화(nuclear-weapon-free zone)를 융합시키는 것이 더 바람직할 수도 있다.[36] 즉 조선의 핵폐기뿐만 아니라 핵무기 보유국가들이 한반도에 핵무기를 사용하거나 사용 위협을 하지 않겠다는 보장까지 추가하는 것이 진정한 의미의 한반도 비핵화이기 때문이다. 한반도에서는 조선이 핵무기를 보유하고 있고 미국이 확장억제라는 방식으로 핵무기 사용을 제도화하고 있기 때문에 조선의 핵폐기는 최소한 미국의 핵 불사용 공약과 맞물리지 않으면 대칭성을 이룰 수 없다.[37] 또 미국과 조선 사이의 핵대립은 아직도 계속

---

[35] 정욱식 「북 '중요한 결론', 핵실험 이상일 수도…」, 프레시안 2013.2.4.

[36] 할페린도 이와 유사한 제안을 한 바 있다. Morton H. Halperin, "How to Resolve the North Korean Nuclear Crisis," Keynote address at Conference 'South Korea and the U.S. Pivot to Asia,' 2013.4.3.

[37] 마찬가지로 조선의 핵감축과 미국의 핵감축을 맞바꾸자는 조선의 '핵군축' 주장도

되는 전쟁상태에 근원적인 이유가 있으므로 한반도 비핵지대화
는 한반도 평화체제와 결합될 때 비로소 안정성을 획득할 것이
다. 따라서 구체적으로는 남·북·미·중이 4자회담에서 북미평화
조약+남북비핵평화선언+중미 비핵평화 보장선언을 동시체결하
는 '2+2+2'가 하나의 방법이 될 수 있다.[38] 이 모두를 포괄하는 틀
이 한반도 비핵평화조약, 이를 이루는 과정이 신뢰프로세스, 이를
토대로 동북아평화협력체제를 만드는 것이 서울프로세스의 내용
이 될 수도 있다.

이러한 비핵평화체제를 발전시키기 위해 필요한 전제조건은
조선인민공화국이라는 정치적 실체를 인정하는 것이다.[39] 조선이
대한민국이나 미합중국의 실체를 인정하지 않는 한 외교와 협상
이 불가능한 것처럼, 한·미도 조선인민공화국의 실체를 인정하지
않고서는 비핵화평화체제를 위한 대화가 불가능하다.[40] '북한 붕

대칭성에 어긋난다. 하지만 이 협상의 과정에서 필요하다면 잠정적으로 조선의 지
위를 '가역적 핵포기국'으로 하자는 제안은 검토할 만한 가치가 있다. 김치관 「북한
에 '가역적 핵포기국' 지위를 부여하자」, 통일뉴스 2013.1.28.

[38] 신종대는 이와 유사하게 "북핵문제해결, 남북관계 진전, 한반도평화협정이라는
(…) 세바퀴를 동시에 구동시켜 해결을 모색하는 일종의 '삼륜전략'이 필요하다"고
주장한다. 신종대 「북한의 위기공세와 남북관계」, 『한반도포커스』 2013년 5~6월호.

[39] 제네바합의 이전에 조선과 미국 대표단은 1994년 6월 11일 "각 측의 주권을 상호존
중하고 내정에 간섭하지 않는다"는 원칙에 합의했고, 2000년 조미공동선언에서도
"상호주권을 존중하고 내정 불간섭의 원칙"을 재확인한 바 있다. 당연한 말이지만
협상을 위해 국가의 실체를 인정한다는 것이 기존 정권의 정당성을 인정하는 것이
나 정책을 지지하는 것과는 완전히 다른 것이다. 심지어 전쟁선포조차도 상대 국가
의 실체를 인정한 위에서 이뤄지는 행위이다.

[40] 남과 북은 남북기본합의서 1장 1조에서 "서로 상대방의 체제를 인정하고 존중한
다"고 명시했다. 기본합의서는 쌍방총리가 서명하고 난 후 조약 체결권자인 대한민
국 대통령과 조선민주주의인민공화국 주석의 최종 재가를 거쳤다. 또 정원식 총리

괴론'이나 '레짐 체인지론'이 조선의 위기의식을 자극한 근본적 이유라는 점에서 주권존중과 내정불간섭이라는 원칙은 현 시점에서 더욱 중요하다고 하겠다. 과거 이러한 원칙들이 선언 수준에서 천명되어 제도화되지 않았기 때문에 위기가 되풀이되었던 경험은 이러한 원칙들을 조약의 형태로 제도화해야 할 필요성을 시사한다.[41] 단 설령 한반도 비핵평화조약을 체결하더라도 남북분단이라는 특수한 상황을 고려하여 이러한 제도가 통일을 위한 과정이라고 명시할 필요가 있을 것이다.

마지막으로 지적할 대목은 한반도의 비핵화는 통일을 위한 필수조건이라는 점이다. 조선이 핵무기를 보유하고 있는 조건하에서 통일을 전망하는 것은 실제 불가능하다. 첫째, 군사적 수단의 통일은 한국전쟁 이후 비현실적 방안으로 남·북이 공히 인정하고 있지만, 조선이 핵무기를 보유하고 있는 한 불가능한 방안이

가 국회본회의에 참석하여 보고했으며, 대통령의 재가문서를 국무총리과 전 국무위원이 부서하는 절차를 완료했다. 조선에서는 당중앙위원회 전원회의에서 연형묵 총리가 보고를 하였고, 중앙인민위원회와 최고인민회의 상설회의 연합회의를 소집하여 이를 승인하였으며, 김일성 주석이 이를 최종적으로 재가했다. 남과 북이 이러한 절차를 밟은 것에 비해 조선과 미국은 주권 상호존중을 선언 수준에서만 인정하고 합의나 협정 수준으로까지 발전시키지 못했다.

[41] 관계정상화가 이뤄지지 않아서 제도화에 실패한 것인지, 제도화가 되지 않아 관계정상화를 이루지 못한 것인지 분리하여 평가하기는 쉽지 않다. 평화체제 정착도 전쟁 당사국의 전쟁 종결 선언으로부터 시작하여 궁극적으로 평화협정 체결까지 점진적으로 이루어질 수 있고, 조미관계 개선도 미국 또는 조선 고위관리(고위관리 또는 최고통치자)의 상호 방문, 연락사무소 개설, 외교관계 체결 등 점진적으로 이루어질 수 있다. 따라서 양자를 점진적으로 결합시켜가는 것이 가능하다. 반면 지금까지 점진적 방법이 실패했으므로 최고수준에서 제도화를 먼저 해야 한다는 주장을 배척할 근거도 없다.

다. 두번째, 조선이 핵무기를 보유하고 있는 한 평화적 통일도 실현하기 어렵다. 미국과 중국, 러시아, 일본 그 어느 국가도 통일 한반도가 핵국가가 되는 것을 지지·협조하지 않을 것이기 때문이다. 따라서 한반도 비핵화는 통일을 위해서도 반드시 성사시켜야 할 필요조건이다.

김종엽은 개성공단 철수 등 2013년 봄 일련의 사태를 "분단체제가 더 깊게 동요하고" 있다는 징후로 진단한 바 있다.[42] 적대적 상호의존성이 약화되면서 분단체제가 상호의존 없는 적대의 강화로 가고 있다는 것이다. 한반도 긴장을 제고하는 현 국면의 분단체제 동요는 비핵화를 둔 조선과 한·미간의 첨예한 적대의 결과물이다. 따라서 비핵화평화체제를 발전시키는 것은 적대의 완화를 통해서 분단체제의 동요를 비적대적 상호의존으로 해소할 수 있는 구조를 만드는 것이다. 평화적 통일은 이러한 제도를 만드는 것과 함께 이뤄질 것이다.

한반도 비핵평화조약이라는 결과물은 국가간 체결과 비준으로 성사될 수 있지만, 그것이 시민사회의 배제를 의미하는 것은 아니다. 오히려 현재 각국 정부가 비핵화와 평화로 나아가지 않는 상황에서 이들을 추동할 수 있는 힘은 시민사회가 유일하다고 하겠다. 따라서 시민사회가 자국 정부와 시민들을 설득하는 것이 과제로 드러난다. 한반도 비핵화와 평화가 동전의 양면과 같은 불가분의 관계라는 인식이 확산되고, 국가를 추동하는 힘으로 나

---

42 김종엽 「더 깊게 흔들리는 분단체제와 포용정책 2.0」, 한겨레 2013.4.30.

타나야 할 것이다. 또, 시민사회간 초국가적 연대를 통해 국가간 소통을 도와줘야 할 것이다. 이러한 시민사회 활동은 분단체제의 동요가 비핵평화체제로 해소되도록 하는 힘이자, 한반도 비핵평화체제가 적대도 없고 상호의존도 없는 분단의 영구화로 가는 것을 막는 힘이 될 것이다. 뿐만 아니라 남·북을 잇는 시민사회의 활동은 분단체제의 동요가 비적대적 상호의존으로 수렴되도록 하는 내용물이 될 것이다.

실패가 확인된 군사적 압박이나 경제제재에 미련을 갖는 것은 비과학적일 뿐만 아니라 상황을 악화시키는 가장 확실한 방법이다. 이제는 대화의 가능성을 살려야 할 때다. 4개국 한반도 평화포럼에서 '한반도 비핵화평화체제'를 논의하고 이를 위한 방법을 모색하는 것이 현재의 위기를 벗어날 유일한 출구가 될 수 있을 것으로 보인다. 4개국이 이 출구를 찾아 나가도록 추동할 힘은 시민사회밖에는 없다.

2부
미중경쟁 속의 한반도

5장

미국의 '아시아 회귀'로 재편되는 한반도

오바마 정부의 사드 배치와 군비경쟁의 질적 전환

오바마(B. Obama) 정부와 박근혜 정부 시기 사드(THAAD, 종말고고도지역방어체계) 미사일요격체계의 한국 배치는 가장 뜨거운 안보 이슈였다. 박근혜 정부 1년차인 2013년 10월 국방부가 사드 도입을 유력하게 검토하는 것으로 알려진 이래 찬반논의가 본격화했다. 찬성론자들은 한국의 안보를 위해 조선의 핵미사일을 요격할 이 무기체계가 긴요하다고 주장하고, 반대론자들은 사드는 검증되지 않았을 뿐 아니라 배치될 경우 한국이 미국 미사일 방어(Missile Defense)의 전초기지가 될 것이라 반박한다. 많은 논란 속에서 2016년 7월 오바마 정부와 박근혜 정부는 주한미군에 사드를 배치하기로 결정했고, 트럼프(D. Trump) 정부와 문재인 정부가 2017년 4월 경북 성주군에 전격적으로 사드를 배치했다. 이 일련의 과정에서 사드 문제는 국내뿐만 아니라 중국과의 관계 등 국외에서도 논란의 소용돌이를 일으켰다.

하지만 이 논란에는 핵심적인 질문이 빠져 있다. 사드의 배치가 한반도에 주는 의미는 무엇인가? 한국의 안보라는 관점을 넘어 한반도의 안전이라는 관점에서 이 문제를 볼 수 있는가? 분단된 한반도의 관점에서 본다면 사드 문제의 본질은 무엇인가? 이 글에서는 이러한 질문을 던지고, 답을 찾고자 한다.(글이 발표된 2015년 여름 시점)

다음의 순서로 논지를 전개한다. 첫째, 사드를 두고 지금까지 있었던 논의를 찬성론과 반대론으로 나누어 그 논리와 한계를 지적한다. 둘째, 미국이 사드의 한국 배치를 고려하는 이유를 고찰한다. 셋째, 미국이 사드를 배치하려고 하는 이유를 한반도 군비경쟁의 역사 속에 놓는다. 분단 한반도에서는 과거의 상호억제가 붕괴되고, 이제 군비경쟁의 악순환이 새로운 단계로 접어들고 있다. 결론적으로, 박근혜 정부와 오바마 정부와 같이 군사력으로 절대적 안보를 구현하려는 시도는 필연적으로 조선의 불안감을 초래하여 한층 높은 수준의 군사적 대응을 초래할 수밖에 없다. 이는 결국 한국의 불안으로, 한반도의 불안정으로 이어진다. 군사적 절대 안보의 대안으로 상호적 안보, 공동안보를 고려할 때가 되었다.

1. 사드 찬반론과 그 한계

사드를 둘러싼 논의의 가장 큰 한계는 찬성론자와 반대론자가 공통적으로 한반도적 시각을 결여한 데 있다. 찬성론자들은 조선의 핵미사일에 대한 방어수단으로 사드 배치가 필요하다고 주장하지만, 그 기저에는 한국의 안보는 미국에 기대야 한다는 의식이 있다. 반면 반대론자들은 사드의 군사적 효용성에 의문을 제기할 뿐 아니라 사드의 배치는 중국의 반발을 초래할 것이라 경고한다. 논쟁의 핵심축이 미국이냐 중국이냐로 나뉜 채 분단 한반도의 주체적 입장에 대한 고민은 빠져 있다. 이 논란에서 한국 내 사드 찬성론자들이 사드 배치를 주도하는 것도 아니다. 사드 배치의 실질적 결정권을 가지고 있을 뿐 아니라 이를 주도적으로 고려하고 있는 것은 미국 오바마 정부이다. 왜 오바마 정부가 사드 배치 논의를 주도하고 있는지에 대한 명확한 분석 내지 언명이 없다는 사실 또한 현 논란의 한계이다.

(1) 사드 배치 찬성론자

2015년 3월 리퍼트(M. Lippert) 주한 미 대사 피습 직후 유승민 새누리당 원내대표가 사드 배치 필요성을 공론화하면서 사드 찬성론이 급속히 머리를 들었다. 정치권에서는 새누리당 김무성 대표 등 소위 '비박계'에서 이 입장을 공개적, 적극적으로 내세우고 있다. 이들은 한국 방어용으로 사드가 필요하다고 주장한다. 즉, 조선이 핵탄두를 노동미사일에 장착해 고각도로 발사하면 한국이 사정권에 들어오므로 이를 요격하기 위해 필요하다는 것이다. 명확하게 밝히고 있지는 않지만, 그 논리로 볼 때 한국군이 한국 정부 비용으로 사드를 배치해야 한다는 입장인 것으로 유추할 수 있다. 적어도 주한미군이 배치한다면 한국이 비용분담을 할 수 있다는 입장일 것이다.

한국 국방부는 조선의 2013년 3월 노동미사일 시험발사가 이런 방식으로 이뤄졌으며 "이는 요격을 회피하려는 실험"이라고 분석해 비박계의 주장에 힘을 실어주었다. 당시 노동미사일의 고도가 160킬로미터 이상 올라갔고 하강단계 최고속도가 마하7 이상으로 현재 한국에 배치된 패트리엇(PAC-2 또는 PAC-3) 체계로는 요격이 어렵다는 것이다.[1] 한국 방어를 위해 고고도미사일방어체계가 필요하다는 점에서는 비박계와 일치하지만, 국방부의 공식 입장은 중거리·장거리 지대공미사일(M-SAM & L-SAM) 등으로 구성된 한국형 미사일방어체계를 국내 개발한다는 것이다. 단 주한미군이 자체적으로 사드를 한국에 배치하는 것은 한국 안보에 도움이 된다고 본다.

이 두 입장은 '한국 방어론'의 큰 두 줄기를 대표한다. 구체적 방법을 두고는 미제 무기를 쓰느냐 국산 무기를 쓰느냐, 또는 비용을 미국이 부담하는가 한국이 부담하는가 아니면 공동분담을 하는가 등 다양한 편차가 존재한다. 하지만 한국의 안보를 위해 사드나 유사한 무기체계가 필요하다는 '한국 방어론'은 나름대로의 설득력을 갖고 한국사회에 영향력을 미치고 있다.[2]

---

1 「北 지난 3월 노동미사일 시험발사는 요격회피 실험」, 연합뉴스 2014.6.19.
2 미국이 한국의 동맹국이기 때문에 미국이 추진하는 미사일 방어계획에 따라가야 한다는 입장도 존재한다. 이들도 한국의 안보가 궁극적으로는 미국의 지원에 달려 있다고 본다는 점에서 '한국 안보론'의 한 흐름이다.

이에 비해 미국의 입장은 조금 모호한 부분이 있다. 사드가 배치된다면 이를 직접 운용할 미 국방부의 각급 인사들이 사드 배치 필요성을 공개적으로 언명하고 있지만 그 목적을 명확하게 밝히고 있지는 않기 때문이다. 예를 들어 토니 블링큰(Tony Blinken) 미 국무부 부장관은 사드가 "전적으로 북한이 제기하는 위협에 대응하기 위한 목적"[3]이라면서도, 사드가 방어하는 지역을 명확히 하진 않았다. 하지만 이들의 발언을 면밀히 분석하면 방어지역에 따라 미국의 입장을 크게 세가지로 나누어 볼 수 있다.

첫번째는 '한국 방어론'이다. 커티스 스캐퍼로티(Curtis Scaparrotti) 주한미군사령관이 이런 입장을 수차례 공개적으로 언명했다. 2015년 4월 미 하원 군사위원회 청문회에서 "다층적 미사일방어체계"의 필요성을 강조하며 "이는 현재 한반도에 배치된 패트리엇 체계의 미사일 방어능력을 강화시킬 것"이라고 주장했다.[4] 그는 1년 전에도 "사드는 굉장히 방어적인 체계이고 단순히 한국 방어에 중점을 두고 배치될 것"이라고 밝힌 바 있다.[5] 사드 생산업체인 로키드마틴도 사드가 한국 방어에 유용하다고 주장했다.[6]

---

[3] 「블링큰 美부장관 '사드, 北위협 대응목적… 결정 안돼'」, 연합뉴스 2015.2.19.

[4] 「주한미군사령관 "사드 한반도 배치, 북 미사일 방어능력 강화"」, 연합뉴스 2015.4.16.

[5] 「미사일요격체계 '사드' 韓배치 초기 검토단계」, 연합뉴스 2014.6.3.

[6] 로키드마틴의 토드 로이 수석연구원은 2013년 서울에서 개최된 공군 방공포병 전투발전 세미나에서 사드체계를 하나나 두개 배치하면 한국 전체를 방어할 수 있다는 분석결과를 공개했다(「공군 방공포병 전투발전 세미나」, 『국방과 기술』 2013년 10월호). 한편 당시에 이미 로키드마틴 사드 프로그램 담당 부사장 맷 조이스가 한

두번째는 '동북아 방어론'이다. 제임스 윈필드(James Winnefeld) 미 합참차장은 사드 배치의 목적을 정확히 밝히지는 않으면서도 "지역탄도미사일방어체계 발전의 중요성"을 강조했다. 2014년 5월 워싱턴에서의 연설에서 한국과 일본이 이 부분에서 협력한다면 "지속적인 북한의 도발에 대응하는 우리의 자신감을 높여줄 것"이라고 밝힌 바 있다.[7] 단기적으로는 조선의 미사일에 대응할 목적으로, 장기적으로는 중국을 견제한다는 이중포석으로 한·미·일 군사협력을 강조하는 오바마 행정부와 워싱턴 일각의 시각을 잘 대변한다.

마지막으로 '미국 안보론'이 있다. 이 입장은 공개적으로 명시된 건 아니지만 일부 미국 인사들의 발언에서 부분적으로 나타나고 있다. 미사일방어옹호연맹의 창립자인 리키 엘리슨(Riki Ellison)은 사드체계의 일부분인 엑스밴드 레이더가 "전구[戰區] 내에 있는 모든 것들을 포착해 조기경보를 줄 수 있기" 때문에 한국이나 일본뿐 아니라 미국의 방어에도 유용하다고 주장했다.[8] 일부 언론도 조선의 대륙간탄도미사일(ICBM)을 언급하면서 이를 사드와 연결짓는 보도를 한 바 있다.[9] 크리스틴 워머스

국이 사드체계에 관심을 보이고 있다고 했다. 「美·UAE, 록히드마틴과 미사일 방어 시스템 계약완료」, 연합뉴스 2013.9.21.

7 Julian E. Barnes, "Washington Considers Missile-Defense System in South Korea," *Wall Street Journal*, 2014.5.27.

8 앞의 글.

9 이러한 보도의 정확한 진상은 확인하기 어렵다. 보도에서 인용된 미국 관리들이 사드를 염두에 두고 있는 것인지, 이들의 발언과 사드의 연관성이 기자의 추측인지 명확하지 않기 때문이다.

(Christine Wormuth) 국방부 부차관은 "우리는 북한이 핵무기를 소형화할 능력을 갖추고 있는지를 충분히 알지 못하지만, 최악의 시나리오에 대비해 계획을 세우는 것이 신중한 자세라고 판단한다"라면서 "이것이 우리가 미사일방어체계에 초점을 맞추고 있는 이유이며 본토 방어를 위해 지상발사 요격미사일(GBI) 기지를 30개에서 44개로 늘리려는 까닭"이라고 설명했다.[10]

이러한 찬성론의 문제점들은 다음에서 보듯이 반대론자들이 잘 지적하고 있다. 단 찬성론자들이 모호하게 에둘러서 말하고 있는 '미국 안보론'은 정확한 평가와 반박이 이뤄지지 않고 있다.

(2) 사드 배치 반대론자

반대론자들의 입장은 세가지로 정리될 수 있다. 첫째, '국산개발론'이다. 국방부와 군수업체 일부의 입장은 이미 한국에서 한국형 고고도미사일방어체계인 L-SAM을 개발하고 있으므로 여기에 자원을 집중하는 일이 중요하다는 것이다. 이는 사드 같은 미사일방어체계의 필요성 자체를 거부하는 것은 아니라는 점에서 찬성론자들과 유사한 입장이라 할 수 있다. 단지 미국산 무기체계를 들여오는 대신에 국산을 사용하자는 점만이 차이점이다. 따라서 이들은 미군이 사드를 도입해 한국에 배치하는 것이나, L-SAM 개발에 영향을 주지 않는 방식의 사드 배치에는 반대하지 않는다.

---

10 「주한미군사령관 "사드 한반도 배치, 북 미사일 방어능력 강화"」, 연합뉴스 2015.4.16.

둘째, '기술적 결함론'이다. 이 입장은 사드가 전장에서 제대로 검증되지 않았고 아직도 개발중인 무기체계라는 점을 지적한다. 혹 설계한 대로 작동되더라도 한반도 지형에서는 그 효능을 발휘할 수 없는 태생적 한계를 안고 있다는 것이다. 송민순 전 외교부장관 등이 지적했듯이 사드는 미국에서 11차례 요격시험에 성공했다고 하나, 실전상황은 물론 그와 유사한 조건에서도 시험된 적이 없다. 미 국방부 시험평가에서 자체 조건을 충족시키는 데만도 40개 이상의 문제점이 해결되어야 하는 것으로 나타난 상황이다.[11] 이들은 설령 모든 조건을 충족시키고 시험에 성공하더라도 한반도 상황에는 유용하지 않다는 문제는 여전히 남아 있다고 지적한다. 즉, 한국에 가장 큰 위협은 조선의 장거리 방사포와 단거리 미사일인데 사드는 40킬로미터 이상의 고고도에서나 기능을 발휘하기 때문에 이러한 위협에는 무력하다는 것이다. 이에 대해 국방부나 새누리당 유승민, 김무성 등은 조선이 노동미사일을 고각도로 발사하는 경우 사드가 유용하다고 반박한다. 그러나 아래에서 지적하겠지만 이러한 주장은 고등학교 수준의 물리학도 이해하지 못한 무지의 소치이다.

셋째, '중국/동북아 불안정론'이다. 주한 중국대사를 비롯한

---

11 미 국방부 시험평가국의 2012년 보고서는 39가지 조건이 개선되어야 한다고 지적했을 뿐 아니라 7가지 개선사항을 추가하면서 이는 비밀로 분류해 공개하지 않았다. 2015년 초 현재 39개 조건중 18개가 충족이 되었지만 나머지는 2017년까지 수정·평가하기로 되어 있다. 7개의 비밀 수정사항 중에는 2개만이 충족되었다. U.S. Department of Defense, "Director Operational Test and Evaluation," *FY 2014 Annual Report*, 2015.1, 317~18면.

각급 고위관리와 중국 연구자들이 일관되게 사드 배치를 반대하는 주요한 근거이다. 그 이유는 크게 두가지로 보인다. 우선 사드의 한국 배치가 중국의 전략적 억제력을 위협하고 미·중간 전략 균형을 깨뜨릴 수 있다는 것이다. 또 남중국해 등 지역분규 시 사드가 이 지역의 미군과 미군기지를 보호할 수 있다는 점도 거론한다. 곧 사드가 미국과 중국 사이 전략적·지역적 억제력을 붕괴시켜 동북아시아의 불안정을 초래할 수 있다는 우려이다. 미국과 중국의 갈등 때문에 '고래 싸움에 새우등 터지는' 상황, 즉 한국이 그 갈등에 끌려들어가 직접적이고도 일차적인 피해자가 될 수 있음을 지적하는 것으로, 가령 안보상황 악화를 우려한 중국이 한국에 경제적 보복조치를 취할 가능성도 배제할 수 없다.

이같은 반대론은 일정한 내적 연관성을 갖고 있다. 즉, 한국에서도 이미 개발중인 상황에서, 검증도 되지 않았고 한국 방어에는 적합하지도 않은 사드를 한국에 배치하려는 것은, 중국을 대상으로 한 게 아니냐는 것이다. 다음 장에서 입증하겠지만, 이러한 반대론은 설득력있는 근거를 가지고 있긴 하지만 △'미국 안보론'에 충분한 주의를 돌리지 않고 △이에 따라 한반도 안보를 소홀히 한다는 한계를 안고 있다.

2. 미국은 왜 사드를 배치하려 하는가

스캐퍼로티 주한미군사령관은 2014년 6월 "한국에 사드를 전개하기 위한 초기 검토가 이뤄지는 수준"이라고 공개함으로써 '사드 논란'을 촉발시켰다. 그러면서 "미 측에서 추진하는 부분이고 제가 또 개인적으로 (미국 군당국에) 사드의 전개에 대한 요청을 한 바 있다"라며 사드 배치 검토가 미국 주도로 이루어지고 있음을 명백히 했다.[12] 그러나 미국은 그 이유를 조선의 미사일 위협이라고 하면서도 방어 지역이 어디인지는 명확히 하지 않고 있다. 찬반론자들은 주로 한국 방어와 중국 견제 사이를 오가고 있지만, 본 장에서는 이들의 주장을 실증적으로 반박하고, 미국이 사드 배치를 추진하는 가장 직접적 이유를 재검토한다.

(1) 한국 방어

미국이 한국 국민의 생명과 재산을 보호해주기 위해 사드 배치에 적극적으로 나서고 있다면 한국으로서는 고마워할 일이다. 값도 비싸고 세계 다른 지역에도 필요한 무기체계를 우선적으로 한국에 배치한다니 말이다. 그렇다면 미국정부는 이를 적극적으로 홍보할 만도 한데 현실은 그렇지 않다. 왜일까?

사드는 한국 방어에 있어서는 '명품 고철덩어리'에 불과하기 때문이다. 반대론자들이 지적하듯이 한국에 최대의 위협은 조선의 장거리 방사포나 단거리 미사일이다. 고도 40킬로미터 이상에서나 기능을 발휘하는 사드는 저고도로 비행하는 이 무기체계들 앞에서 속수무책이다.[13] 사드가 한국에 배치될 경우 오히려 조선

---

12 「미사일요격체계 '사드' 韓배치 초기 검토단계」, 연합뉴스 2014.6.3.
13 미국의 전문가들도 최근까지는 이러한 입장이었다. 국제전략문제연구소나 스팀

의 장사포나 단거리 미사일에 무력하게 노출되는 문제가 발생한다. 따라서 이 '명품'을 보호하기 위해 다시 군사적 필요성이 추가되는데, 이는 결국 한국 안보에 도움이 되는 것이 아니라 부담이 되는 것이다.[14] 삶에 도움이 안 되는 '명품'은 없느니만 못하다.

조선의 단거리 미사일을 요격할 수 있느냐는 미국이 오래전부터 고민해온 문제다. 미 국방부는 이미 1999년에 서울을 포함한 한국 북부 방어를 위해서는 저고도미사일 방어가 필요하지만, 이와 함께 4개의 사드 포대로 한국을 방어할 수 있다고 주장했다(그림 1 참조).[15] 2013년에 이르면 사드 포대 2개면 조선의 단거리 미사일을 요격하여 한국 전체를 방어할 수 있다고 주장할 정도가 됐다.[16]

그러나 이러한 주장은 사드가 보호 가능한 최대 지역만을 산출한 것이지, 실제로 조선의 미사일을 요격하기 위해 필요한 사드 요격미사일 수까지는 염두에 두지 않은 것이다. 예를 들어 스탠포드대학 국제안보협력센터의 딘 윌케닝(Dean Wilkening)은 조

슨센터 같은 연구소들은 한국에 사드가 유용하지 않다고 인정하고 저고도미사일 방어와 해상배치 미사일방어체계를 추천하는 데 의견일치를 보였다. Kenneth W. Allen, James R. East, David M. Finkelstein, Banning Garrett, Bonnie Glaser, Michael J. Green, Michael Krepon, Michael McDevitt, Eric A. McVadon, Mike M. Mochizuki, Ronald N. Montaperto, James Mulvenon, Benjamin L. Self and David Shambaugh, "Theater Missile Defenses in the Asia-Pacific Region," *A Henry L. Stimpson Center Working Group Report,* 2010.

14 이어지는 3절에서 말하겠지만 사드 같은 미사일방어체계를 방어하기 위해 킬체인이 필요하게 되며, 조선이 미사일방어체계를 공격할 능력을 사전에 무력화시키기 하기 위해 선제공격적 작전계획을 채택하게 된다.

15 U.S. Department of Defense, "Report to Congress on Theater Missile Defense Architecture Options for the Asia Pacific Region," 1999.

16 로키드마틴 토드 로이 수석연구원의 발언. 「공군 방공포병 전투발전 세미나」, 앞의 책.

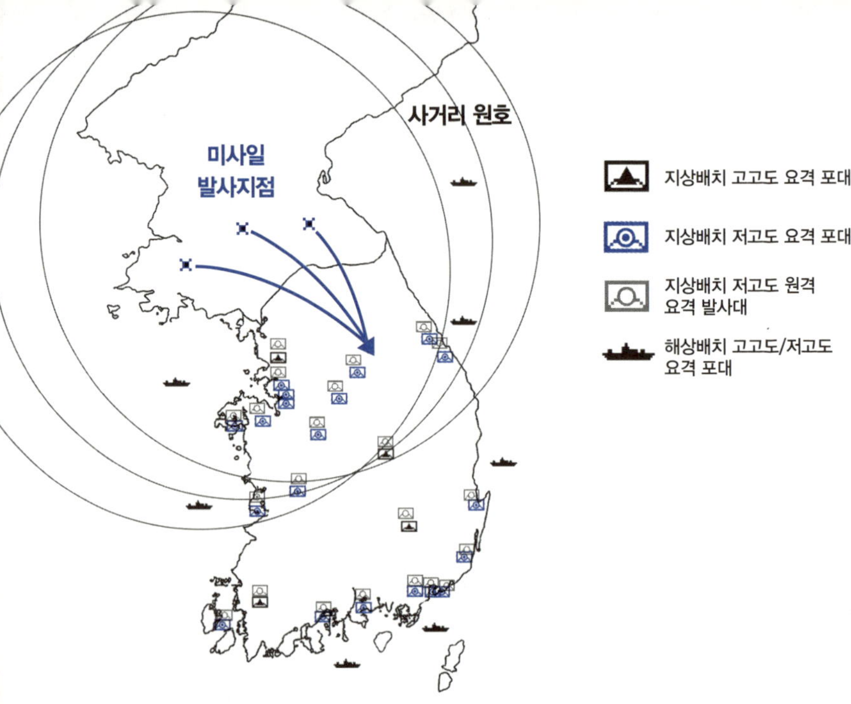

[그림 1] 한국 탄도미사일 방어구조

선의 스커드미사일 100기를 50퍼센트 이상 신뢰도로 방어하기 위해서는 한국에 사드 요격미사일 520기가 배치되어야 한다고 추산한다.[17] 이에 비해 사드체계는 포대당 최대 72발의 요격미사일을 탑재하는데, 현재 논의되고 있는 것은 사드 1개 포대이다. 조선이 보유하고 있는 스커드미사일 등 단거리 미사일이 1천기가 넘는 것으로 추정된다는 점을 고려한다면 사드로 이를 요격한다는 것은 비현실적이라는 말이다. 사드 포대 80개가 배치되어야 조선의 단거리 미사일 모두를 요격할 수 있는 확률이 50퍼센트 정도 된다는 것이기 때문이다.

17 Dean A. Wilkening, "A Simple Model for Calculating Ballistic Missile Defense Effectiveness," *Science & Global Security*, Vol. 8 No. 2, 2000, 183~215면.

조선의 노동미사일(중거리 미사일)을 요격하기 위해 사드가 필요하다는 주장은 이런 문제를 회피하기 위한 명분으로 등장한 것처럼 보인다. 2014년 3월에 실시한 조선의 노동미사일 발사 시험이 '기존 탄도미사일 요격체계를 회피하기 위한 실험'이라는 분석결과가 3개월이나 지난 6월 19일에 나온 것이다. 국방부 대변인은 "당시 노동미사일이 고도 160킬로미터, 최고속도 마하7로 비행했기 때문에 패트리엇 PAC-3로도 요격이 쉽지 않다"고 했고, 언론에서는 조선이 노동미사일로 한국을 타격할 경우에 대비하려면 사드를 전력화해야 한다는 주장도 일각에서 제기되고 있다고 보도했다.[18] 6월 3일 있었던 스캐퍼로티 주한미군사령관의 '사드 배치 검토' 발언을 뒷받침하는 분석결과가 묘하게도 그 2주 후 발표된 것이다.

그러나 이러한 분석은 탄도비행에 대한 이해가 부족해서 생긴 것이다. 설령 조선의 핵탄두가 대형이라서 추진력이 강한 중거리 미사일(노동미사일)을 이용해야 한다고 하더라도[19] 발사각도를 반드시 고각도로 할 필요가 없기 때문이다. 탄두의 무게가 같고 미사일의 초기속도가 같더라도 저각도와 고각도 모두 동거리를 비행할 수 있다(그림 2 참조). 조선이 노동미사일로 한국을 공격하려

---

18 김호준 「北 지난 3월 노동미사일 시험발사는 요격회피 실험」, 연합뉴스 2014.6.19. 2015년 유승민, 김무성 등 정치권에서 사드 필요론을 제기한 것도 같은 이유이다.

19 김무성은 사드 도입이 필요한 이유에 대해 "(북핵) 소형화 기술이 얼마만큼 발전했는지 모르지만 소형화에 시간은 걸릴 것"이라며 "결국 북한이 보유한 핵폭탄은 대형일 수밖에 없는데 저고도미사일에 탑재할 수 없고 고고도미사일 탑재가 유력하다. 약 150킬로미터 상공에서 요격할 수 있는 방어체계를 갖춰야 한다는 것은 기본 상식"이라고 주장했다.

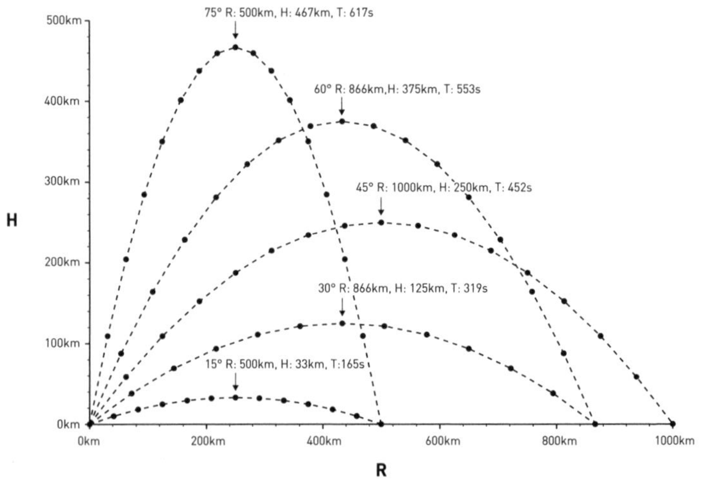

[그림 2] 탄도체의 고각도와 저각도 비행

한다면 굳이 고각도로 발사해 사드의 먹잇감이 될 필요가 없다는 말이다. 저각도로 발사하면 사드와 패트리엇을 동시에 무력화할 수 있기 때문이다.

위의 분석에 비춰볼 때 사드는 한국을 방어하는 데 하등의 도움도 되지 않는다. 단거리 미사일은 요격이 불가능하고, 중거리 미사일도 저각도에는 눈 뜨고 당하는 수밖에 없다. 사드의 군사적 필요성을 주한미군 보호로 제한해도 그 결과는 마찬가지다. 상황이 이렇기 때문에 사드의 한국 배치가 중국을 겨냥한 것이 아니냐는 의심을 받는 것이다.

(2) 중국 군사력 견제

중국정부가 공개적으로 사드 배치에 경고를 하고 나서면서 사드가 중국을 겨냥한 것이라는 인식이 급속도로 퍼졌다. 이미 2008년 중국국방백서에서 중국정부는 미사일 방어가 "전략균형과 안정성에 해로울 것"이며 "중국은 이 이슈에 중대한 관심을 기울일 것"이라고 천명한 바 있다.[20] 중국의 ICBM을 추적할 수 있다는 점과, 주한미군을 겨냥한 중거리 미사일을 무력화할 수 있다는 점이 그 근거이다. 그러나 이러한 주장은 '한국 방어론' 정도로 근거가 없는 것은 아니지만 미국이 한국에 사드를 배치하려는 이유로는 설득력이 부족하다.

첫째, 군사적 효용성이 제한적이다. 사드가 한국에 배치되었을 경우 중국이 미국을 향해 ICBM을 발사한다면 사드 요격미사일로 이를 요격하는 것은 불가능하지만 사드용 레이더로 이를 조기에 포착하는 것은 가능하다. 사드체계의 한 부분인 AN/TPY-2 레이더 전진배치모드는 그 유효거리가 1800킬로미터로 중국 베이징 및 동북지역뿐 아니라 내몽고를 포함해 내륙 깊숙이 감시할 수 있기 때문이다. 일본 쿄오가미사끼 레이더기지보다 800킬로미터가량 중국에 더 가까우므로 그만큼 더 면밀히 중국을 감시할 수 있고, 일본에서 추적하는 것보다 해상도 높은 정보를 획득할 수도 있다. 그러나 그 효과가 제한적이다. ICBM이 배치된 지역 중 랴오닝성이나 안후이성 등은 감시가 가능하지만, 중국 서쪽에 있는 윈난성이나 칭하이성은 감시가 아예 불가능하기 때문이다. 더구나 이중 감시가 가능한 지역에서 발사된 ICBM은 이미 일본

---

20 Information Office of China's State Council, *China's National Defense in 2008*, 2009.1.

에 배치된 2기의 레이더로도 추적이 가능하다. 중국에 조금더 근접한 한국에 레이더가 추가된다면 조금더 빨리, 조금더 해상도 높은 미사일 정보를 파악할 수 있을 뿐으로, 그 한계효용은 미미하다.

둘째, 사드가 중국의 중·단거리 미사일을 요격해 동북아시아의 전략균형을 깨뜨릴 위험이 있다는 우려의 비현실성이다. 한국이 미군에 전략적 유연성을 허용함으로써 미군은 평택 기지에서 전력을 투사하는 것이 가능해졌다. 미 군사력이 대만해협이나 남중국해로 투사되는 경우 중국은 중거리 미사일로 이를 견제할 수 있는데, 사드가 이를 무력화할 수 있다는 주장이 제기된다. 또한 서해나 동중국해에서 작전하는 미 해군을 보호하기 위해 사드의 AN/TPY-2 레이더를 사용할 수 있다고 한다.

이러한 시나리오는 기술적으로는 가능하나 군사적으로는 설득력이 부족하다. 미국이 중국을 염두에 두고 사드를 배치한다면 한국보다 오끼나와가 훨씬 더 적합하기 때문이다. 오끼나와는 분쟁 가능성이 높은 센까꾸/댜오위다오나 대만해협, 남중국해에 훨씬 더 가까울뿐더러 분쟁 시 곧바로 투입될 수 있는 미 해병이 주둔하고 있다. 그런데 이런 오끼나와는 무방비상태로 두고, 잠재적 분쟁지역에서도 떨어져 있는 미 육군기지인 한국을 보호한다는 것은 우선순위에서 맞지 않는다. 계획대로 생산이 다 되어도 희소가치가 높은 사드를 굳이 한국에, 오끼나와보다 먼저 배치하는 이유로서 절박성이 떨어진다는 말이다.

한편 군사전문가 김종대 등은 사드가 중국의 미사일을 무력화하는 미국의 접근전략 무기체계라 주장한다.[21] 현재 미국은 중국에 접근해 군사력을 투사하는 '접근' 작전을 추구하는 반면 중국은 '반접근/지역거부' 작전으로 대항하고 있다. 미군이 '공해전' 개념 아래 공군력과 해군력을 이용하여 '접근'을 추구한다면, 중국은 잠수함과 미사일로 이러한 접근을 막고 있다. 이러한 대치 상황에서 사드 같은 미사일방어체계는 중국의 반접근/지역거부 작전을 무력화시키는 도구가 된다는 것이다.

사드의 AN/TPY-2 레이더가 중국의 '반접근/지역거부' 미사일을 감시·추적할 수 있다는 점에서 이러한 지적은 맞다. 그러나 후방에 배치된 레이더는 보조적 역할을 할 수밖에 없고, 전선에서는 이지스함에 탑재된 레이더나 정찰위성, 정찰기 등이 주도적 역할을 하게 된다. 또 AN/TPY-2 레이더가 미국의 접근 작전에 그렇게 긴요하다면 잠재적 전선에 가까운 오끼나와에 배치하지 않고 후방인 한국에 배치하려 하는 것도 설명되지 않는다.

물론 사드가 한국에 배치된다면 중국은 안보에 약간의 영향을 받을 수 있다. 결국 중국정부는 그 정도의 손해도 감수할 수 없다고 강경하게 나오는 것이다. 아마도 더 큰 이유는 한국의 사드 배치가 한·미·일이 미사일 방어로 통합되는 변환의 상징이라고 보기 때문일 것이다. 또 이번에 사드를 허용하면 '떡장수 할머니'처

---

21 김종대 「상상해보라, 미국-중국이 서해에서 충돌한다면」, 한겨레 2015.5.2. 이일우는 미국이 중국 길림성과 요녕성에 배치된 DF-21을 조기에 탐지해 요격하기 위해 사드용 레이더를 배치하려고 한다고 주장한다. 이일우 「사드 논란 파헤치기(下)」, 나우뉴스 2015.4.10.

럼 또 무엇을 양보해야 할지 알 수 없기 때문일 것이다. 중국정부 입장에서는 국익에 투철한 태도라고 하겠다.

하지만 미국이 한국에 사드를 배치하려는 이유로 '중국견제론' 은 설득력이 부족하다. 당장 큰 역할을 할 것이 없기 때문이다. 이미 있는 무기체계의 보조역할을 하기 위해, 그것도 검증도 되지 않은 무기체계를 후방에 서둘러 배치하려 한다는 것은 설득력이 없다. 미국이 지금까지 공언한 대로 '북한 미사일 위협' 대응이 주된 목적이면서 중국견제라는 부수적 효과를 노린 일거양득의 목적이었을 수 있다. 조선 미사일 대비 차원에서 배치하려던 것이 결과적으로 중국이라는 골치 아픈 문제에 봉착하게 된 가능성이 더 높아 보인다.[22] 한·미 양군은 AN/TPY-2 레이더의 모드나

---

22 미국은 이란의 잠재적 핵미사일에 대비하기 위해 유럽에 미사일방어체계를 구축하려 했으나 러시아의 강력한 반발을 받았다. 러시아의 전략 핵미사일을 요격할 수도 있다는 이유 때문이었다. 부시 행정부는 체코공화국에 레이더를, 폴란드에 지상배치 요격미사일을 배치하는 유럽 미사일 방어계획을 추진했다. 이에 따라 2007년 공식적 협상이 개시됐으나 폴란드와 체코 시민들의 반대에 부딪혔다. 체코에서는 예정된 기지 인근에서 주민투표로 반대가 압도적으로 가결되고 시장들이 반대에 나섰다. 활동가들이 300일 단식투쟁을 전개하는 한편 대규모 시위가 벌어지는 등 기지 반대운동은 전국적 규모로 발전했다. 1968년 러시아로부터 침공받은 기억이 있는 체코 국민의 외국군 반대 감정도 작용했다. 폴란드에서도 미사일 방어기지의 위치가 구체화되면서 반대운동이 벌어졌다. 그 규모는 체코만큼 크지는 않았으나, 선거에서 반대정당이 승리하는 데 기여한 것으로 평가된다. David Heller and Hans Lammerant, "U.S. Nuclear Weapons Bases in Europe," Catherine Lutz ed., *The Bases of Empire: The Global Struggle against U.S. Military Posts*, New York University Press 2009, 121~25면. 러시아도 중유럽에 미국의 미사일방어체계가 설치된다면 신냉전이 시작될 것이고, 러시아는 "군사적 기술적 수단으로 대응할 수밖에 없을 것"이라고 경고하고 나섰다. 2008년 8월 미국과 폴란드 정부는 합의문에 서명하기는 했으나, 2009년 오바마 정부가 이 계획을 중단하고 그 대신 유럽단계적조정접근(EPAA)을 채택했다. 이 계획은 알래스카 및 캘리포니아에 배치된 것과 같은 지상미사일방

배치 위치, 탐지 방향 등을 조정하여 중국의 우려를 씻어주려 부단히 노력하고 있지 않은가.[23]

(3) 미국 방어

사드가 한국 방어에 도움이 되기는커녕 짐만 되고, 중국을 상대로도 큰 효용 없이 반발만 불러일으킨다면 미국은 과연 왜 사드 배치를 추진하는 것인가? 많은 논란에도 불구하고 사드가 미국 방어에 기여하는 바가 논의되지 않고 있는 것은 기이하다. 미국 방어가 목적이 아니라면 오히려 이상하지 않은가?

사드의 한국 배치가 미국 방어에 기여할 수 있는 바는 두가지다. 첫째, 조선이 미국을 겨냥해 발사한 ICBM이 북쪽을 향하는 경우이다. 이 '북극궤도'는 중국 동북부와 극동러시아 및 알래스카 상공을 지나 미 본토에 도착한다(그림 3 참조). 이 경우 사드용 레이더로 추적해 미국 미사일 방어 지휘통제전투관리통신(C2BNC)에 전달하는 것이다. 미국은 이 정보를 이용해 알래스카나 캘리포니아에 배치된 육상배치 요격미사일로 요격을 시도할 수 있다. 한

어체계를 유럽에도 배치한다는 부시 행정부의 계획을 수정해서 2015년 말까지 루마니아에 SM-3 IB를, 폴란드에는 이보다 성능이 개량된 SM-3 IIA를 2018년까지 배치한다는 구상이다. 그 마지막 단계에서는 이란의 ICBM을 요격할 수도 있는 SM-3 IIB를 배치할 것을 상정하고 있었으나, 러시아가 자국의 전략미사일을 요격할 수 있다며 강력히 반발했다. 결국 SM-3 IIB 배치계획은 조선의 은하3호 발사 직후인 2013년 취소된다.

23 물론 사드 배치를 대중국 협상 레버리지로 사용해야 한다고 주장하는 이들도 있다. 중국이 북핵문제 해결에 적극적으로 나서지 않으면 미국은 사드를 배치할 수밖에 없으므로, 그것이 싫으면 문제해결에 적극적으로 나서라는 것이다.

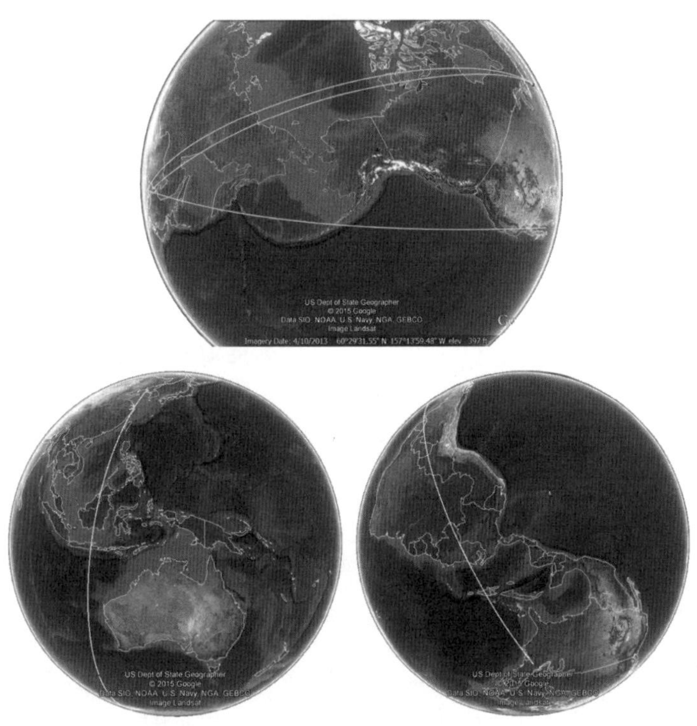

[그림 3] 조선 ICBM의 북극궤도(위)와 남극궤도(좌우)

국의 레이더로 발사 직후 이를 포착하고, 일본 샤리키의 레이더로 추적해 알래스카에서 요격하는 릴레이도 가능해진다.

둘째, 미국을 겨냥해 발사한 조선의 ICBM이 남쪽을 향하는 경우이다. 이 '남극궤도'는 2012년 12월 발사된 은하3호의 비행궤적과 비슷하다. 서해 연안과 필리핀을 지나 남극을 돌아 미국 본토에 도착한다.[24] 이 경우 한국의 사드용 레이더로 추적해 서해나 남해에서 이지스함에 배치된 요격미사일로 요격을 시도할 수 있다. 만약 조선이 함경북도 같은 동부에서 발사한다면 한국 상공을 지날 수 있으므로, 이때 사드 요격미사일로 요격을 시도할 수도 있다.[25] 조선이 하와이를 향해 미사일을 발사하는 경우에도 한국에서 이를 포착·추격해 동해상에 배치된 이지스함에서 요격할 수 있다.[26]

이 가운데 어느 경우든지 탐지거리가 600킬로미터인 종말모드가 빛을 발하게 된다. 조선 미사일 요격을 가능하게 할 정도의 해상도를 제공하기 때문이다. 일본에 배치된 레이더는 전방모드로 작동되어야 하기 때문에 제공할 수 없는 기능이다. 특히 조선 미사일이 남극궤도를 따라갈 경우 속수무책인 미국에 사활적이다. 지상배치 요격미사일로 지키고 있는 북극궤도와 달리 남극궤도는 현재 아무런 방어수단도 없는 무방비 상태이다.[27] 필리핀이나

---

24 물론 통상적으로는 보다 단거리인 북극궤도를 이용하겠지만, 탄두가 대기권 밖 궤도에 올라갈 수만 있다면 비행거리는 문제되지 않는다. 북극궤도를 비행할 수 있는 ICBM은 더 먼 거리인 남극궤도를 비행하는 것도 가능하다.

25 사드 요격미사일은 종말단계에서의 격추를 목적으로 설계되었기 때문에 이륙단계에서 요격하는 것은 실패할 가능성이 높다. 하지만 ICBM은 이륙단계에서 속도가 가장 느리고 포물선을 그리며 상승하기 때문에 발사지점에서 300킬로미터 비행하는 데 200초가량 걸리며 그 지점의 고도가 150킬로미터 정도 된다. 조선의 발사장소에 따라 한국에서 요격을 시도할 '골든타임'이 있는 셈이다.

26 미국 과학아카데미의 보고서는 미사일 추진단계에서 요격하는 것은 실효성이 없다고 결론을 내리면서 한가지 예외를 인정했다. 바로 조선에서 하와이를 향해 미사일을 발사하는 경우이다. Committee on an Assessment of Concepts and Systems for U.S. Boost-Phase Missile Defense in Comparison to Other Alternatives, *Making Sense of Ballistic Missile Defense: An Assessment of Concepts and Systems for U.S. Boost-Phase Missile Defense in Comparison to Other Alternatives*, National Research Council of the National Academies 2014, 51면.

27 미군은 지금에서야 서둘러 사드 포대를 미 남부지방에 집중 배치하려 한다. 남극궤도를 상정하지 않으면 이해하기 힘든 조처이다. 현재 텍사스주의 댈러스와 루프킨

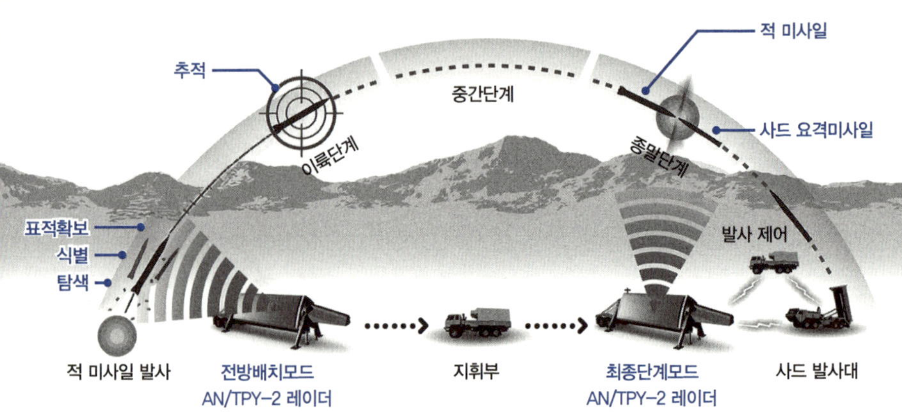

[그림 4] AN/TPY-2 전방배치모드와 최종단계모드

괌 인근에서는 ICBM의 고도가 너무 높아 이지스함에서도 요격
이 불가능해지므로 한국과 동중국해 사이가 마지노선인 셈이다.
그 마지노선에서 한국 배치 사드는 그 어떤 무기체계도 할 수 없
는 유일무이한 역할을 할 수 있는 것이다.

사드가 한국에 배치되더라도 그 핵심 방어대상은 미국이다. 미
국이 사드 배치를 주도하고 있는 것도 이 맥락에서야 제대로 이
해가 된다. 사드 논란이 한창이던 2015년 3월 마틴 뎀프시(Martin
Dempsey) 미 합참의장이 방한, '통합미사일방어체계'(IAMD)를 두
차례 언급한 것도 같은 맥락에서 이해해야 한다. 그의 발언은 미
미사일방어국이 심혈을 기울이고 있는 사업에 근거한 것이었다.

에 각각 1개 사드 포대를 운영중이며, 2017년까지는 앨러배마와 플로리다, 캘리포니
아, 아칸소 주에 각각 1개씩 모두 4개 포대를 추가 배치해 미 본토 남부에 6개 포대
를 운용한다는 구상이다. 「새누리, '사드' 본격 공론화… 북 핵·미사일 '방패' 될까」,
the300, 2015.4.1.

지난 몇해 동안 미 미사일방어국은 다양한 미사일방어체계 통합을 위해 노력해왔다. 2012년 10월 미 육군과 해병대, 공군 그리고 미사일방어국은 다양한 센서와 지휘통제 설비 및 플랫폼을 통합운용하는 시험을 했다. 그 결과 패트리엇 PAC-3와 사드, 이지스 미사일방어체계 등 여러 체계의 레이더와 요격미사일 지휘통제 설비를 뒤섞어서 사용하는 데 성공했다. 특히 2013년 시험에서 사드용 레이더 AN/TPY-2(FBM)가 미국 본토를 겨냥한 ICBM을 포착·추격해 그 정보를 지휘통제전투관리통신(C2BMC)에 전달하는 것이 가능함을 입증했다. 이어서 2014년 5월 GTI-04e 시험에서도 AN/TPY-2는 가상의 ICBM에 대한 데이터를 통합시스템에 전달, 지상배치 요격미사일의 발사에 기여했다. 그해 6월과 8월에는 두대 이상의 AN/TPY-2 레이더가 작전구역에 구애받지 않고 상호 지원할 수 있음도 입증했다.[28]

즉 미사일방어국은 미국 방어를 위한 두가지 시나리오를 현실화하기 위해 매진하고 있었던 것이다. 예를 들자면, 한국에 배치된 사드용 레이더로 조선의 ICBM을 추적하여 그 정보를 미국의 미사일방어본부에 전달할 수 있는 능력을 개발하고 있었다. 이에 따라 미국 본토를 겨냥한 조선의 미사일을 한국과 일본의 레이더로 순차적으로 포착하여 이를 미국 미사일방어본부에 전달하는 것도 가능해졌다. 미국은 이 정보를 이용하여 알래스카나 미 본토에서 조선의 미사일을 요격하겠다는 것이다. 또 한편으로는 조

---

28 U.S. Department of Defense, "Director Operational Test and Evaluation," *FY 2014 Annual Report*, 2015.1, 315면; *FY 2013 Annual Report*, 2014.1, 314~15면.

선의 미사일 발사 정보를 일본에 배치된 미사일방어체계에 전달하는 시험에 성공한 것이기도 하다. 이 정보를 일본이나 근해에 배치된 요격미사일에 전달하여 조선 미사일을 동북아시아에서 요격하겠다는 것이다.[29] 결과적으로, 한국에 배치된 AN/TPY-2 레이더는 그림 4에 표시된 전방모드와 최종단계모드, 양쪽에 다 유용하게 쓰일 수 있는 셈이다.

미국은 패트리엇, 사드, SM3, 지상배치 요격미사일 등 지금까지 개발한 다양한 미사일방어체계를 통합해 시너지 효과를 내기 위해 노력하고 있다. 사드용 레이더가 여기서 중요한 역할을 담당하는바, 사드가 한국에 배치된다면 통합미사일방어체계의 핵심이 될 것이다. 그 우선적 목적은 조선의 미사일로부터 미국을 방어하는 것이다.

미사일 방어에 대한 미국의 관심이 언제부터 폭증하기 시작했는가를 검토하는 것도 이러한 분석을 뒷받침한다. 미사일 방어가 미 국방부의 주요 과제로 부각된 계기는 1998년 조선의 대포동 미사일 발사였다. 그 이후 또 하나의 결정적 계기는 2012년 12월이었다. 조선이 평안북도 서해위성발사장에서 은하3호 로켓 발사에 성공해 광명성 3호 2호기 위성을 궤도에 올린 일은 미국에 큰 충격을 줬다.

---

29 오바마 정부는 이런 군사기술적 능력을 개발하는 동시에 이의 구현에 방해가 될 수 있는 정치적·법적 장애물을 제거하는 데도 노력을 기울이고 있다. 오바마 정부가 조·미관계 개선을 적극 권장하고, 한·미·일 정보공유방안을 강력하게 추진하는 이유이다. 이에 대해서는 4장 참조.

그 이유는 리온 패네타(Leon Panetta) 당시 미 국방장관의 발언에서 엿볼 수 있다. 그는 퇴임을 얼마 앞둔 2013년 1월 이딸리아 주둔 미군을 만난 자리에서 이 사건과 관련해 "바로 지금 여러분도 알다시피 북한은 미사일을 발사했다. 맙소사, 그건 대륙간탄도미사일로서 미국을 때릴 수 있다는 걸 의미한다"고 말했다.[30] 그가 임기 끝무렵 아시아에서 많은 시간을 보낸 중요한 이유 중 하나가 바로 조선의 미사일 기술 신장 때문이었다. 특히 일본, 한국 같은 동맹국과 함께 지역 미사일방어망을 구축하는 데 박차를 가하려는 것이었다.

그의 후임인 척 헤이글(Chuck Hagel) 장관은 2013년 3월 여러 가지 중요한 결정을 즉시 내렸다. 우선 이지스함 2척을 서태평양으로 옮기고, 괌에 사드체계를 배치했다. 또 오바마 정부에서 심혈을 기울이던 유럽 미사일 방어계획 4단계(AEGIS BMD SM-3 Block IIB)를 취소하고,[31] 그 대신 알래스카 그릴리 기지에 지상배치 요격미사일을 추가로 배치하고 일본에 두번째 AN/TPY-2 레이더를 배치한다는 계획을 발표했다. 이 계획에 따르면 2017년까지 10억 달러를 투입해 그릴리 기지에 지상배치 요격미사일 14기를 추가, 총 44기를 배치하게 된다.[32]

---

[30] Thom Shanker and David E. Sanger, "Movement of Missiles by North Korea Worries U.S.," *New York Times*, 2013.1.17.

[31] 유럽단계적조정접근의 마지막 단계가 사실상 조선 미사일에 대응하기 위해 취소된 것이다.

[32] 2010년부터 알래스카에 요격미사일이 배치된 것이 조선 미사일에 대응하기 위한 것이었다. 2009년 미 의회 청문회에서 미국 국방부의 패트릭 오라일리(Patrick O'Reilly) 미사일방어국 국장은 "2010년 요격미사일이 배치되는 알래스카가 북한의

또한 조선의 ICBM에 대한 식별능력을 강화하기 위해 신형 장거리식별레이더(LRDR)를 개발, 알래스카에 설치할 방안이기도 하다. 오바마 정부가 요청한 차기년도 MD예산액 96억 달러 중 81억 달러가 미국 본토를 방어하고 아시아-태평양 지역 미사일 방어망 강화에 배정됐다.[33]

이상에서 본 바와 같이 미국은 조선의 핵미사일 가능성을 심각한 위협으로 인식하고 있다. 2013년 초부터 유럽의 미사일 방어계획을 축소하면서까지 아시아에서 미사일 방어능력을 급속히 확장중이다. 미사일 방어 예산도 이 지역에 집중되고 있다. 사드는 이러한 노력의 일환이다.

3. 한반도 군비경쟁의 질적 전환

지금까지 미국이 조선의 핵미사일 위협으로부터 자국을 방어하기 위해 사드를 비롯한 미사일방어체계를 서둘러 구축하고 있음을 입증했다. 하지만 이것이 조선의 군사적 능력이 미국을 위협할 수 있는 수준까지 발전되었음을 의미하지는 않는다. 조선이 핵미사일 능력을 개발하게 된 것도 한반도에서 벌어지고 있는 군

위협에 대처할 수 있는 최적지라면서 미국의 요격미사일 기지는 북한의 미사일 위협에 적절하게 대처할 수 있도록 구축돼 있다"고 말했다. 안윤석 「美, 北 ICBM 발사 전 선제공격 가능」, 노컷뉴스 2009.10.3.
33 박희준 「美, 北미사일 식별 레이더 배치 추진」, 세계일보 2015.3.20.

비경쟁의 결과이며, 미국이 사드를 위시해 미사일방어체계를 구축하려는 것도 결국 한반도 군비경쟁의 일환이다. 단, 한반도 군비경쟁은 이제 새로운 단계로 접어들고 있다.

미국의 핵우산과 조선의 비핵군사력이 서로의 전쟁능력을 억제하던 20세기 후반부의 '상호억제' 구도는 깨졌다. 21세기 들어 세계적 전략균형이 무너지자 부시(George W. Bush) 정부에서 선제공격정책을 채택해 조선의 억제력을 무력화하려 했다. 이에 조선은 핵무기와 미사일을 개발하여 대응했다. 21세기 첫 10년간 이러한 힘겨루기 끝에 조선이 핵능력을 개발함으로써 양쪽이 핵무기로 대립하는 '대량살상무기 상호억제' 상태로 질적인 전환이 이뤄졌다.

현재 사드와 함께 진행되고 있는 것은 조선의 핵능력을 무력화하려는 시도다. 한미연합사는 조선의 국지도발을 억제하기 위해서는, 국지전에서 조선을 압도할 능력이 있어야 할 뿐 아니라 조선의 핵능력마저 무력화해야 한다고 본다. 한미연합사가 채택한 '맞춤형 억제전략'은 그 명칭과는 달리 전쟁을 억제하기보다는 국지전부터 전면전, 핵전쟁까지 조선을 압도할 능력을 구비하는 데 초점이 맞춰져 있다. 모든 수준의 분쟁에서 승리할 능력이 있어야 최저 수준의 국지분쟁도 억제할 수 있다는 것이다.[34]

승리를 위한 억제전략은 필연적으로 조선의 공격능력을 무력

---

34 그런 면에서 냉전 시기 유럽에 적용됐던 'flexible response doctrine'(유연반응정책)과 유사한데, 이는 전쟁을 방지하려면 전쟁할 준비가 되어 있어야 한다는 현실주의적 이론이 그 토대이다.

화할 능력을 필요로 한다. 한미 국방부가 2014년 10월 한미연례 안보협의회의(SCM)에서 채택한 '동맹의 포괄적 미사일 대응작전' 개념과 원칙이 그것이다. 여기서 '포괄적'은 탐지, 방어, 교란, 파괴(4D)의 모든 분야에서 대응능력을 향상시킨다는 의미이다.[35] 사드는 이중 '방어'를 담당하기 위한 무기체계의 하나이다. 한국형 미사일방어체계를 이용하든 사드를 이용하든 조선의 미사일을 무력화하는 일이 대응작전이 된 것이다.

여기서 더 나아가 한반도에서는 '파괴'가 중요하게 부각됐다. 4D작전개념을 먼저 개발한 미국과 다른 점이다. 원래 미국의 개념은 중동 같은 지역에서 적국이 선제적으로 미사일을 몇발 발사한다면 이를 미사일방어체계로 요격하고, 동시에 적국의 미사일 발사 위치를 파악하여 발사체 자체를 파괴한다는 구상이었다. 과거 이라크전쟁에서와 같이 이라크 군이 하루에 소수의 미사일을 발사하는 경우, 특히 탐지에서 파괴까지의 시간을 단축한다면 유효한 대응작전이 될 수 있기 때문이다. 하지만 한반도에서는 조선이 전방에 방사포와 미사일을 대거 배치하고, 개전 초기 이들을 총동원해 일제 포격할 것으로 예상되므로 이러한 작전은 효용이 없다.[36] 서울이 쑥대밭이 된 이후에야 조선의 미사일 발사대를 파괴하는 것은 '사후 약방문'이기 때문이다. 따라서 조선이 장사

---

[35] 대한민국 국방부『2014 국방백서』, 2015, 57면. 그러나 일부 언론은 '포괄적'이 미국의 미사일방어체계까지 포함하는 것이라고 보도한 바 있다. 이어지는 4절 참조.

[36] 북이 이러한 군사태세와 작전을 유지하고 있는 것은 한미연합사의 공지전과 핵공격에 대응하기 위한 것이기도 하다. 이에 대한 자세한 논의는 졸저『한미동맹은 영구화하는가』(한울 2009) 참조.

포나 미사일을 발사하기 전에 이들을 공격해서 파괴하려는 것이 한미연합사의 4D작전개념이다.[37]

또한 역설적이지만 한미연합사는 '방어'를 담당하는 미사일방어체계를 방어하기 위해서도 선제공격을 해야 하는 입장이다.[38] 대구나 부산과 같이 완전히 후방에 배치하지 않는 한 사드체계는 조선의 단거리 미사일이나 장거리 방사포 등에 노출되기 때문이다. 패트리엇으로 단거리 미사일 요격을 시도할 수 있겠지만, 조선이 보유한 미사일 1천기에 압도당할 수밖에 없다. 따라서 미사일방어체계를 보호하기 위해서도 조선이 방사포나 단거리 미사일을 발사하기 전에 이를 파괴해야 한다는 것이다. 이렇게 해서 '킬체인'(Kill Chain, 한미연합선제타격체제)은 맞춤형 억제전략에서 빼놓을 수 없는 부분이 된다.[39]

동아일보는 이를 보도하며 "북한의 대남 핵미사일 공격이 임박하면 한국군이 단독으로 사거리 500킬로미터와 800킬로미터급

---

[37] 미국의 개념과는 달리 교란과 파괴 단계에서 조선의 핵미사일 공격 징후에 한국군이 선제타격하는 것이 포함된 것으로 알려져 있다. 윤상호·정성택「北 核공격 징후 땐 한국군 단독 선제타격… 美는 지원 작전」, 동아일보 2014.10.24.

[38] 예를 들어 괌에 배치된 사드체계도 패트리엇체계 및 대공미사일체계와 통합되어 있다. 즉 사드체계를 단거리 미사일에서 보호하기 위해 패트리엇 미사일 방어가 필요하고, 전폭기나 무인기의 공격을 막기 위해 대공미사일체계가 필요한 것이다. 이에 따라 괌에 배치된 대공·미사일방어부대는 본부와 부대시설이 11헥타르, 무기체계의 배치와 보관시설이 2.5헥타르, 총 13.5헥타르를 사용한다. 훈련이나 작전 시에는 180제곱킬로미터가량의 공중공간이 제한된다.

[39] 국방백서는 킬체인을 다음과 같이 정의한다. "적의 미사일 위협을 실시간으로 탐지하여 표적 위치를 식별하고 효과적으로 파괴할 수 있는 타격 수단을 결심한 후 타격하는 일련의 공격체계." 아래에서 설명하는 '4D작전계획'을 이행하는 무기체계이다. 대한민국 국방부『2014 국방백서』, 2015, 58면.

탄도미사일과 타우루스 공대지미사일로 대북 선제타격에 나서기로 했다"라고 구체적인 설명을 붙였다.[40] 미군은 이를 지원하는 작전을 벌인다. 한·미 양국 국방부는 2015년 4월 미국 워싱턴 DC에서 열린 제7차 한미통합국방협의체(KIDD)에서 한미억제전략위원회를 출범, 4D작전개념을 작전계획으로 발전시키고 있다. 류제승 국방부 정책실장은 4D작전계획이 "방어 개념을 넘어선 공격적인 개념"이라고 그 성격을 공개적으로 규정하기도 했다.[41] 맞춤형 억제전략이 선제타격 능력을 요구하는 상황으로 발전한 것이다.

이러한 변화는 21세기 초 부시 정부가 채택한 선제공격 독트린과 유사하면서도 한층 더 위험하다. 한반도에서 상호억제의 균형을 무너뜨리고 선제공격 능력을 구비하겠다는 점에서는 유사하다. 하지만 조선이 이제는 핵무기를 보유하고 있다는 점, 그리고 한·미 당국은 조선의 비핵군사력뿐만 아니라 핵군사력마저도 무력화하려고 한다는 점에서 한층 더 위험하다. 바야흐로 양측이 핵무기로 선제공격할 수 있는 능력, 그것도 가능한 한 신속하게, 은밀하게, 불의의 장소에서 기습적으로 먼저 칠 수 있는 능력을 확보하려고 매진하고 있는 것이 아닌가.

한반도 군사상황의 이런 질적 변화는 아이러니다. 한·미 국방당국이 평화를 위해 맞춤형 억제전략을 채택하고, 억제를 위해

---

40 윤상호·정성택, 앞의 글.
41 강정숙 「한미, 핵탄두 소형화·탄도미사일 실전배치 대비 작전계획 합의… "4D작계는 방어 넘어선 공격개념"」, 아주경제 2015.4.16.

미사일 방어를 추진하다보니, 선제공격을 작전계획으로 내세우게 된 것이다. 이로써 선제공격계획으로 평화를 이루겠다는 위태로운 상황이 되었다. 여기서 사드는 '억제전략'을 '선제공격'으로 전환시키는 핵심 매개이다.

따라서 사드는 하나의 무기체계로 고립시켜서 볼 것이 아니라 이러한 한반도 안보상황 속에서 이해되어야 한다. 미국은 사드를 동원해서 조선의 핵미사일을 막으려 하고, 한국은 그 방어막인 사드의 배치장소가 되려 하고 있다. 그것도 모자라 그 사드를 보호하기 위해 선제타격 능력이 추진되고 있다. 한반도에서 군비경쟁이 질적으로 다른 수준으로 전환되고 있는 것이다.

현재 한국과 미국 정부가 추구하는 안보는 조선의 군사력을 모두 무력화시켜 조선의 군사적 위협 자체가 존재할 수 없도록 하겠다는 절대안보이다. 이를 위해 미사일 방어와 킬체인이 필요하다는 것이다. 하지만 상호억제의 상황에서 절대안보는 조선에 대한 선제공격 능력을 의미한다.[42] 한미연합사가 절대안보 능력을 확보한다는 것은 조선의 억제력을 무너뜨리는 것이기 때문이다.

조선은 필연적으로 이에 대응할 것이다. 선제공격을 어렵게 하기 위해 무기체계를 이동식으로 전환하고, 위장·은폐·보호하고 '다종화'할 것이다. 선제공격을 당하기 전에 자신들이 먼저 치겠다는 대응전략을 채택할 것이고 이러한 무기체계와 군사태세를

---

[42] 조선에 대한 선제공격 연습이 시작된 것은 2012년 한미연합사의 을지프리덤 가디언 훈련이다. 「한미연합군, 北남침 움직임에 선제공격 처음 훈련」, 조선닷컴 2012.9.11.

가동할 것이다. 조선은 이미 공격수단의 다양화, 공격의 신속화 등 대응조치를 취했다.[43] 예를 들어 이동식 대륙간탄도미사일 발사대를 선보인 데 이어 잠수함발사탄도미사일(SLBM)을 개발하고 있다.[44]

결과적으로 한반도는 말 그대로 '일촉즉발'의 상황으로 치닫고 있다. 그리고 이 상황은 과거보다 훨씬 더 위험하다. 쌍방이 핵무기를 휘두르며, 서로 먼저 치겠다고 나서고 있기 때문이다. '일촉', 즉 버튼만 누르면 핵전쟁이 '즉발'할 수 있는 상황이기 때문이다. 사드가 보여주는 한반도 안보상황의 본질은 바로 이것이다.

4. 무엇을 선택할 것인가

'아시아 재균형'을 추진하는 미국 오바마 정부와 '중국의 꿈'을 추구하는 중국 시 진핑(習近平) 정부가 평화로운 '신형대국관계'를 만들기보다 경쟁적 관계로 빠져드는 것은 우려스럽다. 특히 '적극적 평화'를 내세우는 일본 아베(安倍晋三) 정권이 그 틈새를 이용해 미일동맹을 강화하는 한편 미중경쟁을 가속화시키는 것은 더욱 우려스럽다. 사드 배치가 이 틈새를 더 벌리는 지렛

---

[43] 조선이 고체연료 미사일, 무인 비행기, 잠수함발사탄도미사일 등을 개발하고 있는 것은 그 증좌다.

[44] 조선 국방위원회는 '소형화·다종화·정밀화된 핵타격수단'을 이미 보유하고 있다고 선언한 바 있다. 국방위원회 대변인 「미국이 진짜 관계개선을 원한다면 적대시정책부터 철회하라」, 2013.10.12.

대 역할을 할 수도 있다는 점에서 조심스럽게 접근해야 할 사안임에는 틀림없다. 하지만 이 문제를 미국과 중국 중 일방을 선택해야 하는 문제로 보는 것은 사드 문제의 핵심을 흐리는 것이고, 사대주의적이기까지 하다.[45] 문제해결의 우선순위를 뒤죽박죽으로 만들어놓기도 한다.

사드는 한반도 군비경쟁의 산물이자, 이제 그 군비경쟁에 질적 전환이 나타나고 있다는 증거다. 미국의 핵무기와 조선의 비대칭 전력이 대립하던 20세기는 갔다. 미국과 조선이 핵무기로 서로를 억제하는 21세기가 됐다. 이제 미국은 미사일방어체계로 조선의 핵무기를 무력화하려 하고 있다. 바야흐로 한국을 미국의 핵방패, '핵무기받이'로 만들려는 것이다. 한국정부는 '맞춤형 억제전략' '킬체인' '4D작전계획'으로 이에 부응하고 있다. 박근혜 정부는 사드 문제만 따로 떼어내어 요청도, 협상도, 결론도 없다는 '3노(no)' 입장을 취하고 있지만 실제로는 대북 선제공격적 독트린을 채택하고 이를 이행하고 있다.

그 출발점은 한·미 양국 국방장관이 2013년 제45차 한미연례안보협의회의에서 「북한 핵·WMD 위협에 대비한 맞춤형 억제전략」을 공식적으로 승인한 것이었다.[46] 이 전략은 2014년 8월 을지

---

45 오태규는 미국과 중국이 한국에 '어느 편에 설 것이냐'를 묻고 있다며, 그 최전선에 있는 것이 미국의 미사일방어체계 참여 문제라고 주장한다. 그 선택지를 두고서는 의견이 확실히 갈라지겠지만, 양자선택의 문제로 본다는 점에서는 사드 찬성론자들과 다르지 않다. 「엠디가 문제다」, 한겨레 2014.6.16.

46 2012년 제44차 한미연례안보협의회의는 맞춤형 억제에 대한 "공동의 개념과 원칙"을 승인하여 맞춤형 억제전략을 개발할 근거를 만들어 놓은 바 있다.

프리덤가디언 훈련에 처음으로 공식 적용된 이후 한미연합사 군사연습의 골간을 이루고 있다.

이어서 2014년 10월 제46차 연례안보협의회에서는 맞춤형 억제전략을 작전적 차원에서 이행하여 '포괄적 미사일 대응작전'을 채택했다. 3장에서 본 바와 같이 국방부는 포괄적의 의미가 탐지, 방어, 교란, 파괴의 모든 분야에서 대응능력을 향상시킨다는 의미라고 설명하고 있고, 이 자체도 한국군의 선제공격 능력을 강화시켜 한반도 전략균형을 무너뜨릴 위험성을 안고 있다. 하지만 일부 언론은 이 개념이 "주한미군의 타격·감시 장비는 물론 한반도를 감시 범위로 두는 미국의 미사일방어체계 구성 전략자산까지 동원"하는 것이라고 보도한 바 있다. 그리고 미국의 미사일 방어 자산으로 "탐지거리 천 킬로미터 이상의 X-밴드 레이더와 사드체계, 고고도 정찰기인 글로벌호크, 지상감시 첨단 정찰기인 조인트 스타즈, 군사 정찰위성" 등을 적시했다. 즉 사드를 포함하여 미국의 미사일방어체계를 동원하여 조선의 미사일을 무력화시킨다는 개념이라는 것이다.[47] 미국이 사드를 한국에 배치할 수 있는 근거가 2014년 연례안보협의회에서 공식적으로 채택된 것이 아니냐는 의혹이 제기되는 이유이다.

뿐만 아니라 제46차 한미연례안보협의회에서 이러한 포괄적 미사일 대응작전이 채택될 수 있었던 근거는 6개월 전에 개최됐

---

[47] 국방백서와 언론보도 사이에 존재하는 이 중대한 차이는 규명되어야 할 것으로 보인다. 김귀근·김호준 「한미, '美 MD자산까지 동원 北미사일 대응' 개념 수립」, 연합뉴스 2014.10.07.

던 2014년 4월 25일 한미정상회담인 것으로 보인다. 양국 정상은 "미사일방어체계 상호운용성 강화를 비롯한 동맹 현대화를 지속하기로 합의"했던 것이다. 당시 박근혜 대통령은 2015년으로 되어 있던 전작권 전환 시기 연기를 최대의 과제로 추구하고 있었고, 오바마 대통령은 "박 대통령의 제안"에 따라 "2015년으로 설정된 전작권 전환 시기를 재논의하기로" 동의해줬다. 박근혜 대통령의 '숙원사업'을 들어준 반대급부가 미사일 방어였을 가능성이 있는 것이다. 더구나 미국이 본토 방위를 위해 사드를 포함한 미사일 방어를 추구하고 있었다면 그러한 '빅딜'의 가능성은 더욱 농후해 보인다.

나아가 박근혜 정부는 미사일 방어를 위한 한·미·일 삼국협력도 착실히 이행하고 있다. 정상회담 후 별도 배포된 '공동 설명서'(Joint Fact Sheet)는 "북한의 핵과 미사일 위협에 대응하고 포괄적이고 협력적인 대응 방안을 마련하는 차원에서 미국과 한국은 미국, 한국, 일본 3국간 정보공유의 중요성을 인지하고 있다"고 명시했다. 한국 국방부도 설명자료를 통해 "한·미·일 정보보호 기관간 약정 등 다양한 방안이 검토될 필요가 있다"고 밝혔다. 정상회담 직후인 5월 샹그릴라 대화에서 한·미·일 정보공유방안을 지속 협의하기로 한 데 이어, 46차 연례안보협의회에서 "양 장관은 북한의 핵·미사일 위협에 대한 한·미·일 정보공유의 중요성을 재확인하였다. 양 장관은 2014년 5월 샹그릴라 대화에서 논의된 대로 해나가기로 하였다." 결국 같은 해 12월 한국, 미국, 일본은 정보공유약정을 체결하기에 이르렀다. 2012년 7월 전국민적 반발 여론에 밀려 서명 직전 좌절됐던 '한일군사정보보호협정' 대신 국회 비준이 필요 없는 '한·미·일 군사정보공유 약정'을 맺은 것이다. 현재 삼국은 이를 강화한 정보보호협정을 추진하고 있다.

미국이 이렇게 삼국협력을 강력히 추진하는 것은 2장에서 본 것과 같이 미 본토의 미사일 방어를 위해서는 한·미·일 미사일방어체계 사이에 원활한 정보교류와 협조가 이뤄져야 하기 때문이다. 이러한 필요성을 반영, 미국 2015 회계연도 국방수권법은 미 국방장관에게 "미국과 일본 및 한국 사이에 미사일 방어 협력을 증진시킬 기회를 찾아내라"고 요구하고 있다.[48] 마크 리퍼트 주한 미 대사 내정자도 6월 17일 상원 인준청문회에서 대북정책에 대해 세가지 원칙을 말하며, 사드 설치 등을 통한 강력한 억지력과 방위력을 강조했다. 그는 또 "한·미·일 3국 군사정보 공유를 위해 할 일이 더 남아 있는데, 한국 내에는 이에 대한 우려가 있는 것 같다"며 한·일간 군사정보 공유를 계속 추진할 의사를 비치기도 했다.[49] 이에 앞서 사사까와재단 주최로 워싱턴에서 개최된 회의에서 비공개로 같은 취지의 발언을 한 것으로 알려져 있기도 하다.

정상회담 후 2014년 5월 14일 클래퍼(J. Clapper) 미 정보국장이 박 대통령을 만나 북핵을 협의하고, 그 직후인 5월 27일 월스트리

---

48 "Carl Levin and Howard P. "Buck" McKeon National Defense Authorization Act for the Fiscal Year 2015" 참조.
49 손제민 「리퍼트 차기 주한 미 대사 지명자 "한·일과 군사정보 공유 계속 추진"」, 경향신문 2014.6.18.

트저널에서 사드 배치 문제가 최초로 보도되고, 6월 3일 스캐퍼로티 주한미군사령관이 사드 관련 발언을 한 것은 이러한 작업과 합의들의 연장선에서 이해되어야 할 것으로 보인다. 즉 박근혜 정부는 맞춤형 억제전략 → 포괄적 미사일 방어 → 4D작전계획을 착실히 수행하고 있고, 사드는 이러한 군비경쟁 질적 전환의 한가운데에 놓여 있다.[50] 사드가 제기하는 문제는 바로 거기에 있다. 한반도 군비경쟁을 가속화할 것인가, 중단할 것인가? 미국의 안보를 위해 미국의 '핵무기받이'로 나설 것인가, 핵무기 대결을 종식시키기 위해 한반도 비핵지대화로 나설 것인가? 한국의 안보를 위해 선제공격적 전략으로 나설 것인가, 한반도 평화를 위해 평화체제를 구축할 것인가? 한국이 직면한 선택은 이것이다. 무엇을 선택할 것인가.

그러한 선택은 안보의 개념을 재정립하는 데서 출발할 수 있다. 절대안보 개념을 바꾸자는 제안은 조선의 군사력에 굴복하자는 것이 아니다. 조선의 군사력 앞에 한국이 무방비로 노출된다는 것을 의미하지도 않는다. 단지 한반도 질서는 상호억제로 규정된다는 불편한 현실을 인정하는 것이다. 우리가 조선의 군사력을 위협으로 느끼는 것과 같이 조선도 한·미 당국의 군사력을 위협으로 느낀다는 상대성을 인정하는 것이다. 한반도에서 지난

---

[50] 2015년 4월 한·미 국방당국은 통합국방협의체에서 '4D작전개념'을 작전계획으로 발전시키기로 합의, 이를 구체화할 억제전략위원회를 출범시켰다. '4D작전계획'은 조선의 차량 탑재 이동식 발사대와 지상배치 미사일을 초기에 탐지해, 이를 공격·파괴하는 작전이다. 김귀근 「한미 '北미사일 파괴' 작전계획 공식화… 핵소형화 고려」, 연합뉴스 2015.4.16.

60여년간 '전쟁도 아니고 평화도 아닌' 상태가 이어진 것은 이러한 위협이 균형을 이루었기 때문이라는 것을, 그 불편하고도 불안한 역사를 솔직히 대면하는 것이다. 더불어 염두에 둘 사실은 한·미 군사당국이 조선에 비해 월등한 군사력으로 조선을 압도하고 있다는 것이다.

'위협의 균형'으로 상호억제가 이뤄지고 있다는 현실을 인정하면 군사적으로 해결책이 없다는 것을 이해하게 된다. 한국과 미국이 국방비를 퍼부어 조선의 '위협'을 제거하려고 하는 만큼, 조선도 이들의 '위협'을 제거하기 위해 기를 쓸 것이기 때문이다. 그래서 지금 당장 시급한 것은 위협을 제거하는 것이 아니라 '위협의 균형'을 안정적으로 관리하는 것이다. 이를 위해서는 우선적으로 상황을 악화시키는 조치를 중단해야 한다. 삐라를 조선에 살포하는 것을 중단하는 것을 비롯해서 사드 및 킬체인 등의 도입을 중단 내지 동결해야 한다. 이러한 무기체계 도입을 추동하는 '맞춤형 억제전략'에 대한 전면적 재검토 또한 필요하다. 동시에 군사 핫라인을 복원시키고 조선 관계당국 및 여러 급의 대화와 만남을 시작해야 한다. 상호적 안보의 한 형태인 군비통제적 조치들이 우선적으로 시급하지만, 어느 누구도 여기에는 관심을 두고 있지 않다는 것도 현 상황의 심각성을 반증한다.

한편 군비통제적 조치들은 군비감축과 연결되어야 한다. 군비통제만으로는 '위협의 균형'을 영구화하기 때문이다. '위협의 균형' 자체를 없애기 위해서는 '위협'을 어떻게 동시적·균형적으로 감축·제거할 것인지 중기적 과제로 고민해야 할 필요가 있다.

한반도 안보구조의 특성을 고려할 때 유일한 방안은 조선의 핵위협과 미국의 핵위협을 동시적·균형적으로 감축·제거하는 것이다. 그 제도로서는 이미 '한반도 비핵지대화'(nuclear-weapon-free zone)가 제시되어 있다. 또한 이것은 '위협의 균형'을 재생산하고 있는 정치적 구조인 정전체제가 종식되어야 가능할 것이다. 지금까지는 6자회담의 틀에서 비핵화를 우선적으로 추진하고, 평화체제와 관계정상화가 후순위로 밀렸다면, 이제는 비핵화와 평화체제를 동시적으로 추진하는 것이 필요하다. 또는 '위협의 균형'의 원인인 전쟁상태를 우선적으로 종결시키고, 이를 비핵지대화로 이어가는 경로를 모색해볼 수 있다.[51] 한반도에서 평화체제와 비핵지대화는 동전의 양면이다. 또 한반도에서 한국의 안보와 조선의 안보는 동전의 양면이다. 한반도 평화는 공동안보를 요구한다.[52]

---

[51] 2015년 5월 4일 유엔에서 국내외 인사 4백여명이 서명하여 발표한 「한반도 평화 지구선언」은 이러한 경로를 촉구했다는 점에서 주목할 만하다.

[52] 공동안보는 아국과 상대국의 안전을 공동으로 추구하는 공존을 통해서만 진정한 안보가 가능하다는 개념이다. 미국과 소련의 대립이 심화되면서 세계적으로 군비경쟁이 격화되던 1980년대에 올로프 팔메(Olof Palme) 전 스웨덴 총리를 위원장으로 하는 독립적 위원회는 대안을 모색하는 연구를 진행했다. 이 '팔메위원회'는 1982년 『공동안보: 군비철폐를 위한 프로그램』이라는 보고서를 제출하면서 공동안보의 개념을 정립시켰다. 더 깊은 논의는 10장을 참조.

6장

촛불혁명과 한반도 평화프로세스

트럼프 독트린 가운데 형성된 전환의 기회

도널드 트럼프(Donald Trump) 미국 대통령과 김정은 조선민주주의인민공화국 국무위원장은 2018년 6월 12일 싱가포르에서 정상회담을 갖고 △조·미간 '새로운 관계'의 수립 △조선반도의 '지속적이고 안정적인 평화체제' 구축 △조선반도의 '완전한 비핵화'를 위해 노력할 것을 약속하는 「도널드 트럼프 미합중국 대통령과 김정은 조선민주주의인민공화국 국무위원장의 싱가포르 정상회담 공동성명」을 발표했다. 이로써 양국은 적어도 1950년 한국전쟁 시기부터 지속되어온 상호 적대관계를 종식할 전기를 마련했다. 지금까지 있었던 두차례의 합의를 한층 발전시킨 것이다. 양국은 1993년 외교부 부부장/국무부 차관보 급에서 무력을 사용하지 않으며 위협도 하지 않을 것을 약속한 공동성명을 발표한 적이 있었고, 2000년 김정일 위원장의 특사인 조명록 국방위원회 제1부위원장이 매들린 올브라이트(Madeleine K. Albright) 국무장관 및 윌리엄 코언(William S. Cohen) 국방장관과 회담한 후 조미공동코뮤니케에서 "과거의 적대감에서 벗어난 새로운 관계"를 수립하기 위해 노력한다고 발표한 바 있었다. 그럼에도 불구하고 이 합의들은 제대로 이행되지 못했고, 양국관계는 여러가지 우여곡절을 겪었으며 심지어 전쟁을 우려해야 하는 상황을 경험하기도 했다. 하지만 이번(글이 발표된 2018년 가을 시점)에 70년 가까이 이어져온 조·미 적대관계를 종식하는 데서 끝나는 것이 아니라 새로운 상호 신뢰관계를 수립하고 평화체제를 구축하겠다고 합의를 이룬 것은 이전의 합의를 이어받아 더욱 발전시킨 것이다. 또한 최고위급에서 이런 합의가 이뤄졌다는 중요성은 아무리 강조해도 지나침이 없다.

과연 이러한 합의는 어떻게 이뤄진 것일까? 임기 초에 조선에 대한 '최대의 압박'을 강조하고 '화염과 분노'나 '완전한 파괴'를 운운하던 트럼프 대통령은 왜 갑작스럽게 조선과 협상을 하고 합의를 이뤄낸 것일까? 한반도의 비핵화뿐 아니라 평화체제를 약속한 것은 한반도와 일본, 동북아시아에 어떤 영향을 미칠 것인가? 이 글은 이러한 질문들에 대한 답을 미국의 국가전략이라는 틀 속에서 찾으려는 시도이다. 언론에 유포된 많은 담론은 트럼프 대통령이라는 개인에 맞춰져 있고 또 그를 상당히 희화화하고 있기 때문에 싱가포르 정상회담의 이유와 함의를 온전히 파악하지 못할 위험성이 있다. 따라서 이 글은 조미정상회담을 포함한 트럼프 행정부의 일련의 조치들을 미국의 국가안보전략에 비추어 평가하고, 앞으로 있을 동북아시아 안보질서의 변화 가능성도

모색해보려 한다.[1]

2017년 12월 트럼프 행정부는 「국가안보전략(National Security Strategy) 2017」을 발표했다. 오바마(B. Obama) 행정부의 「국가안보전략 2015」가 국제제도를 중시하고 동맹과의 협력 및 중국과의 파트너십을 강조했던 반면 이후 2년여 만에 발간된 이번 보고서는 매우 다른 전략을 제시하고 있다.[2] 맥매스터(H. R. McMaster) 당시 국가안보보좌관의 지휘 아래 네이디아 섀들로우(Nadia Schadlow)와 세스 센터(Seth Center)가 주도적으로 작성한 「국가안보전략 2017」은 미국의 힘을 내세워 미국의 이익을 가장 중요하게 지키겠다는 '미국우선주의'를 내세운다. 특히 중국과 러시아를 동반자가 아니라 경쟁자 또는 수정주의국가로, 조선은 이란과 같이 미국을 위협하는 국가로 규정하고 있다.[3] 그럼에도 불구하

---

1 영국 파이낸셜타임스의 기디언 래크먼도 트럼프 대통령의 외교정책이 나름대로 내적 일관성이 있음을 지적하며 이를 '트럼프 독트린'이라고 칭하고 있다. 하지만 그는 '트럼프 독트린'을 구성하는 핵심적 세계관의 하나인 신현실주의의 중요성을 인지하지 못하고, 트럼프 독트린이 동맹에 부여하는 유용성을 저평가한다는 등의 한계를 보인다. Gideon Rachman, "The Trump Doctrinecoherent, radical and wrong," *The Financial Times*, 2018.7.16.

2 The White House, *National Security Strategy of the United States of America*, 2017.12.

3 권력전이 이론같이 권력을 중심으로 구성된 국제질서를 논의하는 국제정치이론가들은 국가를 통상 두 부류로 나눈다. 기존 국제질서를 온존하려는 '현상유지국가'와 기존 질서에 도전해 이를 수정하려는 '수정주의국가'가 그것이다. 이 이론을 현 국제질서에 적용해 러시아나 중국이 수정주의국가인가를 두고 논의가 활발히 진행중이다. 「국가안보전략 2017」은 미국의 권력을 중심으로 구성된 국제질서를 수정하려는 위협을 가하고 있는 국가가 러시아와 중국이라는 입장을 취한다. 현상유지국가와 수정주의국가라는 개념을 국제정치이론에 본격적으로 도입한 논문은 다음을 참조. Randall L. Schweller, "Bandwagoning for profit: Bringing the revisionist state back in," *International Security*, Vol. 19 No. 1, 1994년 여름호 86~88면.

고 이전 조지 W. 부시(George W. Bush) 행정부의 국가안보전략과
는 커다란 차이가 있다. 일방주의나 '선제타격전략'을 명시하지
않았기 때문이다.[4] 또 트럼프 대통령이 아시아 순방 중 "경제안
보 그 자체가 국가안보"라고 한 것과 같이 이 보고서도 미국의 직
접적 경제이해를 강조하고 있다. 이러한 점들을 전체적으로 보면
트럼프 행정부의 국가전략은 전후 미국의 전통적 국가전략인 '현
실주의적 국제주의'를 계승하면서도 '신중상주의'와 타협한 것
으로 평가할 수 있다. 이러한「국가안보전략 2017」은 한반도와 동
북아시아에 도전과 기회를 동시에 제공한다. 작년부터 이어졌던
조미관계의 긴장국면과 조·미 싱가포르 정상회담은 이러한 도전
과 기회를 구체적으로 보여준다.

트럼프 정부의 국가안보전략

트럼프 행정부의「국가안보전략 2017」은 레이건(R. Reagan) 대
통령이 1980년대에 추구했던 것처럼 '힘을 통한 평화'를 추구한
다는 점에서 전형적인 현실주의적 접근을 취하고 있다. 국제관

---

4 부시 행정부는「국가안보전략」보고서에서 "선제타격"을 명시했지만 그 표현과 달
리 내용은 예방전쟁을 의미했다. 선제타격은 적국의 공격이 임박했다는 증거가 명
백한 경우 취할 수 있는 방어적 조치를 의미하여 국제법적으로 용인된다는 것이 다
수의견이다. 반면 예방전쟁은 적국이 핵무기 등을 포함해 위협적 군사력을 획득하
기 이전에 이를 방지하기 위해 선제적으로 취하는 군사적 행동을 지칭하며 국제법
상 불법적 침공으로 간주된다.

계에서는 어느 국가나 국제기구도 신뢰할 수 없으며 오직 자국의 힘만이 생존을 보장해주고 국익을 지켜준다는 현실주의적 인식이 트럼프 행정부 국가안보전략의 기초를 이루고 있는 것이다. 이는 전임 오바마 정권이 군사력을 경시하는 자유주의적 정책을 추진한 결과 미국의 군사력이 러시아나 중국 같은 경쟁국에 대한 전략적 우위를 예전같이 누리지 못하고 있다는 비판적 인식에 의해 한층 강화됐다. 물론 트럼프 정부가 실질적으로 우려하는 것은 러시아나 중국의 전체적 군사력이 미국을 추월할 것이라는 비현실적인 시나리오라기보다는 이들 경쟁국이 사이버 공간 같은 특정 분야나 지역 군사균형에서 미국의 약점을 파고들 가능성이라고 봐야 할 것이다. 중국이나 러시아가 아시아나 유럽에서 영향력을 확대할 가능성을 견제하겠다고 천명했다는 점에 비추어볼 때 현실주의 중에서도 시카고대학의 국제정치학자 미어샤이머(J. Mearsheimer) 등이 주장하는 '공격적 신현실주의'가 트럼프 정부의 안보인식에 깊은 영향을 준다고 평가할 수 있다.[5]

그런 면에서 트럼프 정부는 부시 정부가 추진했던 일방주의적 정책이나, 대선 유세기간에 보여주었던 고립주의적 정책을 추진하지는 않을 것임을 시사한다. 즉 「국가안보전략 2017」은 "미국이 주도하지 않을 경우 악의를 가진 행위자들이 그 공백을 채우면 미국에 불이익을 가져다줄 수 있다는 교훈"을 언급한다. 고립주의를 택해 유럽이나 아시아의 지역정세를 주도하지 않는다면

---

5 John J. Mearsheimer, *The Tragedy of Great Power Politics*, Norton 2001.

러시아나 중국 같은 지역패권국이 등장해 미국에 불이익을 줄 수 있다는 것이다. 이런 상황은 심지어 미국의 안보에 위협이 될 수도 있으므로 미국의 국가이익을 위해 각 지역의 국제관계에서 여타 국가들을 주도하겠다는 뜻이다. 그럼에도 불구하고 트럼프 정부의 전략은 세계 도처의 분쟁에 개입하거나, 민주주의 같은 가치를 추구하는 자유주의적 국제주의와는 확실하게 차별되는 현실주의적 국제주의 입장이다. 기존 국제기구와 조약체제들 중 미국에 이로운 부분은 적극 이용하되 효용가치가 비용을 초과한다고 판단되는 경우에는 거침없이 탈퇴할 수 있다는 점에서도 고립주의나 자유주의적 국제주의와는 차별된다.

또 국익을 위해서 선택적으로 인도-태평양 같은 지역에 개입하더라도 미국의 군사력이나 재정에 주는 부담은 최소화하는 방식을 사용할 것이라는 점도 노골적으로 드러내고 있다. 이것은 한편으로는 '힘을 통한 평화'를 추구하면서도 부시 행정부가 시행했던 예방전쟁 독트린과는 일정하게 선을 긋는 형태이다. 미국의 안보를 위해서라면 선제적으로 공격해서라도 적국의 정권교체를 이루겠다는 예방전쟁 독트린은 이라크 등지에서 이미 많은 부작용을 일으켜 미국에 큰 부담을 안겼다는 평가가 그 기저에 있는 것으로 보인다. 뒤에서도 언급하겠지만 트럼프 대통령의 '화염과 분노' 등 강경한 듯 보이는 발언들을 선제공격이나 예방전쟁의 전조로 보는 것은 이러한 전략기조를 이해하지 못한 성급한 평가였다. 또 한편으로는 부담을 최소화하는 국제주의를 추구하는 트럼프 독트린은 동맹을 중시하고 우호적 국가와의 관계를 확대하겠다는 정책으로도 나타난다. 「국가안보전략 2017」은 "기존 동맹에 대한 책무(commitment)를 더욱 강화"할 것이라 하고, 각론으로 들어가서 예를 들어 '북핵문제'의 해결을 위해서도 "동맹국 및 동반자 국가들과 협력"하겠다고 공언한 것이다. 트럼프 대통령이 지난 2018년 7월 북대서양조약기구(NATO) 정상회담에 참석했다는 사실도 이러한 정책의 반영이며, 거기서 유럽 동맹국의 국방비 증액을 촉구한 것은 '트럼프식 현실주의적 국제주의'를 극적으로 보여주었다고 평가할 만하다.

'힘을 통한 평화'라는 현실주의를 추구하면서도 고립주의나 일방주의보다는 제한적 국제주의가 미국의 이익에 부합한다는 트럼프식 현실주의적 국제주의는 현실주의자들이 트럼프 정부 내의 신중상주의자들과 타협한 결과로 볼 수도 있다. 이는 경제현실을 반영한 결과이기도 하다. 즉 미국은 군사적으로는 세계 최강·최대를 유지하고 있지만 경제적으로는 (적어도 양적으로는) 중국에 1위 자리를 진작 빼앗겼다. 질적인 면에서도 IT 등 첨단분야에서 미국이 비교우위를 누리고 있는 부분들이 있지만 산업생산 등 많은 분야에서 중국이 추월했거나 추월하고 있는 상황이다. 중국의 경제성장 속도가 많이 느려졌다고는 해도 여전히 미국을 상회하므로 이러한 추세는 앞으로 계속될 것으로 보인다. 세계무역기구(WTO) 등 미국 주도로 구축된 브레턴우즈체제(2차 세계대전 이후 미국 달러화를 중심으로 한 국제통화 및 금융질서) 속에서 중국의 급속한 부상과 미국의 상대적 쇠퇴가 일어나는 경제현실에 트럼프 정부가 적극적으로 개입하기로 한 것이 신중상주의로 나타나고 있다. 즉 관세 등 국가가 활동할 수 있는 행정조치들을 최대한 동원하여 미국의 수출을 늘려 미국경제의 부흥을 꾀하겠다는 것이다. 이는 중국을 위시해 미국과의 교역에서 흑자를 내고 있는 여러 교역국에 '관세폭탄'을 퍼부어 국내 기업을 보호하고 생산과 수출을 장려하겠다는 국가주도적 무역정책이라는 면에서 중상주의적 성격을 띤다. 하지만 국방비 등 국가의 지출은 가능한 한 최소화하는 동시에 국가의 개입도 '무역규칙'을 재조정하는 정도로 제한하려 한다는 점에서 과거의 중상주의와는 다른 신중상주의라고 할 만하다. 이러한 신중상주의는 현실주의적 국제주의가 힘을 과도하게 행사하거나 국제문제에 무분별하게 개입하는 것을 억지하는 힘으로 작용한다.

한편 트럼프 행정부는 무역과 통상을 국가안보전략과 직접 연결하고 있다. 하지만 여기에서도 중상주의적 무역정책과 국제주의적 자유무역 사이의 타협이 나타나고 있다. 미국 경제에 불리한 외국의 무역관행 및 부정부패와는 전쟁을 벌이겠다고 선언하는 한편 자유시장 원칙 아래 '공정하고 호혜적인 무역'을 추구하겠다고 밝힌 것이다. 또 지적소유권 및 전자상거래, 농업, 노동, 환경 등에서 '높은 기준'을 충족시키는 무역·투자협정을 추진하겠다면서도, 뜻이 같은 동반자와는 '공정하고 호혜적인 경제질서'를 지키기 위해 협력하겠다고 천명했다. 미국의 경제이익을 위해서는 빠리협약(2015년 유엔기후변화협약 당사국총회 협의) 같은 다자적 기구에서의 탈퇴도 불사하고, 동맹이나 적국을 불문하고 미국에 불리한 무역구조나 경제관행은 수정하겠다면서도, 국가의 전면적인 개입은 배제한 채 자유시장 경쟁과 민간기업의 주도권을 살리겠다는 균형을 유지하고 있는 것이다.

이런 면에서 트럼프 정부의 국가안보전략은 선거유세 중 내세웠던 단순한 고립주의와는 일정하게 거리를 둔다. 트럼프 정부는 미국의 이익에 필요하다면 국제기구나 국제조약을 탈퇴할 수도 있다고 공언했고, 실제로 환태평양경제동반자협정(TPP)이나 이란 핵협정(이란에 대한 포괄적공동행동계획, JCPOA)에서 탈퇴하기도 했다. 그렇지만 「국가안보전략 2017」은 다자주의적 국제기구에 기초한 전후 국제질서가 미국에 이익이 되었음을 인정하고 이를 중시하겠다고 천명하고 있기도 하다. 이는 미국 일국의 국가이익을 전면에 내세울 것을 원하는 중상주의자들이 국가안보전략을 비판하는 이유이기도 하지만, 현실주의적 국제주의자와 타협할 수밖에 없는 현실을 반영하는 것이기도 하다.[6] 부시 행정부의 일방

---

[6] 미국은 세계 최강 군사국이자 동시에 세계 최대 무역적자국이다. 트럼프 행정부에서 신현실주의와 신중상주의가 타협을 이룬 것은 이런 구조적 현실을 솔직하게 반영한 것이라고 평가할 수 있다. 뒤에서 지적하는 바와 같이 대북군사전략이 전통적 억지전략으로 회귀한 것도 북의 핵미사일을 군사적으로 제거할 현실적 방안이 없다는 전략적 상황을 솔직하게 반영한 것이기도 하다. 트럼프 대통령 본인이 지난 70여 년간 미국의 외교안보정책을 지배해온 '워싱턴 룰'에서 자유롭기 때문에 이렇게 '솔직한' 전략이 채택됐다고 볼 수 있다. 즉 구조적 측면에서만 보면 트럼프 행정부의 국가전략은 현실에 조응하는 지속 가능한 것이라고 평가할 수 있으며, 그런 의미에서 '트럼프 독트린'이라고 부를 수 있다. 반면 이러한 솔직함은 기존 '워싱턴 룰'에 역행하는 것이므로 정책집단, 관료, 언론 등으로부터 강력한 도전과 비판을 받고 있다. 또 2016년 대선에서의 '러시아 커넥션' 의혹이 국내정치적으로 트럼프 대통령의 발목을 잡고 있고 탄핵으로 이어질 가능성도 배제할 수 없다. 2018년 11월 중간선거는 그 결과에 따라 '트럼프 독트린'이 완전히 집행되기도 전에 무너지는 중요한 분기점이 될 수도 있다. 하지만 적어도 대북정책에 있어서는 중간선거 이후 현재의 외교협상이 결렬되더라도 억지전략 이외에는 현실적인 군사대응책이 없다는

주의와는 현격하게 다른 이런 모습은 국제관계에서 다자주의나 일방주의보다는 양자주의적 접근을 선호하는 모습으로 나타난 다.[7] 브레턴우즈체제를 포함한 전후 국제질서의 수혜자라고 할 수 있는 동북아시아의 입장에서 이러한 양면성은 위기인 동시에 기회라 하겠다.

트럼프 정부의 대북정책과 동북아시아

「국가안보전략 2017」이 트럼프식 현실주의자와 신중상주의자 가 타협한 결과라는 점은 대중국정책에서 잘 나타난다. 「국가안 보전략 2017」에서 양자는 중국을 국제기구와 세계경제에 참여시 켜서 변화시킬 수 있을 것이라는 지금까지의 전제가 "틀린 것으 로 판명됐다"는 데 입장이 일치했다. 현실주의적 국제주의자는 중국이 "인도-태평양 지역에서 미국을 밀어내려고 하"는 수정주

냉정한 평가를 내릴 수 있다. '워싱턴 룰'에 대해서는 Andrew Bacevich, *Washington Rules: America's Path to Permanent War*, Metropolitan Books 2010 참조. 커밍스(B. Cumings)도 트럼프 대통령이 "워싱턴 기득권층"(Washington establishment)으로 부터 자유롭기 때문에 대북협상이 가능하다고 평가한다. Jon Wiener, "In Trump's Madness, There's Opportunity in Korea: Bruce Cumings on the reasons for optimism about peace in Korea," *The Nation*, 2018.6.14.

7 미국 하버드대학의 정치학자 다니엘 앨런도 트럼프 대통령의 외교정책이 '순수한 양자주의'라는 일관성을 갖고 있다고 평가한다. 하지만 그는 트럼프 외교정책의 형 식에 나타나는 일관성만을 강조하지 그 내용에서 나타나는 일관성과 타협성을 인 식하지 못한다는 한계를 보인다. Danielle Allen, "Trump's foreign policy is perfectly coherent," *The Washington Post*, 2018.7.23.

의국가라며 안보위협으로 보고 있고, 신중상주의자는 중국이 "미국의 지적재산권을 훔치고" 있을 뿐 아니라 "미국이 기여해 건설한 국제기구를 착취하"는 경제위협이라고 간주한다. 트럼프 행정부의 두 축을 이루는 그룹이 중국을 '위협'으로 보는 데 일치한 것이다. 하지만 이러한 공감에도 불구하고 중국의 부상에 어떻게 대응할지에 대해서는 합의된 뚜렷한 대안이 없다는 한계도 보인다. 오바마 정부가 시도했던 바와 같이 인도-태평양에 미 군사력을 증강하겠다는 전략이 제시된 것도 아니거니와, 신중상주의자들의 반대 때문에 이런 방향을 추구하기도 쉽지 않다. '중국위협론'에 대한 이같은 전략적 합의와 전술적 모호성은 동북아시아에 위기 요인과 기회를 동시에 부과한다.

최근 상원과 하원을 통과한 2019년 국방수권법안도 이러한 양면성을 내포하고 있다. 월스트리트저널이 "역사상 가장 강력한 대중제재"라고 평가한 것과 같이 이 법안에는 중국을 군사적으로 견제하는 조치들이 다수 포함되어 있다.[8] △미국 해군이 주도하여 하와이 인근에서 진행하는 다국적 해상합동훈련인 림팩(RIMPAC)에 중국의 참가를 금지하고 △대만관계법에 근거하여 대만과의 군사협력을 강화하는 동시에 무기 판매 및 이전도 확대하고 △인도와의 군사협력을 강화, 향상하고 △인도-태평양 지정학 정세 보고서를 작성, 제출하라는 등의 요구를 한 것이다. 하지만 국방수권법안 중 가장 핵심적인 내용인 국방예산은 월스트

---

8 Kate O'Keeffe and Siobhan Hughes, "Congress Passes Defense Bill That's Tough on China," *The Wall Street Journal*, 2018.8.1.

리트저널의 평가를 무색하게 한다. 의회가 2019 회계연도 국방예산으로 통과시킨 액수는 7080억 달러로 전해에 비해 1.7퍼센트 증액된 것에 불과하기 때문이다.[9] 즉 중국을 견제한다고 하면서도 돈이 들지 않는 조치나, 동맹국 및 우호적 국가들을 내세우는 정책, 무기판매 등을 주요 수단으로 삼는 데서도 트럼프적 현실주의와 신중상주의의 타협을 볼 수 있다. 물론 이러한 타협은 더 본질적으로는 미국이 세계에서 처한 현실을 정확하게 반영하는 것이라고 평가할 수도 있다.

한편 「국가안보전략 2017」은 "북한"을 총 17번 언급[10]하며 '북한위협'을 적시했다. 첫째, "미국 본토를 위협할 수 있는 핵무기와 생화학무기"를 개발하여 "핵무기로 미국인 수백만명을 살상할 수 있는 능력을 추구"하기 때문에 미국의 위협이라고 지적했으며, 둘째, 미국의 동맹국들을 위협하는 '지역의 위협'이라고 지적했고, 셋째, 핵무기를 확산시킬 수도 있기에 '세계의 위협'이라고 적시했다. 그리고 이러한 위협에 대응해 "완전하고 검증 가능하며 비가역적인 비핵화(CVID)를 성취하겠다"며 부시 행정부가 목적으로 내세웠던 CVID를 되풀이했다. 하지만 "동맹국 및 동반자 국가들과 협력"해서 이 목적을 달성하겠다며, 일방주의가 아닌 다자주의를 핵심 수단으로 삼겠다고 한 것은 주목할 만하다.

또 군사적인 대처방식에서도 부시 행정부와 같은 '선제타격'이 아니라 억지와 방어를 강조한 것도 눈에 띄는 부분이다. 즉

---

9 "John S. McCain National Defense Authorization Act for Fiscal Year 2019" 참조.
10 "North Korea"가 16번, "Democratic People's Republic of Korea"가 1번.

"핵, 화학, 방사능, 생물무기 공격을 방지"해야 하고 "잠재적 위협이 미국에 도달하기 이전에 억지, 교란, 격퇴해야 한다"고 명시한 것이다. 테러리스트에 대해서 그 근원을 공격해 뿌리를 뽑겠다고 한 것과 달리 핵·생화학 무기 대처방식으로는 방지·억지·교란·격퇴를 강조한 것이다. 그리고 구체적으로 '미사일 방어, 대량살상무기 탐지·교란, 반확산 능력 향상'을 열거했다. 언론을 통해서는 전쟁을 불사하겠다는 '호전적' 이미지가 많이 유포되어 있지만, 트럼프 정부의 기본 전략은 방지와 억지 및 격퇴 등 전통적 안보정책에서 벗어나 있지 않다. 이는 부시 행정부의 '선제타격'을 빙자한 예방전쟁전략이 미국에 득보다는 해가 됐다는 국제주의자의 평가와 미국의 지나친 군사적 개입을 경계하는 신중상주의자의 견해가 일치하는 지점인 것으로 보인다.

트럼프 정부의 '최대의 압박과 관여'라는 대북정책은 이러한 전략적 기조 위에 서 있다. 즉 ①조선의 핵미사일 위협은 전통적 억지정책으로 상쇄시킨다. ②국제사회의 힘을 동원하여 최대의 압박을 가한다. ③1과 2의 기초 위에서 미국이 직접 관여하여 한반도 비핵화를 관철시킨다는 내용으로 구성된 정책이다. 이런 시각에서 트럼프 대통령의 이전 발언들도 재평가되어야 한다. 트럼프 대통령을 '호전광'으로 보이게 한 발언들은 사실 억지전략의 충실한 (하지만 세련되지 않은) 집행이었기 때문이다. 예를 들어 조선의 "완전한 파괴"를 공언한 그의 유엔총회 연설에는 중요한 조건절이 있었다. "우리가 미국이나 동맹국을 방어해야 하는 상황이 된다면, 우리는 북한을 완전히 파괴하는 것 말고는 선택의 여지가 없을 것이다." 즉 '북한이 미국이나 한국 또는 일본을 먼저 공격한다면 철저하게 보복하겠다, 그러니 도발하지 말라'는 경고를 발신한 것이다. 전형적인 억지정책 천명이다. 실제로 2018년 2월 미 국방부가 발간한 「핵태세검토 보고서」(Nuclear Posture Review)에서도 거의 동일한 표현이 사용됐다. "미국이나 동맹국 및 파트너를 상대로 한 북한의 핵공격은 용납할 수 없는 일로, 이 같은 일이 벌어질 경우 북한정권을 끝내겠다." 이 보고서가 밝힌 바와 같이 "미국의 억지전략은 분명"한 것이다.

물론 이러한 억지전략은 핵무기 없는 세상을 지향하는 세계의 조류를 거스르는 것이다.[11] 그럼에도 불구하고 '핵 없는 세상'을 제창하는 동시에 조선에 대한 선제 핵공격을 배제하지 않던 오바마 행정부의 이율배반적 전략보다는 대북 위협수준을 낮춘 것이다.[12] 즉 오바마 행정부는 조선이 핵무기를 개발한다는 이유로 대북 선제 핵타격을 배제하지 않았다면, 트럼프 행정부는 이 옵션보다는 보복 핵타격을 중심으로 한 억지전략을 선택했다. 부시 행정부가 시작한 예방전쟁의 위협을 오바마 행정부가 선제 핵타격 가능성으로 강화했던 것을 트럼프 정부가 뒤집어 전통적 억지전

---

11 2017년 유엔총회에서 122개국의 찬성으로 핵무기금지조약이 채택됐다. 안또니우 구떼흐스(António Guterres) 유엔 사무총장도 2018년 8월 히로시마에서 개최된 평화기원식에서 핵보유국들이 냉전 종식 이후에도 핵무기에 사용하는 비용이 인도적 지원에 필요한 액수의 80배가 넘는다고 비판하며 "핵보유국은 핵군축을 이끌 특별한 책임이 있다"고 강조했다. 田井中雅人「NYでは言いづらくても…長崎で本音發信 國連事務總長」, 朝日新聞 2018.8.9.

12 오바마 행정부의 대북전략에 대해서는 본서 5장 참조.

략으로 회귀시킨 것이다.[13] 부시와 오바마 행정부의 공세적 전략이 조선의 핵전력 보유를 정당화하고 가속화하는 데 기여했다면, 트럼프 행정부는 조선이 비핵화 협상에 나설 수 있는 전략환경을 조성했다고 평가할 수 있다. 미국이 전통적인 억지전략으로 돌아간다면 조선도 핵무기를 포기하고 이전의 비대칭적 억지전략으로 회귀할 수 있는 조건이 만들어지는 것이기 때문이다. 또 이러한 대북정책은 미국의 세계전략상 동북아의 긴장을 완화해 중동, 특히 이란에 힘을 집중할 가능성을 연다는 측면도 있다. 트럼프 정부가 이란 공동협력합의에서 탈퇴한 것은 이스라엘이나 사우디아라비아의 로비, 트럼프 대통령 후원자 중 대이란 강경론자들의 영향 등도 작용한 결과이겠으나 그것이 대북정책에는 오히려 긍정적으로 작용했을 수 있다. 반면 이러한 대북정책은 중동의 긴장을 격화시킬 잠재성을 내포한다는 점도 무시할 수 없다.

그럼에도 불구하고 동북아시아에서 트럼프 정부의 대북정책이 갖는 긍정적 함의는 주목할 만하다. 싱가포르 합의대로 미국과 조선이 '새로운 관계'를 맺고 한반도에서 평화체제를 구축한다면 그것은 한반도의 전쟁상태가 형식적으로나 내용적으로나 완전히 종식된다는 것을 의미한다. 물론 그 과정은 여러차례의 굴곡을 겪을 것이고 단기간에 완성되기도 어렵겠지만 한국전쟁의 두 중요 당사자가 최고위급에서 이 길을 가겠다고 세계에 약속한 것은 한국전쟁 발발 이후 가장 큰 충격적 변화이다. 더 구체적으로

---

13 부시 행정부의 안보전략과 대북정책에 대해서는 본서 2장 참조.

는 평화협정 체결이 이 과정의 한 부분이 될 것이고 이와 함께 유엔사령부의 해체가 전쟁상태 종식의 구체적 내용으로 현실화한다는 것이다. 유엔사령부가 해체되면 일본에 존재하는 유엔 후방사령부의 해체도 불가결해지며, 이는 미국과 일본, 한국이 유엔사령부를 매개로 일체가 되어 조선과 전쟁을 지속하는 구조를 근본적으로 변혁하는 것을 의미한다. 또한 조일관계에서 한국전쟁의 구조를 헐어내어 근원적인 전환을 가능하게 하는 것이다. 곧 일본의 한반도 식민지 지배의 역사, 그리고 1894년부터 시작된 일본의 대아시아 전쟁의 역사를 드디어 청산할 수 있는 공간이 열림을 뜻한다. 물론 이 공간을 어떻게 사용할지는 일본과 한국 및 조선의 선택으로 남게 될 것이다.

트럼프 정부의 국가안보전략과 '혁명적' 기회

전체적으로 봐서 「국가안보전략 2017」은 미국의 힘을 내세워 미국의 이익을 우선하겠다는 '미국우선주의'를 표방한다. 그럼에도 일방주의나 '선제타격'을 내세웠던 부시 정부의 네오콘(신보수주의자) 입장, 또는 대선기간에 보였던 일국적 중상주의에서 다소 물러나 다자적 국제주의와의 타협을 보여주고 있다. 이러한 타협이 국가안보전략에서의 전략적 확실성과 전술적 모호성을 낳고 있다고 보인다. 이러한 모호성은 트럼프 대통령 개인의 예측 불능한 성격 때문에 언론에서는 상당히 과장되고 희화된 모습으로 많이 묘사되어왔다.

　하지만 모호성의 본질은 트럼프 정부의 국가전략이 보여주는 현실주의적 국제주의·신중상주의의 타협에서 기인하는 것임을 거듭 주목할 필요가 있다. 앞서 지적한 바와 같이 이러한 타협은 "기존 동맹에 대한 책무를 더욱 강화"할 것이라는 동맹 중시 입장으로도 나타나고 있다. 2019년 국방수권법도 "특히 인도-태평양에서 동맹을 심화하고 확대할 것이며, 어느 동맹국도 당연시하지 않을 것"이라며 이런 입장을 뒷받침한다. 미국이 독자적으로 군사력을 행사하는 데 따르는 재정지출을 가능한 한 제한하려 하는데, 이는 해외 군사활동 비용에 대한 거부감이 강한 신중상주의의 발현이라고 볼 수 있다. 즉 미국의 비용은 최소화하며 그 비용을 동맹국에 분담시키려는 것이다. 이미 북대서양조약기구에 속한 유럽 동맹국에 대한 국방비 증액 요구에서도 나타난바, 한국이나 일본, 오스트레일리아 등 동맹국 모두가 이러한 압박을 받을 것이다. 더 중대한 구조적 문제는 미국을 중심으로 구축해놓은 세계군사질서를 더욱 강화·확대하겠다는 점이다. 트럼프 정부의 현실주의적 국제주의는 미국이 비교우위를 점하고 있는 세계군사질서를 '가성비 최대화'의 원칙 아래 최대한 활용하려 한다. 반면 트럼프 정부가 노정하는 동맹 필요성은 동맹국의 협상력을 높이는 효과를 가져오기도 한다. 미국이 독자적인 군사력 행사를 부담스러워할수록 동맹에 대한 의존도가 높아지며, 그럴수록 동맹의 가치가 높아지기 때문이다. 미국 군사질서 속에서 독립적인 목소리를 낼 가능성이 커진다는 모순 또한 동맹국에 위기와 기회를 동시에 주는 것이다.

위기와 기회 중 어느 측면이 부각될지는 미국 못지않게 동맹국/상대국에도 달려 있다. 트럼프 정부의 전략이 내포한 기회를 인지하지 못한 채 위기만을 확대해석하는 경우에는 미국에 끌려갈 가능성이 커지게 된다. 반면 위기 뒤에 존재하는 기회를 포착하고 이를 극대화할 능력이 있다면 미국의 질서 안에서 새로운 질서를 생성해낼 씨앗을 키울 수도 있는 것이다. 미국 국가전략에 내재한 타협성은 특히 아시아에 여러 가능성을 열어준다. 아시아 각국 정부와 민중이 새로운 아이디어를 계속 창안하여 이 공간을 활용하면 어젠다를 주도할 수도 있다. 미국을 견인하여 한반도와 동북아에서 새로운 평화와 협력의 가능성을 열 수도 있는 것이다.

한국은 이러한 가능성을 적극 추동한 바 있다. 2016~17년 촛불시위로 박근혜 대통령의 탄핵을 쟁취하고 문재인 대통령을 당선시킨 시민사회의 힘은 남북관계와 조미관계의 전환을 추동해왔다. 박근혜 대통령의 탄핵을 초래한 직접적 원인은 '국정농단'이지만 대북 강경정책으로 한반도 상황을 위태롭게 만들었다는 위기감도 구조적 원인이었다고 할 수 있다. 탄핵은 이런 대북정책을 전환하여 한반도 위기국면을 전환시킬 한국 국내적 구조를 만들어낸 것이고, 문재인 대통령은 당선되자마자 '촛불정부'를 자임하며 이러한 시민사회의 요구에 부응하고 있다. 문재인 대통령은 2017년 8·15 경축사에서 "누구도 대한민국의 동의 없이 군사행동을 결정할 수 없습니다. 정부는 모든 것을 걸고 전쟁만은 막을 것입니다"라며 선제타격 및 예방전쟁론과 선을 그었다. 이어 11월에는 유엔총회에서 평창동계올림픽 휴전결의 채택을 주도하여 올림픽을 전후해 일체의 적대행위를 중단할 것을 촉구했다. 12월에는 평창올림픽·패럴림픽 때까지 한미군사훈련을 연기할 수 있다는 입장을 공개하고 이를 미국정부에 제안하는 등 구체적 움직임을 보이기 시작했다. 문재인 정부의 이같은 평화지향적 발언과 행동은 이듬해 1월 초 김정은 위원장이 신년사를 발표하며 동계올림픽에 대표단을 파견하겠다는 전향적 입장을 보일 수 있었던 중요한 근거가 되었다. 그리고 그 직후인 1월 4일 문재인 대통령이 트럼프 대통령과의 전화통화에서 한미연합군사훈련을 평창올림픽 이후에 실시한다고 합의함으로써 구체적 행동으로 결실을 맺었다.

판문점선언과 싱가포르 공동성명을 견인한 이 일련의 조치들은 그 출발점이 촛불시위였다는 사실을 잊지 말아야 할 것이다. 지금도 진행되고 있는 대화와 교류, 또 앞으로 진전될 것으로 보이는 비핵화와 조미관계 개선, 한반도 군축프로세스를 가능하게 하는 주요한 구조적 동력은 바로 한국 시민사회인 것이다. 즉 지금 한반도를 시발점으로 진행중인 평화프로세스는 트럼프 정부의 국가전략이 내포한 위기와 기회 속에서 한국 시민사회가 위기를 최소화하고 기회를 최대화하는 과정으로도 설명할 수 있다. 촛불시위로 표출된 시민사회의 동력은 2018년 6월 지방선거에서 분단위기를 끊임없이 재생산해온 수구우익정당에 패배를 안기고 개혁과 평화를 말하는 정당들에 큰 힘을 실어주었다. 한반도와 동북아시아 평화프로세스를 계속하라는 요구이기도 하고, 그 것을 가능하게 하는 정부구조를 만들어낸 것이기도 하다. 이렇게 '촛불혁명'은 현재진행형이다. 트럼프 정부의 국가전략이 내포한 위기와 기회는 이처럼 '전쟁체제'를 '평화체제'로 전환하는 '혁 명적' 기회로 전화되었다.

그 성과는 당장 한반도의 삶에서 나타나고 있다. 청와대가 판 문점선언 백일을 맞아 "국민의 삶에서 평화가 일상화"됐다고 스 스로 평가한 것이 자화자찬만은 아니다.[14] 조선의 핵시험이나 미 사일 발사가 전무한 가운데 조선의 핵시험장 폐기 등 가시적 조 치들이 한반도 전쟁 위기감을 극적으로 낮춘 것이 사실이다. 대 남·대북 확성기 방송 중단과 시설 철거가 이뤄지고 군 통신선을 복원하는 성과도 있었다. 남·북 군사당국 대화가 재개되어 우발 적 충돌의 위험성이 상당히 완화되기도 했다. 한발 더 나아가 판 문점 공동경비구역(JSA) 비무장화 및 비무장지대 내 감시초소 시 범철수에 공감대를 이루는 등 군사적 신뢰조치와 군비통제를 확 대해나가고 있다. 긴장 완화 및 신뢰구축, 서해해상 우발적 충돌 방지를 위한 조치들을 협의하고 있다는 사실은 불과 작년까지도 모두가 전쟁위험에 떨었던 것을 상기하면 엄청난 변화라 할 것 이다.

이제 문재인 정부는 이렇게 만들어진 기회를 어떻게 계속 살려 나갈 것인가? 대통령 지지율이 7월까지도 70퍼센트를 상회했던

---

14 청와대 「카드뉴스로 보는 판문점 선언 100일, 주요성과」, 2018.8.3.

현상은 남북정상회담의 성공적 개최와 평화프로세스의 출발에 대한 시민사회의 높은 지지를 반영한 것이었다. 그런데 싱가포르 정상회담까지 거침없이 나가는 것 같던 평화프로세스는 최근 주춤하는 듯하고 문재인 정부도 이를 적극적으로 밀고 나가는 '운전자'로서의 모습을 보이지 못하고 있다. 이에 대한 실망감이 반영되어 최근의 지지율 추락으로 나타난 듯하다. 시민은 '촛불혁명'의 진전을 바라고 있는 것이다. 종전선언 및 평화협정에 대한 논의와 동시에 평화체제를 건설하기 위한 구체적 조치들이 이제는 하나씩 실행될 필요가 있다. 판문점선언에 포함된 군축조치들이 당장 전면적으로 실행되기는 어렵더라도 최소한 군비확장은 중단해야 한다. 남과 북 사이에 군사적 긴장을 격화할 수 있는 언행은 그만두어야 할 것이다. 그런 관점에서 볼 때 7월 27일 국방부가 발표한 '국방개혁2.0'은 평화프로세스에 역행하는 것이다.[15] 이 '개혁안'에 따르면 국방부는 킬체인(Kill Chain, 한미연합선제타격체제)과 한국형 미사일방어체계, 대량응징보복으로 구성된 삼축체계를 "정상적"으로 추진하기로 했다. 더 심각한 문제는 이러한 조치들이 부분적인 것이 아니라 전반적 군비확장의 일환이라는 점이다. 국방부는 2019년 국방예산으로 전년보다 8.6퍼센트 늘어난 46조 9000억원을 요구하고 향후 5년간 국방개혁에 필요한 예산을 270조 7000억원으로 추산하는 등 군축이 아니라 군비확장에 나선 듯이 행동하고 있다. 국방부 관계자가 "북한의 위협감소가

없는 상황"이라며 남북정상회담 및 조미정상회담을 포함한 일련의 한반도 안보상황 변화를 부인하는 움직임은 위태롭기까지 하다.[16] "국민의 삶에서 평화가 일상화"됐다는 청와대의 공식발표를 전면 부인하는 모양새이기도 하다.

이런 모양새가 나오는 이유는 남북정상과 조미정상이 "평화체제 구축"에 합의했는데도 불구하고 정부 일각이나 사회가 그 의미를 제대로 인식하지 못하고 있기 때문이다. 예를 들어 "싸워서 이기는 군대"를 목적으로 내세워 국방개혁을 추진중인 대한민국 국방부는 이런 목적이 "평화체제 구축" 합의에 반대된다는 것을 인지하지 못하거나 수용을 거부하는 것이다. 평화체제 구축을 지향한다면 이제는 '싸우지 않는 전략환경'을 만들어야 하며, '평화를 만드는 군'을 지향하라는 전략명령이 최고위에서 하달되고 국방부는 이를 집행하기 시작해야 한다. 그리고 한반도 주민 모두가 이와 관련해 더욱 근원적인 질문들과 진지하게 대면하기 시작해야 한다. 즉 한반도 평화체제 안에서 대한민국 국군의 역할은 무엇이 되어야 하는가? 한반도 평화체제를 구축하는 데 한미군사동맹이 필요한가? 필요하다면 그 역할은 어떠해야 하는가? 한반

---

16 정희완 「장군 감축 소극적인 육군·비전투 부대부터 구조조정 시동」, 경향신문 2018.7.27. 이러한 인식은 트럼프 행정부의 상황인식과 비교해도 온도 차이가 느껴진다. 트럼프 대통령이 조선의 핵 및 미사일 시험 중단과 미군 유해 등을 들며 상황 변화를 강조한 것은 자화자찬이라고 해도 미군 고위층도 변화를 인정하고 있다. 예를 들어 미군 서열 2위인 폴 셀바(Paul Selva) 미국 합참차장은 8월 10일 조선이 핵과 미사일 시험 동결로 대륙간탄도미사일 개발에 차질을 빚고 있다며 "(동결이) 영향을 주고 있다는 것이 나의 결론"이라고 밝혔다. 한덕민 「미 합참차장 "북 핵·미사일 시험 동결로 ICBM 개발 차질"」, 자유아시아방송 2018.8.10.

도 평화체제를 구축하는 데 대한민국은 미국을 위시한 주변국과 어떤 관계를 맺어야 하는가? 한국정부와 시민사회는 70년 가까이 익숙하게 길들여진 전쟁체제를 헐어내고 완전히 새로운 평화체제를 구축한다는 것이 무엇을 의미하는지 근원적 질문들과 담대히 대면해야 할 시점이 됐다. 그리고 남북관계 개선을 위해 기존 상황보다 한발 앞서나가는 조치들을 취하며 비가역적인 "화해와 평화번영의 새로운 시대"(판문점선언)를 만들어나가야 할 것이다. 트럼프 정부가 '북핵문제' 해결을 위해서도 한국이라는 동맹을 필요로 한다는 현실을 직시하며, 한반도 평화체제를 구축하는 기회의 창을 활짝 열어젖히는 담대함이 요구되는 것이다.

한편 앞서 언급한 바와 같이 한반도 평화체제 구축은 필연적으로 일본에 근원적인 질문을 제기한다. 일본은 지난 70여년간 동참해온 전쟁체제에서 이탈할 것인가? 120년 넘게 완전히 종식하지 못한 대아시아 전쟁을 끝낼 것인가? '국제제재의 견고한 유지'를 강조하던 아베(安倍晋三) 정부도 이미 이러한 근원적 질문을 무시할 수 없는 상황에 처했음을 인지했다는 조짐이 나타나고 있다. 대북 미사일 경계 수준을 하향조정하는 등 여러 미묘한 변화를 보이기 시작한 것이다. 특히 눈에 띄는 조치는 외무성 내 아시아대양주국 북동아시아과를 두개로 나누어 1과는 한국, 2과는 조선을 담당하게 한 일이다. 조선과의 대화 가능성을 여러가지로 모색하는 동시에 장기적으로 조선과의 교섭뿐 아니라 외교관계 수립까지 대비한 포석으로 보인다. 하지만 '북 위협론'을 이용해 개헌과 '보통국가화'를 추진하려던 전략에 대한 근원적 자성은 여전히 부족해 보인다. 일본정부는 지금까지 트럼프 전략의 위기와 기회 중 위기를 적극적으로 활용해왔다. 일본정부와 시민사회는 현 국면이 제기하는 근원적 질문들에 담대히 대응할 준비가 되어 있는가. 향후 일본의 선택은 한반도에 또다른 기회와 위기를 가져다줄 것이다.

7장

바이든의 '가치외교'는 성공할 것인가

깊어지는 미중경쟁 속 한반도의 '힘을 통한 평화' 정책

"미국이 돌아왔다. 외교도 돌아왔다. 동맹도 돌아왔다. 하지만 우리는 뒤돌아보지는 않는다. 우리는 미래를, 미 국민을 위해 함께 성취할 수 있는 모든 것들을 기대하며 중단 없이 나아간다."

바이든(J. Biden) 미국 대통령이 선언했다. 미국이 국제무대에 되돌아왔음을, 그리고 외교를 복원하고 동맹을 복구하여 가치를 앞세우는 미래를 추구할 것이라고. 지난(글이 발표된 2021 겨울 시점) 3월 3일 백악관은 바이든 대통령 명의의 「국가안보전략 중간 지침」(Interim National Security Strategic Guidance)을 발표하며 바이든 행정부의 세계전략을 공개했다. 같은 날 토니 블링컨(Antony J. Blinken) 미국 국무장관도 '미국 국민을 위한 외교정책'이라는 연설에서 "바이든 행정부의 외교정책은 우리의 가치를 반영할 것이다"라고 천명했다. 바이든 행정부의 외교정책 기조가 '미국 국민을 위한 가치외교'가 될 것임을 공언한 것이다.[1]

이러한 선언은 바로 행동으로 이어졌다. 바이든 행정부는 3월 13일 '쿼드'(QUAD, 미국과 일본, 인도, 호주의 4자 협의체) 첫 정상회의, 16일에는 미·일 외교·국방장관 2+2회의(미일안전보장협의위원회), 18일에는 한·미 외교·국방장관 2+2회의, 18~19일에는 미·중 고위급 회담을 열고 외교의 실행에 들어갔다.

이어서 4월 30일 바이든 행정부는 대북정책 검토가 완료됐음을 공식화했다. 젠 사키(Jennifer Psaki) 백악관 대변인이 한반도의 완전한 비핵화라는 목표를 유지하며 이를 위해 "실용적이고 조정된 접근"을 취할 것이라고 밝힌 것이다.[2] 그에 앞서 워싱턴포스트도 블링컨 국무장관과 로이드 오스틴(Lloyd Austin) 국방장관, 제이크 설리번(Jake Sullivan) 백악관 국가안보보좌관과 마크 밀리(Mark A. Milley) 합참의장이 바이든 대통령에게 대북정책을 최종 보고했다며 이를 확인했다.[3] 5월 21일 한미정상회담에서 문재인 대통령과 바이든 대통령은 공통의 대북정책을 공개하고, 성 김(Sung Y. Kim) 동아태차관보 대행을 대북특별대표로 발표하며 인선까지 마무리했다.[4]

과연 바이든 정부의 세계전략은 무엇인가? 블링컨 국무장관

---

1 Antony J. Blinken, "A Foreign Policy for the American People," U.S. Department of State, 2021.3.3.

2 The White House, "Press Gaggle by Press Secretary Jen Psaki Aboard Air Force One En Route Philadelphia, PA," 2021.4.30.

3 John Hudson and Ellen Nakashima, "Biden administration forges new path on North Korea crisis in wake of Trump and Obama failures," *The Washington Post*, 2021.4.30.

4 The White House, "Remarks by President Biden and H.E. Moon Jae-in, President of the Republic of Korea at Press Conference," 2021.5.21.

이 주창한 '가치외교'의 실체는 무엇일까? 바이든 정부의 '실용적 대북정책'은 어떻게 전개될 것인가? 바이든 정부의 대중, 대북 전략이 한반도 평화에 미치는 영향은 무엇인가? 특히 바이든 정부가 종전선언과 한반도 평화체제 구축에 어떠한 자세를 보일 것인가? 지금까지 드러난 바이든 정부의 국가안보전략을 돌아보며 그 방향을 가늠해본다.

현실주의적 국제주의의 복귀

"미 국민들이 정부가 자신들을 위해 일하고 있지 않다고 여긴다는 데 가장 큰 문제가 있다. (…) 국제안보 문제와 함께 국내의 불평등과 혼란, 노동자와 정부 사이의 단절문제를 백악관의 테이블에 동시에 올려놔야 한다는 점을 알게 되었다."[5]

설리번은 작년 말 국가안보보좌관으로 내정된 뒤 첫 인터뷰에서 바이든 정부의 외교안보 좌표를 선명하게 제시했다. 외교안보정책이 국민들의 삶과 유리되어 있는 것이 문제라며 앞으로 국민들이 외교정책의 혜택을 직접 느낄 수 있도록 하겠다는 것이다. 물론 국익을 추구하는 것이 외교정책의 기본이기는 하지만, 바이든 정부의 외교노선도 트럼프(D. Trump)의 미국우선주의에서 크

---

5 Natasha Bertrand, "The inexorable rise of Jake Sullivan," *Politico*, 2020.11.27; Salman Ahmed, Wendy Cutler et al., *Making U.S. Foreign Policy Work Better for the Middle Class*, Carnegie Endowment for International Peace 2020.9.23.

게 벗어나지 못할 것임을 보여준다.

그보다는 다자주의를 더 강조해온 블링컨 국무장관도 이를 수용한 것으로 보인다. 그 결과가 그의 외교연설 '미국 국민을 위한 외교정책'이었다. 이 연설에서 그는 전염병 대유행 억제, 경제위기 극복, 민주주의 회복, 이민정책, 동맹 복원, 기후변화, 기술 분야에서 리더십 확보, 중국 대응을 8대 외교 과제로 제시하면서 이러한 과제가 국내 과제와 불가분의 관계라는 점을 강조했다. '외교는 국내정치'라고 선언한 것이다. 외교의 성공을 가름하는 시금석도 외교정책이 미 국민의 삶에 도움이 되는지의 여부라고 규정했다. 예를 들어 자유무역이 반드시 미국에 이익이 되는 것은 아니라며 "미국의 모든 일자리를 지키기 위해, 모든 미국인의 권리와 보호, 이익을 위해 싸울 것"이라고 천명했다.

블링컨 국무장관은 바이든 정부가 선호하는 정책 수단은 외교적 해결이라고 하면서도 "미국인의 생명과 핵심 이익이 위태로울 때 무력 사용을 절대 주저하지 않을 것"이라며 "목표와 임무가 분명하고 달성 가능하며 우리의 가치, 법과 일치할 때에만 군사적 조처를 할 것"이라고 말했다. 효과적 외교를 위해 최강의 군대를 유지하겠다는 입장을 밝히기도 했다. 바이든 대통령이 선언한 미국의 복귀는 2차 세계대전 이후 미국 외교노선의 근간이었던 현실주의적 국제주의의 복귀라고도 볼 수 있다.

이러한 전략은 미국의 이익을 최우선에 두며 군사력과 외교력을 동시에 구사하겠다는 미국의 전통적 외교안보의 복귀를 그 특징으로 한다고 정리할 수 있다. 바이든 대통령은 '바이 아메리

칸'(Buy American, 미국 제품 우선 구매) 행정명령에 서명하고 EU산 철강 및 알루미늄에 고율의 관세를 유지하고 있다. "좀더 친절하고 부드러운 미국우선주의"라는 일각의 평가는 역시 미국 특유의 허울 좋은 평가라고 하겠다.[6]

자유주의적 제도주의의 복원

바이든 정부는 국익을 최우선순위에 놓는 외교노선을 추진하면서도 인권과 민주주의라는 가치가 미국의 국익이라는 점도 강조하고 있다. 「국가안보전략 중간 지침」(이하 「중간 지침」)은 "미국인의 삶의 핵심에 있는 민주적 가치를 실현하고 지켜야 한다"면서 이를 위해서는 "미국인 모두의 이상과 가치를 실현하며, 자유사회에 가해지는 위협과 싸우기 위해 세계의 민주주의 국가들을 단합시키는 것을 포함하여 해외에서도 미국의 가치를 옹호해야 한다"고 주장한다. 블링컨 국무장관도 미국만 아니라 해외에서도 민주주의를 강화해야 한다며, 그 이유로 안정적인 민주주의가 인권을 옹호할뿐더러 "미국 상품과 서비스의 안정적 시장"을 유지하기 위해서라는 점도 솔직하게 인정했다.[7] 바이든 정부의 '가치외교'는 미국 주도의 자본주의를 안정화하는 데 유용한 가치를

---

6 Elise Labott, "Biden Puts a Kinder, Gentler Spin on 'America First'," *Foreign Policy*, 2021.2.5.
7 A. J. Blinken, 같은 연설글.

지닌다는 것이다.

한편 이 「중간 지침」은 권위주의가 도처에서 발흥하고 있다고 지적하며 민주주의 동맹국들 및 동반자 국가들과 함께 전세계에서 민주주의를 강화해야 한다고 주장했다. 이를 위해서 인권을 지키고 부정부패와 싸우는 것뿐만 아니라 신기술, 우주, 사이버 공간, 보건, 환경 등 광범위한 분야에서 새로운 합의와 기준을 구축할 것이라고 천명했다. 이러한 시도는 궁극적으로 미국의 지위를 더욱 강화해 중국과의 전략적 경쟁에서 우위를 누릴 수 있게 해줄 것이라며 '가치외교'의 지향점을 밝혔다. 즉 "미국의 이익을 진전시키고 미국의 가치를 반영하는 국제기준과 합의들"을 형성하여 미국의 세계 주도권을 중국에 넘겨주지 않겠다는 것이다. 전략적 경쟁국인 중국을 일대일로 상대하기보다는 다국적 네트워크로 대항하겠다는 뜻이고, 직접적 군사력보다는 국제 규범과 제도를 형성하는 능력을 구사하겠다는 의미다.

자유주의적 제도주의를 추구하겠다는 이같은 입장은 일방주의를 내세웠던 트럼프 전 대통령과 대비된다. 하지만 바이든 정부가 국력과 군사력의 중요성을 무시하는 것은 아니다. 「중간 지침」에서는 국제 권력분포를 미국에 유리하도록 유지하는 것이 미국 국가안보의 뿌리라는 점을 확실하게 밝히고 있다. 국력의 기초인 과학과 기술 기반을 강화하고 사이버안보 등의 기간구조 및 국가 안보 능력에 투자를 증대해야 한다는 점도 강조한다. 블링컨 국무장관도 같은 맥락에서 민주주의 동맹국과 동반자 국가들이 '승수효과'를 통해 미국으로 하여금 더 많은 성과를 얻을 수 있게끔

하는 "독특한 자산"(unique asset)이라고 평가하고 있다.

이미 미 국방부는 움직이고 있다. 인도태평양사령부는 "중국을 억제하는 사활적 능력"을 추구하고 있으며, 이 지역의 군사력 증강을 위한 '태평양 억제 구상'(PDI)에 2022년 예산 46.8억 달러를 요청했다. 이는 PDI가 신설된 2021 회계연도에 배정되었던 22억 달러의 두배를 넘는 액수다.[8]

신봉쇄전략: 돌아온 냉전?

바이든 정부의 현실주의적 국제주의와 자유주의적 제도주의는 '신(新)봉쇄전략'으로 수렴하고 있다. 현 국제정세를 민주주의와 권위주의의 대결이라고 보는 시각에는 자유주의적 가치가 투영되어 있지만 권위주의와 경쟁하기 위해 외교력뿐 아니라 군사력 등 미국의 가용자원을 총동원하겠다는 점에서는 지극히 현실주의적 접근법이다. 구체적으로는 중국과 러시아, 이란 및 조선을 권위주의적 "새로운 위협"이라고 규정하며 이들을 고립시켜 경

---

8 일본국제문제연구소는 보고서에서 PDI를 유럽 억제 구상(2014년부터 러시아를 겨냥해 추진된 구상)과 비교하며 PDI는 "미국의 장기적 커밋먼트(commitment)"를 보여준다고 평가하고 있다. 즉 PDI 예산이 미 국방부 정규 예산에 포함되어 있으며, 괌 미군기지의 통합 미사일 방어 구축, 태평양에서의 미사일망 형성, 아시아-태평양에서 미군 능력 발휘에 필요한 연료·탄약고, 활주로 및 병참 인프라의 정비와 강화를 추구하고 있다는 것이다. 合六強 『米国の「太平洋抑止イニシアティブ」とその行方 ──「欧州抑止イニシアティブ」との比較の観点から』, 日本国際問題研究所 2021.3.22.

쟁에서 승리하겠다는 전략인 셈이다.

바이든 정부의 「중간 지침」이 이들 4개국을 '새로운 위협'이라고 부르고 있지만, 냉전이 끝난 뒤로 미국은 정권 변화와 상관없이 계속해서 이들 국가를 잠재적 위협으로 인식해왔다. 단지 그 위협의 이유가 '권위주의'라는 이름으로 바뀌었을 뿐이다. "권위주의가 전세계에서 횡행"하여 "민주적 국가들이 밖으로는 적대적 권위주의 국가들로부터 도전을 받고 있"으며 "반민주 세력이 권위주의적 통치 모델을 대안으로 촉진하고 있다"는 것이 바이든 정부가 내세우는 새로운 명분이다.

바이든 정부는 그중에서도 중국이 최대의 위협이라고 본다. 「중간 지침」에서 정의했듯 중국이 "안정적이고 개방된 국제체제에 지속적으로 도전할 수 있는 경제적·외교적·군사적·기술적 파워를 결합할 능력이 있는 유일한 경쟁국"이기 때문이다. 트럼프 정부가 현실주의적 관점에서 중국을 '수정주의국가'로 규정했다면 바이든 정부는 자유주의적 관점에서 '권위주의국가'로 규정하고 있다는 차이가 있지만, 양 정부 모두 중국을 미국이 대면하고 있는 최대 위협으로 보는 점에서는 시각이 일치한다. 하지만 그 이전 정부와는 입장이 현격하게 다르다는 점에서 현재 민주당과 공화당 사이에 존재하는 새로운 합의를 반영한다고 볼 수 있다. 한편으로는 '트럼프 현상'으로 대표되는 세력을 어느 정당도 무시하지 못하고 있으며, 적어도 2022년 중간선거까지는 미국 정치가 '트럼프 지지자'들의 영향력에서 자유롭지 못할 것임을 시사하기도 한다.

바이든 정부는 '권위주의적 중국'과의 장기적 경쟁에서 이기기 위해서 미국에 대한 신뢰를 회복하고 세계적 지도력을 재천명하며 동맹 네트워크를 강화하고 스마트한 군비 투자를 해야 한다며 전면적 대결을 촉구하고 있다. 미국의 주장은 우선 신뢰 회복을 위해 미국의 민주주의를 회복하고 미국 경제의 자생력을 높여야 한다는 것이다. 이를 위해 바이든 대통령은 대규모 인프라 투자 계획을 통해 생명공학·인공지능·우주개발 등 미래 첨단기술에서 우위를 유지·확보하려 한다. 한편으로는 미국에 진출한 중국 기업들에 대한 규제와 감시를 강화하는 동시에 미국 기업들을 중국에서 되돌아오게 하는 리쇼어링(reshoring), 글로벌 가치사슬(GVC) 재편을 통한 핵심 요소 생산의 중국 의존도 축소 정책들을 추진하고 있다. 중국을 봉쇄하기 위해서는 미·중 경제가 디커플링(decoupling, 탈동조화)되어도 미국이 충격을 받지 않을 경제체제를 구축해야 하기 때문이다.

두번째, 미국이 이미 2차 세계대전 이후 구축해놓은 국제기구와 국제법, 국제규범의 운영에서 지도력을 재천명한다는 것이다. 미국의 가치와 이익을 반영하고 있는 이러한 다자적 제도들을 활용하여 미국의 파워를 극대화한다는 구상이다. 세계무역기구(WTO)나 유엔해양법협약 등에서 미국의 영향력을 적극적으로 발휘하여 효과적으로 중국을 압박·고립시키거나, 또 6G와 같은 새로운 기술의 기준을 확립하는 데 있어서도 미국이 주도권을 쥐고 중국을 배제하거나 중국과 다른 기준 및 규범을 만들어나가겠다는 것이다. G7이나 쿼드를 포함한 다자적 틀을 활용해 대중국 봉쇄를 세계적으로 확장하겠다는 의도가 엿보이기도 한다. 이미 트럼프 정부가 중국을 견제하기 위해 추진했던 '클린 네트워크'나 '경제번영 네트워크'(EPN)와 유사하지만 세계 여러 나라의 참여를 적극 유도하는 한편 중국에 실질적 타격을 줄 과학기술을 정밀 조준하고 있다.

세번째, 미국이 중국에 비해 상대적 우위를 누리고 있는 동맹 네트워크를 강화해 미국의 파워를 몇배로 증폭시키는 '승수효과'를 추구하고 있다. 미국은 이미 북대서양조약기구(NATO)를 포함하여 미일동맹, 한미동맹 등 군사동맹 체제를 세계적으로 구축해 오랫동안 운영해왔다. 이러한 동맹체제를 동원해 미국 자신의 군사력보다 몇배 강한 군사력을 행사하려는 것이다. 설리번 국가안보보좌관 또한 "미국은 중국의 팽창에 맞서도록 국제사회를 집결시킬 수 있다. 미국의 동맹국들이 그렇게 하도록 할 것"이라고 솔직하게 털어놓고 있다. 2021년 5월의 한미정상회담뿐만 아니라 미일정상회담, 나토정상회담 등에서 일관되게 미국의 '중국위협론'이 반영되고 있는 이유이다. 또 인도-태평양에서 중국을 견제하는 '퍼시픽 뱅가드' 해상연합훈련(2021년에는 한·미·일·호주 참가)과 같은 군사훈련들을 진행하는 이유이기도 하다.

네번째, 대대적인 군비증강은 아니더라도 중국의 위협에 '스마트'하게 대응하는 군비에 투자할 것을 천명하고 있다. 특히 중국의 A2/AD(해상 접근거부 전략) 능력에 대응하기 위한 미사일 방어와 중거리 미사일, 스마트 무기체계 등을 강조하고 있으며, 앞에서 언급한 '태평양 억제 구상' 예산도 증액되고 있다.

총체적으로 보자면, 미국 경제를 중국에서 분리시키고 국제기구들을 활용하여 중국을 고립시키며, 동맹 네트워크를 동원하여 중국을 압박하고 스마트 군사력으로 중국에 대응한다는 것이다. 즉 과거 트루먼(H. S. Truman) 대통령이 소련을 상대로 취했던 봉쇄전략과 비슷하게 바이든 정부가 중국을 상대로 '신봉쇄전략'을 추구한다고 정리할 수 있다. 물론 설리번 국가안보보좌관과 캠벨(K. M. Campbell) 국가안전보장국 인도태평양조정관은 2019년에 발표한 논문에서 냉전 논리를 미중관계에 적용할 수는 없다며 '냉전 시기의 봉쇄와는 다른 경쟁'을 추구해야 한다고 역설한 바 있다.[9] 하지만 그들이 주장하는 '중국과의 경쟁'은 중국에 대한 압박 및 배제, 거부 등을 포괄하고 있다는 점에서 지금까지의 경쟁과도 다르고 과거의 봉쇄와도 다른 것이라고 볼 수 있다. 단, 이후 이어질 지적과 같이 오늘날의 세계정세도 과거의 냉전 시기와 여러 차이가 있어서 그 전략의 성공 여부도 불확실하다는 점을 유념해야 할 것이다.

대북정책: 돌아온 한국전쟁?

바이든 정부의 대북정책은 '실용적 접근'으로 외교를 복원시

---

9 Kurt M. Campbell and Jake Sullivan, "Competition Without Catastrophe: How America Can Both Challenge and Coexist With China," *Foreign Affairs*, Vol. 98 No. 5, 2019.9.10.

켰다는 평가를 많이 받고 있지만 냉정하게 보자면 미국의 전통적 대북정책이 되돌아온 것이라고 할 수 있다. 트럼프 대통령이 잠시나마 한국전쟁의 종식 및 조·미 적대관계의 전환 가능성을 보여주었다면 바이든 대통령은 한국전쟁 및 적대관계로 복귀한 것이다. 바이든 정부는 전통적 외교안보전략 복귀와 같은 맥락에서 대북정책도 입안하고 집행하고 있다.

우선, 바이든 정부는 대북정책의 목적이 '한반도의 비핵화'라고 공언한다. 조선의 민주화 내지는 조선 내 인권 신장이라는 '가치'보다는 비핵화라는 안보를 상위에 둔 것이다. 하지만 미일정상회담에서는 "북한의 완전한 비핵화", 나토정상회담에서는 "북한의 완전하고 검증 가능하며 비가역적인 비핵화"(CVID)를 추구한다는 표현을 사용했다.[10] 한반도의 비핵화가 한반도 전체의 비핵무장지대화(nuclear-weapons-free zone)라기보다는 조선의 핵무장 해제를 의미할 가능성을 시사한다.

또 비핵화를 추구한다고 하면서도 성공 가능성은 낮게 평가하고 있는 듯하다. 이는 과거 민주당과 공화당 정부가 모두 다양한 정책을 동원해서 조선의 비핵화를 추구했지만 결국 실패했다고 지적하고 있는 데서 드러난다. 바이든 정부라고 해서 이들과 크게 다를 수 없으므로 비핵화라는 장기적 목적이 정권 임기 내에 이뤄지지 않을 수 있다고 현실적으로 인정하는 것이다. 따라서

---

10 The White House, "U.S.-Japan Joint Leaders' Statement: 'U.S.-JAPAN GLOBAL PARTNERSHIP FOR A NEW ERA'," 2021.4.16. 6월 14일 브뤼셀에서 열린 나토정상회담에서는 조선의 "핵, 화학, 생물전 능력을 제거"하라고 요구하기도 했다.

단기적인 목표로서 미국과 동맹국에 대한 '북한 위협'을 감소시키고 막아내려는 '실용적 접근'을 취하고 있다.

이 목표를 위해 대화에 열려 있고 외교를 동원하겠다는 것이 실용외교의 내용으로 보인다. 여기서 경제제재를 통해 대북 압박을 계속하고 동맹을 동원해 봉쇄를 가함으로써 외교에서 유리한 위치를 점하겠다는 것도 주요한 내용이다. 6월 21일 한·미·일 북핵 수석대표 협의에서뿐 아니라 그후에도 일관되게 성 김 미 대북특별대표가 "언제 어디서든 조건 없이 만날 수 있다는 우리의 제안에 긍정적으로 호응해주길 희망한다"면서도 "북한에 대한 유엔 안전보장이사회 결의는 계속 이행할 것"이라고 말한 것은 이러한 실용적 접근이 집행되는 모습이다. 바이든 대통령이 대북 제재 행정명령 및 북한 여행 제한을 연장한 것도 같은 맥락이다.

그러나 실용적 접근이라는 외양은 바이든 정부 대북정책의 본질을 가리고 있다. '한반도 비핵화'가 목적이라는 공언은 그외의 부분들을 보이지 않게 하고 있기 때문이다. 2018년 조미정상회담에서 김정은 국무위원장과 트럼프 대통령이 발표한 공동성명과 비교하면 이러한 부분들이 명확하게 드러난다. 당시 양국 정상은 '새로운 조미관계의 수립'과 '한반도 평화체제 구축'을 1항과 2항에서 합의했고 3항에서 한반도의 완전한 비핵화를 약속했다. 바이든 정부는 이 합의에 기초해서 대북정책을 집행한다고 하면서도 1항과 2항은 아예 입에 올리지조차 않고 있다. 성 김 미 대북특별대표는 2021년 10월 24일 한·미 북핵 수석대표 협의 후 미국은 "북한에 어떤 적대적인 의도도 없다"면서도 "한국의 종전

선언 제안을 포함해 다양한 아이디어와 이니셔티브(different ideas and initiatives)를 모색하는 데 지속적인 협력을 기대한다"고 발언했다.[11] 즉 종전선언은 아직 한국의 제안이며 더 모색해야 할 아이디어 중 하나라는 것이다. '새로운 관계'나 '평화체제'는 물론 종전선언조차 추진하지 않고 있는 것이다. 물론 적대관계의 해소 및 전쟁상태의 종식에 반대한다고 명시적으로 말하는 것은 아니지만 구체적인 조치들은 이러한 의심을 뒷받침한다.[12]

우선 대북 억제정책을 지속하고 있다. 억제는 기본적으로 미국의 핵무기 사용 또는 그 위협을 통해 조선의 행동을 통제한다는 것으로 핵위협을 본질로 한다. 한국전쟁 초기인 1950년 12월부터 시작된 대북 핵위협을 '확장억제'라는 명목으로 계속하겠다는 것을 한미정상회담에서도 공개적으로 확인한 바 있다.[13]

두번째로 '방위'정책을 가속화하고 있다. 물론 방위가 그 자체로서는 국가의 고유 권리이자 책임이지만 최근 들어 한·미 군사당국이 추구하는 '방위'는 공세적 성격을 띠고 있다. 주지하는 바와 같이 상호억제의 상태에서 일방이 '방위' 능력을 확보하면 그것은 선제공격을 가능하게 한다. 한·미 군사당국이 추구하는 미사일 방어능력이 한반도 안보상황을 위태롭게 만들 수 있는 이유

---

11 「성김 "한국과 종전선언 포함 다양한 대북 협력 기대"」, 한겨레 2021.10.24.

12 졸고 「존재하지 않는 전쟁, 대를 잇는 전쟁」, 한겨레 2021.9.26.

13 문재인 대통령과 바이든 대통령은 2021년 5월 정상회담에서 "「한미상호방위조약」에 따른 한국 방어와 한미연합 방위태세에 대한 상호 공약을 재확인하고, 바이든 대통령은 미국이 가용한 모든 역량을 사용하여 확장억제를 제공한다는 공약을 확인하였다"고 선언했다. 「한미정상회담 공동성명」, 2021.5.22.

이다. 그뿐 아니라 조선의 대량살상 능력을 사전에 무력화시키는 무기체계도 강화하고 있어서 한반도 불안정성을 심화시키고 군비경쟁을 촉발하고 있다. 기본적으로 대북 적대정책과 한국전쟁을 계속하고 있는 것이다. 또 '방어'는 중국의 군사력에 대한 압박으로도 작용하여 동북아시아 군비경쟁을 가속화할 위험성도 내포하고 있다.[14]

마지막으로 대북 경제제재를 단순히 지속하는 것이 아니라 군사력을 동원해 전쟁의 일환으로 이를 집행하고 있다. 특히 우려스러운 것은 해상에서의 선박 불법 환적을 감시한다는 명분으로 군사력이 동원되고 있다는 점이다. 이를 위해 미 해군과 일본 자위대뿐 아니라 유엔사령부 소속의 유럽 해군함들까지 한반도 인근 해역에 출몰하고 있다. 또 미군과 일본 자위대를 포함해 영국·프랑스·캐나다·호주·뉴질랜드 등 7개국이 병력을 순환 배치하기 위해 일본의 유엔사 후방기지를 활용하고 있다. 즉 유엔사령부 참가국들의 군사력까지 대북 압박에 동원되고 있는 것이다.[15]

인도-태평양 지역으로 모여드는 유럽 국가들의 군사력이 중국 봉쇄를 위해서 사용될 가능성은 우려를 더한다. 2021년 2월 인도-태평양 지역을 향해 출항한 프랑스 해군 강습상륙함 '또네흐'

---

14 졸고 "Missile Defense and the Security Dilemma: THAAD, Japan's 'Proactive Peace' and the Arms Race in Northeast Asia," *The Asia-Pacific Journal: Japan Focus,* Vol. 15 Iss. 9 No. 5, 2017.4.27.

15 일본 외무성에 따르면 독일도 11월 중순부터 해군 함정을 동중국해와 일본 근해에 파견, 조선의 유엔 제재위반 행위를 감시하기 시작한다. 外務省「「瀬取り」を含む違法な海上活動に対するドイツによる警戒監視活動」, 2021.11.5.

와 3월 출항한 영국 해군의 '퀸 엘리자베스' 항모전단도 각각 유엔사 후방기지를 중간기점으로 활용했다. 이들 함선은 이번 항해 과정에서 '반중국 협의체'란 평을 듣는 쿼드 국가 병력들과 연합 해상훈련을 수행하고, 특히 남중국해 일대를 지나면서는 이 지역 도서·환초 등에 대한 중국의 영유권 주장을 무시하는 이른바 '항행의 자유' 작전을 수행한 것으로 알려졌다.[16] 유엔사령부가 대중국 '신봉쇄전략'의 전초기지 역할을 할 가능성이 점차 가시화하는 것이다.

바이든 정부 가치외교의 미래

미국 국민을 위한 가치외교는 성공할 수 있을까? 바이든 정부가 추구하는 가치외교를 실현하는 데는 무엇보다 미국 스스로가 큰 도전으로 남아 있다. 흑인에 대한 폭력 및 최근 아시아계 미국인에 대한 증오범죄에서 나타나듯 인종갈등이 화약고로 존재한다. 또 2020년 대선에서 드러났던 깊은 정치적 분열도 여전하다. 이러한 상처를 치유하고 민주주의적 가치와 절차를 회복하는 데는 시간이 걸릴 수밖에 없다. 하지만 트럼프 전 대통령이 여전히 공화당 안에서 강력한 영향력을 행사하는 데서 나타나는 것과 같이 트럼프를 지지하는 세력은 여전하고 이들 중 상당수는 여전히

---

16 유엔해양법협약에 의해 규정된 배타적 경제 수역에서의 '무해 항행'의 자유와 군사력 행사에 해당하는 '항행의 자유' 작전은 확실하게 구별할 필요가 있다.

바이든을 대통령으로 인정하지 않고 있다.

미국 국내정치 현실은 바이든 정부 국가안보전략의 '자유주의적 제도주의의 복원'을 크게 제한하고 있기도 하다. 바이든 대통령은 취임하자마자 빠리기후변화협약에 복귀했고 2021년 11월 초에는 유엔기후변화협약 당사국총회(COP26)에 직접 참가해 논의를 주도했지만, 트럼프 대통령이 탈퇴한 환태평양경제동반자협정(CPTPP) 복귀는 아직 논의조차 되지 않고 있다. 이란 핵협정(JCPOA)은 10월 말에서야 복원 협상이 재개됐지만 트럼프 행정부가 탈퇴 이후 추가로 부과한 경제제재 조치들을 바이든 정부도 여전히 유지하고 있어 그 합의가 복원될지 불확실하다. 아프가니스탄에서의 철군은 바이든 대통령의 공약이었고 「국가안보전략」에서도 명시하며 처음부터 추진한 것이었지만, 집행되자마자 거센 비판의 역풍을 맞고 있다.[17] 자유주의적 외교안보정책에 대한 비판적 여론이 강할뿐더러 미국의 '영구전쟁'을 끝내고 싶지 않은 세력도 강고하다는 현실을 반영하는 것이다.[18] 자유주의의 복원이 결국 동맹의 복구 및 대중 압박 국제협력의 확대로 귀결되

---

[17] 예를 들어 바이든은 지난 2020년 기고문에서 '영구전쟁'(the forever wars)의 종식과 아프가니스탄 철군의 필요성을 역설하기도 했다. Joseph R. Biden Jr., "Why America Must Lead Again: Rescuing U.S. Foreign Policy After Trump," *Foreign Affairs*, 2020년 봄/여름호. 그러나 철군 직후, 전 오바마 정부의 국가안보회의 부보좌관 벤 로즈조차 이는 "국가적 수치심"(a sense of national shame)을 불러일으켰다고 비판했다. Ben Rhodes, "After 20 years, Biden's Afghanistan Withdrawal has finally ended the 9/11 era," *The Guardian*, 2021.9.11.

[18] Andrew J. Bacevich, *Washington Rules: America's Path to Permanent War*, Metropolitan Books 2011.

고 있다는 점은 민주당 정부하에서도 현실주의가 강력하게 작동하고 있음을 시사한다. 바이든 정부가 한국전쟁의 종식과 평화체제 구축에 나서기 어렵게 하는 구조적 제약이기도 하다.

전략적 경쟁국으로 규정한 중국과 경쟁하기 위해서 미국의 생산성을 향상하고 신기술 주도권을 높여야 하는데 이것도 하루이틀에 이뤄지기 어렵다. 미국 국내정치의 분열이 발목을 잡고 있기도 하다. 미국의 경제회생을 위해 바이든 정부가 야심차게 추진중인 대규모 인프라 투자 법안을 두고 공화당과 민주당이 팽팽하게 맞서는가 하면 민주당도 내부에서 진보와 중도 세력간 차이가 만만치 않기 때문이다. 미국의 도로 및 교각을 정비하고 전력망, 광대역 인터넷, 여객 및 화물 철도에 대대적으로 투자하는 인프라 법안은 이러한 진통 속에 가까스로 의회를 통과했다.[19]

이처럼 미국 경제의 자생력을 회복하는 것이 쉽지 않을뿐더러 미국 경제를 중국에서 분리시키려는 디커플링도 쉽지 않다. 미국과 중국을 포함한 세계경제를 복잡한 상호의존적 망으로 묶고 있는 글로벌 가치사슬(GVC) 때문이다. 최근 GVC가 '짧아지고 다양화되는' 추세가 나타나고 코로나19의 확산이 GVC의 구조적 한계를 각인시켰다고 하지만 단기간에 디커플링을 단행하는 것은 불가능하다. 리쇼어링과 지역 내 가치사슬 강화 등의 대안은 대규모 투자와 장기간의 이행을 요하기 때문이다. 트럼프 대통령

---

19 민주당 내 진보파와 주류파는 사회복지 및 환경정책을 두고 입장 차이가 두드러져 인프라 법안이 오랫동안 볼모로 잡혀 있었다. 해당 법안은 2021년 8월에 상원을 통과한 뒤 11월 하원에서 찬성 228표, 반대 206표로 가결되었다.

때부터 중국 상품에 관세를 부과하며 '무역전쟁'을 벌였음에도 불구하고 미국의 대중 무역적자가 줄지 않고 있는 것도 이러한 구조적 이유에 기인한다.

더구나 냉전으로 복귀하는 것은 불가능하며 '신봉쇄전략'의 성공여부도 불투명하다. 미국의 동맹국들도 과거의 동맹이 아니다. 유럽에서 떨어져나간 영국과 아시아에서 고립되고 있는 일본 정도가 미국과 손발을 맞추고 있을 뿐이다. 유럽연합(EU)은 미국의 반대에도 불구하고 중국과 투자협정을 체결했고, 독일은 미국의 완강한 반대를 누르고 러시아에서 천연가스를 도입하기 위한 파이프라인 '노드스트림2'를 완공했다. 호주와의 핵잠수함 계약을 두고 프랑스는 미국과 거칠게 충돌하기까지 했다. 이를 두고 아세안(ASEAN, 동남아시아국가연합) 국가들도 찬반으로 의견이 갈리고 있다.[20] 인도는 쿼드에 한 발을 담그면서도 '러시아판 사드'로 불리는 S400의 구입 계약을 체결했으며, 쿼드가 반중동맹으로 진화하는 것을 막는 역할을 하고 있다. 호주는 미국과의 군사협력을 다각도로 강화하면서도 최대 교역국인 중국과의 관계 설정에 부심하고 있다. 중국을 고립시키려는 신봉쇄전략에 동맹국과 우방국을 동원하려는 바이든 정부의 전략은 여기서도 한계를 보이고 있다.

그럼에도 불구하고 신봉쇄전략이 미중관계 및 미러관계를 악화시킬 가능성은 충분하다. 바이든 정부가 중국에 대해서는 유독

---

20 Richard Javad Heydarian, "AUKUS sub deal splits ASEAN into pro and anti camps," *The Asia Times,* 2021.9.23.

비판의 목소리를 높이며 '가치외교'의 창끝을 중국에 겨누고 있기 때문이다. 뉴욕타임스는 3월 20일 외교안보전문기자 데이비드 생어(David E. Sanger)의 분석 기사에서 미러관계가 베를린장벽 붕괴 이후 최악, 미중관계는 국교 수립 이후 최악이라고 평가했다.[21] 그리고 냉전 시기에 겪었던 관계 악화의 사이클이 되풀이될 위험성을 지적했다. 대중봉쇄가 과거의 대소봉쇄와 같은 수준에 이르지 못하더라도, 다시 말해서 과거의 냉전이 되풀이될 가능성은 낮더라도 미중관계는 당분간 악화 추세를 벗어나기 어려울 것이라는 예측이었고 적어도 2021년은 그 예상이 맞아떨어진 것으로 보인다.

단, 바이든 정부의 현 정책이 과도기적 성격이라는 점을 유념할 필요가 있다. 2022년 중간선거를 의식하며 정책을 집행할 수밖에 없는 바이든 정부는 대중·대북정책 등에서 공화당, 특히 트럼프 지지자들에게 공세의 빌미를 주지 않기 위해 조심하는 측면이 있다. 만약 중간선거에서 민주당이 약진하는 데 성공한다면 '트럼프주의자'들의 압박에서 자유로운 상태에서 외교안보전략을 재검토할 수 있을 것이다. 즉 2021년 하반기와 이듬해 상반기에 한반도 및 동북아시아 상황이 긴박해질 가능성이 높지만 이 시기의 위험요소들을 잘 관리한다면 2023년에는 정세를 호전시킬 새로운 기회를 맞을 수도 있다. 물론 반대로 중간선거에서 공화당이 선전하여 바이든 정부의 정책 집행력이 급격히 저하될 가능

---

21 David E. Sanger, "That Was Fast: Blowups With China and Russia in Biden's First 60 Days," *The New York Times*, 2021.3.20.

성도 결코 낮지 않다.[22] 이미 지난 11월 2일 지방선거에서 민주당은 '텃밭'인 버지니아주에서 주지사를 공화당의 글렌 영킨(Glenn Youngkin) 후보에게 내주어 국정 운영 동력에 상당한 타격을 받게 됐다.

바이든 정부와 함께 '미국'이 돌아왔다. 그와 함께 미국의 전통적 외교안보전략도, 봉쇄전략도 돌아왔다. 끝나지 않은 한국전쟁과 조·미 적대관계도 돌아왔다. 하지만 미국이 복귀에 성공할 수 있을지는 매우 불투명하다.

---

22 미국의 역대 중간선거에서 여당이 의회 의석을 잃은 경우가 많다. 여론조사 분석기구인 'FiveThirtyEight'은 2022년 선거에서 공화당이 유리할 것으로 예측하고 있다. Nathaniel Rakich, "Our Best Tool For Predicting Midterm Elections Doesn't Show A Republican Wave —But History Is On The GOP's Side," *FiveThirtyEight*, 2021.9.16.

3부
일촉즉발의 국면, 절박한 평화

8장

'선빵'의 미신, 21세기의 야만

동맹의 강화와 고조되는 동북아시아의 긴장

한반도가 위태롭다. 동북아시아가 아슬아슬하다. 선제공격에 대한 근거없는 믿음, '선빵의 미신'이 이 지역을 횡행하고 있다. 모든 국가가 공세적 전략을 채택하여 군사력을 개발·배치하고 있으며, 이제는 선제타격 능력을 공개적으로 연습하는 단계에 들어섰다.(글이 발표된 2023년 가을 시점) 마치 1차 세계대전 직전의 발칸반도와 유럽으로 되돌아가는 것 같다. 작은 사건 하나가, 사소한 실수 하나가 불씨를 붙일 수 있다. 한반도라는 화약고에.

한반도의 오래된 군비경쟁이 이제 새로운 국면에 들어섰다. 한국과 조선이 모두 평화를 말하면서 선제타격을 추구하고 있다. 일본은 반격능력이라고 쓰고 적 기지 타격능력이라고 읽고 있다. 미국은 오래된 확장억제를 개편하여 "(북한)정권의 종식"을 지향하는 한·미·일 통합 억제력으로 확대하고 있다. 중국은 군사력을 현대화하고 핵군사력을 증강하고 있다. 러시아는 유럽에서 '선빵'을 시전한 데 이어 동북아시아에서도 활발하게 군사활동을 벌이고 있다. 북대서양조약기구(NATO)는 그 이름이 무색하게도 태평양에서 군사활동을 늘리고 있다. 그 와중에 한국·미국·일본 대 조선·중국·러시아 사이의 긴장이 가팔라지고 남과 북이 그 첨단에 서 있다.

잠시 숨을 돌리고 현 상황을 짚어보자. 이러한 긴장상태는 사고의 가능성을 높이고, 불의의 사고는 급속히 전쟁으로 확산될 수 있다는 현실도 확인하자. 위기를 인지한다면 가장 긴장감이 높을 때에도 평화를 만들어낼 단초를 찾을 수 있을 것이다.

선제공격으로 치닫는 한반도, 진영화하는 동북아시아

20세기 초 유럽 강대국들은 선제타격만이 자신의 안전을 지켜줄 것이라는 '선빵의 미신'을 신봉하다 자신의 발을 찍었다. 1차 세계대전이 그 미신의 결과였다. 그로부터 백년이 넘게 지났지만 21세기에도 '선빵의 미신'은 여전하다.

우선 미국 조지 W. 부시(George W. Bush) 정부가 21세기를 선제공격으로 열었다. 대량살상무기를 미리 제거한다며 이라크를 침공했고, 테러리스트를 제거한다며 아프가니스탄을 침공했다. 유럽에서는 나토를 계속 확장하고 그 동쪽 끝에 미사일방어체계와 미사일을 배치해 러시아를 선제적으로 타격할 능력을 추구해왔다. 바이든(J. Biden) 정부 들어서도 미국은 미사일방어체계와 극초음속 미사일 등 선제공격 능력을 향상시키는 무기체계를 계속 개발·생산하고 있다. 핵무기 선제사용은 없다던 바이든 대통령의 안보공약은 핵무기 선제타격이 가능하다는 '전략적 모호성'으로 급전환했다. 2022년 「핵태세검토 보고서」에서 "(북한)정권의 종식"을 목표로 명기하더니 2023년 워싱턴선언에서는 확장핵억제를 강화한다며 조선에 대한 핵사용 위협의 강도를 높였다. 전임 트럼프(D. Trump) 대통령과는 달리 동맹을 중시하겠다던 공약은 동맹을 러시아 및 중국 대치선의 앞으로 모는 정책으로 나타나는 상황이다. 설리번(J. Sullivan) 국가안보보좌관은 "미국은 중국의 팽창에 맞서도록 국제사회를 집결시킬 수 있다. 미국의 동맹국들이 그렇게 하도록 할 것"이라고 이미 속내를 드러낸 바 있다.

중국의 시 진핑(習近平) 정부도 서두르고 있다. 시간이 갈수록 대만과 통일이 어려워지고 영토완정의 꿈이 멀어진다고 우려하기 때문이다. 그 우려는 전략적 불균형에도 뿌리를 둔다. 중국은 핵전력에서 미국에 한참 뒤지고 있는데 미국이 전략무기의 압도적 우위에 기대어 대만 독립세력에 힘을 실어주고 있으니, 자신들도 전략적 군사력을 확충해야 한다는 것이다. 이러한 인식에 따라 중국은 핵군사력을 확대하는 동시에 군을 현대화하여 적어도 국지적 선제타격이 가능한 능력을 확보하며 지금까지의 '최소적 핵억제' 전략에서 이탈해 영토완정을 가능하게 할 전략적 환경 조성을 추구하고 있다.

러시아의 뿌찐(V. Putin) 정부는 선제공격을 실행에 옮겼다. 물론 군사작전을 계획대로 수행하는 데는 많은 어려움을 겪고 있지만 우끄라이나를 폐허로 만들고 인도적 위기상황을 만들기에는 충분하다. 핵무기 선제사용 가능성을 시사하고, 우끄라이나를 상대로 첨단무기를 시험하고 있다. 경고장을 받은 유럽은 오히려 국방비를 증액하고 전쟁준비를 강화하는 등 '몸만들기'에 나서고 있다. 유럽에서 '선빵의 미신'이 부활하는 것이다.

일본도 예외가 아니다. 키시다(岸田文雄) 정부는 2022년 연말 소위 '3대 안보문서 개정안'을 채택하여 '반격능력'을 새로운 전략목표로 채택했다. 이에 따라 2023년부터 국방비를 매년 늘려 2027년에는 2022년의 2배인 10조엔 수준을 목표로 하고 있다. 국방비를 과감하게 증액하는 핵심 목적은 적국의 기지를 공격하기 위한 타격능력을 확보하는 것이다. 아베(安倍晋三) 정권이 2015년 집단자위권법을 채택해 자위대가 해외에서 활동할 수 있도록 문을 열어주었다면 키시다 정부는 이 문을 실제로 박차고 나갈 군사력 확보에 들어가기 시작했다.

이를 위해 일본은 즉시 미국의 토마호크 미사일을 구입하는 한편 자위대가 보유하고 있는 12식 미사일을 개량할 계획이다. 토마호크 미사일은 1990년 이후 미국의 모든 선제공격에서 가장 먼저 사용됐던 무기체계다. 은밀히 날아서 정확히 타격하는 이 순항미사일은 사거리가 1600킬로미터다. 일본 본토에서 발사해도 조선 전지역뿐만 아니라, 베이징과 상하이를 비롯해 중국 해안을 타격할 수 있다. 12식 미사일은 현재 사거리가 200킬로미터인 방어용 무기체계이지만, 이 미사일을 개량하여 사거리를 1500킬로미터까지 늘리려고 한다. 12식 미사일의 개량계획에는 군함이나 전투기에서 발사 가능한 모델을 개발하는 것도 포함되어 있다. 이 계획이 완료된다면 중국 전역을 타격할 수 있는 미사일이 될 것이다.

한반도에서도 남과 북이 모두 20세기의 미신을 쫓고 있다. ‘선제타격’을 공언하는 윤석열 대통령만이 아니다. 사실 문재인 정부도 4·27판문점선언과 9·19남북군사합의에도 불구하고 대규모 군비확대를 계속했고, ‘삼축체계’의 이름만 바꾸었을 뿐 선제타격 능력을 구축하고 있었다. 그나마 문재인 정부는 ‘힘을 통한 안보’를 한반도 평화프로세스와 동시에 추진했지만, 윤석열 정부는 ‘힘을 통한 안보’만을 추구하고 있다. 2018년 조미정상회담 결렬 이후에도 한동안 핵무기·대륙간탄도미사일(ICBM) 시험을 실시하지 않던 조선도 손을 놓고 있었던 것은 아니었다. 그 결과물들을 하나씩, 또는 한꺼번에 선보이고 있다. 2021년 10월만 해도 “우리의 주적은 전쟁 그 자체”라며 군사력의 목적이 자위라고 했던 김정은 총비서도 2022년 3월 ‘화성-17형’ 발사 이후 발언이 더 강경해졌다. “진정한 방위력은 곧 강력한 공격능력”이라고.

북은 핵 선제타격을 공식적으로 채택하고 있다. 2022년 9월 ‘핵무력정책에 대하여’라는 법령에서 이를 공식화했다. 적국이 핵무기나 대량살상무기로 공격을 감행하면 핵무기로 대응하겠다는 방침뿐만 아니라 “비핵공격이 감행되었거나 임박하였다고 판단되는 경우”에도 핵무기를 사용하겠다고 천명했다. “국가의 존립과 인민의 생명안전에 파국적인 위기를 초래하는 사태”까지도 핵무기 사용조건에 포함시켰다. 공격이 임박했다고 자의적으로 판단되면 핵무기를 사용할 수 있고, 군사적 위기가 아닌 '파국적 위기'를 명분으로도 핵무기를 사용할 수 있다는 것이다.

그리고 이 법령을 집행할 능력을 개발·배치하고 있다. 자국에 핵무기나 비핵무기로 치명적인 타격을 입힐 능력이 있는 미국을 겨냥한 핵무기 능력을 키우는 것이다. 핵탄두는 이미 개발했고 미국 본토를 핵탄두로 타격할 수 있는 장거리 미사일을 개발·배치하고 있다. 고체연료를 사용해 예기치 않은 장소에서 불시에 미사일을 발사할 능력을 이미 과시했으며, 탄두부에 다수의 핵탄두와 위장물을 탑재할 능력을 개발하고 있기도 하다. 일본이나 괌, 하와이 등을 타격할 중거리 미사일도 이미 배치되었고, 대량으로 찍어낼 수 있는 소형 핵탄두를 개발해 다양한 투발수단에 장착하고 있다. 한반도 전장에서 사용될 수 있는 단거리 전술핵무기는 그 종류와 수를 기하급수적으로 늘렸다. 한국과 미국이 개발하고 있는 미사일방어체계를 회피·기만할 수 있는 능력 또한 구비하고 있다.

북이 핵 선제타격 능력을 추구하는 이유는 역설적으로 그외의 군사력이 열세이기 때문이다. 한국뿐만 아니라 미국과 일본까지 상대해야 하지만 미·일은 말할 것도 없고 한국에도 상대가 되지 못한다. 미 국무부의 추산에 따르면 한국의 국방비는 조선의 10배 이상으로 이는 조선 국내총생산(GDP)의 세배에 가까운 액수다.[1] 2019년 시점에서 조선이 경제생산활동을 100퍼센트 군사

---

1 미 국무부의 추산에 따르면 2019년 한국의 국방비는 440억 달러, 조선의 국방비는 43억 달러였다. 조선의 국방비가 GDP의 26.4퍼센트라고 평가하고 있으므로 역산

활동에 집중해도 한국의 국방비를 따라잡을 수 없는 상황인 것이다. 사실 한국은 1970년대 초부터 조선을 능가하는 국방비를 지출하기 시작한 데 이어 그 격차를 계속 벌려 이제 조선을 압도하고 있다. 세계 각국의 군사력을 평가하는 글로벌파이어파워지수에서 2025년 한국이 5위, 조선이 34위인 것은 이유가 있는 것이다.[2]

이러한 압도적 열세를 핵무기라는 '한방'으로 만회하기 위해 안간힘을 쓰고 있는 조선에 대응해 한국은 조선의 핵능력을 무력화할 수단을 강구해왔다. △킬체인(Kill Chain) △한국형 미사일 방어 △대량응징보복이라는 삼축체계가 바로 그것이다. 킬체인은 그 자체로 이미 선제타격 능력을 지칭한다. 조선이 미사일을 발사하기 전에 '킬'하겠다는 것이다. 그래도 혹시 미사일을 발사한다면 미사일방어체계로 요격하고 압도적으로 보복할 군사 능력을 추구하고 있다. 유사시 조선의 지도부를 제거하기 위한 '참수작전'을 작성하고 이 임무를 특수임무여단에 맡겼다. 정밀한 타격을 위한 자폭형 무인기를 운영하고 있고, 지하 깊숙한 기지를 타격하기 위한 '고위력 탄도미사일'을 개발하고 있다. 이러한 '3종 세트' 군사력으로 조선의 핵군사력을 무력화하면 한국은 여전히 군사적으로 압도적인 우위를 누릴 수 있다. 그런데 윤석열 정부는 이도 모자라서 '발사의 왼쪽'을 운운하고 있다. 조선이 발사 시도도 하기 전에 사이버 및 전자전을 구사해서 조선의 군

하면 조선의 GDP는 163억 달러로 추정된다. U.S. Department of the State, "World Military Expenditures and Arms Transfers 2021 Edition," 2021.12.30.

2 Global Firepower, 2025 Military Strength Ranking 참조.

사력을 무력화하겠다는 것이다. 한국의 이러한 군사력은 미국 및 일본의 군사력과 일체가 되어 조선을 선제적·입체적으로 타격할 구조를 이루고 있다.

2023년 3월은 잔인한 봄이었다. 한반도는 선제타격을 위한 군비경쟁이 타오르고 있을 뿐만 아니라 이제 선제타격의 시연장이 됐다. 3월 13일 한미연합연습 '자유의 방패'가 시작됐다. 조선은 그 하루 전인 12일 함경남도 신포 일대 잠수함에서 전략순항미사일 2발을 발사했다. 이어서 '핵반격 가상 종합훈련'을 포함한 일련의 훈련이 실시됐다. 조선의 선제타격 훈련이었다. 사실 한국과 미국의 특수전 부대는 조선이 선제타격 훈련에 들어가기도 전인 2월 초부터 '참수작전'을 포함한 '티크 나이프' 훈련을 실시했다. 한미연합연습 이전에 조선은 선제타격 훈련을 했고, 조선의 선제타격 훈련 이전에 한·미의 선제타격 훈련이 있었던 것이다.

3월 20일부터는 '적 지역' 상륙을 위한 한·미의 쌍룡훈련이 시작됐다. 조선은 하루 전 대응을 시작했다. 19일 사일로(지하 격납고)에서 핵미사일을 발사해 핵탄두 공중폭발을 연습했다. 28일 미 항공모함 니미츠호가 부산에 입항해 상륙훈련이 정점을 찍기 전, 조선은 25일 '해일-1형'이라는 핵무인수중공격정을 발사해 27일에 수중폭파하는 방식으로 니미츠호의 '환영식'을 거행했다. 한미연합훈련 기간에 조선이 선제타격 훈련을 실시한 것이 전례없는 일이라면, 한·미·일은 전례없는 통합훈련을 보여줬다.

이렇게 모든 국가들이 선제공격을 향해 매진하는 동시에 한·미·일 대 북·중·러의 진영화도 굳어지고 있다. 백악관은 한·미·일 3국 정상회담이 8월 18일 워싱턴 인근 캠프데이비드 대통령 별장에서 열린다고 7월 말 발표하며 "인도-태평양 지역을 넘어서 전지구적 안보 과제에 대응하고 규칙 기반의 국제질서를 증진하는 방안을 논의할 것"이라고 밝혔다. 한·미·일이 북한문제뿐만 아니라 중국, 러시아까지 염두에 둔 지정학적 협력을 의미하는 '3자 관계의 새로운 시대의 개막'을 예고한 것이다. 선제타격 능력을 구비한 사실상 '한·미·일 3자동맹'의 등장이다.

조선은 7월 말 정전협정 70주년 기념행사를 통해 중국, 러시아와의 연대를 과시했다. 중·러 대표단이 지난 27일 열병식에서 김정은 위원장 옆에 서서 대륙간탄도미사일 '화성-18형'을 지켜보는 장면은 의미심장했다. 중국과 러시아가 조선의 핵·미사일을 용인하는 것으로 해석될 수 있기 때문이다. 중·러 정상들은 각자 김정은 위원장에게 보낸 친서를 통해 조선과의 협력 관계를 잘 유지하겠다는 메시지를 발신했다. 중국과 러시아는 양자 군사협력과 훈련을 강화하고 있기도 하다.

이제 모두가 선제타격 능력을 확보하고, 이를 연습하는 상황이 됐다. 통일부조차 "한·미·일 안보협력 강화에 맞서는 북·중·러 연대 구도"를 우려하는 상황이다. 지금 동북아시아는 1차 세계대전 직전의 유럽과 유사하지 않은가. 이제는 전쟁 자체를 우려해야 하지 않는가.

사고로 발생한 1차 세계대전, 사고가 되풀이되는 한반도

"공격이 최선의 방어다." 축구나 권투 시합 중계에서 자주 듣는 이 말은 1891년부터 1905년까지 독일제국 육군 원수로 복무했던 알프레드 폰 슐리펜(Alfred Von Schlieffen)의 발언으로 알려져 있다. 러시아와 프랑스라는 잠재적 적을 동서에 둔 독일의 지리적 불안감이 출발점이었고, 독일군의 기동력과 전투력에 대한 신뢰가 뒷배가 됐다. 이는 결국 먼저 프랑스를 공격해서 제압한 후 바로 군사력을 돌려 러시아를 공격하면 승리할 수 있다는 '슐리펜 계획'으로 이어졌다. 1차 세계대전의 책임을 슐리펜에게만 뒤집어씌울 수는 없지만 슐리펜 계획은 전유럽을 전쟁에 끌어들이는 도화선이었고 독일 패망의 일차적 원인이었다.

1차 세계대전 직전 주요 유럽국들은 선제공격 태세를 갖추고 있었다. 그뿐 아니라 독일제국, 오스트리아-헝가리 제국, 이딸리아왕국은 삼국동맹으로 이어져 있었고, 영국과 러시아제국, 프랑스 제3공화국은 삼국협상을 맺고 있었다. 한 나라의 군사동원은 적대국의 선제타격을 초래할 뿐만 아니라 동맹관계에 있는 국가까지 끌어들여 순식간에 유럽 전체로 전쟁이 확산될 여건을 갖추고 있던 셈이다. 여기에 불을 붙인 건 1914년 사라예보에서 오스트리아-헝가리 제국 왕위 후계자인 프란츠 페르디난트(Franz Ferdinand) 대공이 세르비아 국민주의자 가브릴로 쁘린찌쁘(Gavrilo Princip)에게 암살당한 사건이었다. 이 사건으로 오스트리아-헝가리 제국이 세르비아를 침공하자 러시아가 총동원령을 발동했고, 독일이 바로 프랑스로 진격하자 영국이 독일에 선전포고를 하며 순식간에 전유럽이 전쟁의 불구덩이에 빠졌다.

그런데 페르디난트 대공의 암살은 실수와 사고의 연발이 낳은 결과였다. 페르디난트 대공이 세르비아 기차역에서 시청까지 가는 길에 암살자 여섯명이 배치됐었지만 실수를 연속하는 바람에 단 한명도 성공하지 못했다. 무사히 시청에 도착한 페르디난트 대공은 환영식에서 "암살시도의 실패에 기뻐하는 사라예보 시민"에 감사를 표시하기까지 했다. 그런데 환영식 이후 돌아가는 길에도 예기치 않은 실수들이 있었다. 특히 페르디난트 대공이 탄 차의 운전사가 길을 잘못 들어섰고, 당황해서 차를 후진하려다 자동차 시동을 꺼뜨렸다. 하필 바로 그곳에 가브릴로 쁘린찌쁘가 있었다. 일설에 의하면 원래의 암살계획에 실패한 그가 낮술을 마시다 마침 그때 그 길거리에 나왔다고 한다. 결국 그는 바로 앞에 있는 페르디난트 대공을 권총으로 암살할 수 있었다.

암살 자체는 실수와 우연이 누적된 결과였지만 이 암살이 세계대전으로 비화된 것은 필연이었다. 유럽에서 전쟁준비와 긴장이 쌓여 있었기 때문이다. 선제공격 독트린과 경직된 동맹구조가 사고를 필연으로 만들었다. 아무도 전쟁을 원치 않았다. 하지만 전쟁을 방지하겠다고 구축한 안보체제가 모두를 전쟁으로 끌고 들어갔다.

21세기 동북아시아는 어떠한가. 당시 유럽과 같이 모든 국가가 선제공격 독트린을 추구하고 있고, 동맹으로 서로를 더욱 얽어매며 대양세력과 대륙세력 간의 긴장이 높아지고 있다. 긴장이 높아질수록 사고가 발생할 가능성도 커진다. 핵무기와 첨단무기체계로 전쟁을 예방하겠다고 모두가 공언하고 있으나, 우발적 사고가 순식간에 아무도 원치 않는 결과를 부를 가능성도 높아지고 있다. 지난 1년 사이에도 아슬아슬한 사고들이 여러차례 있지 않았는가.

"국민 여러분께서는 대피할 준비를 하시고, 어린이와 노약자가 우선 대피할 수 있도록 해주시기 바랍니다." 2023년 5월 31일 오전 6시 41분경 서울 시민들은 요란한 경보음으로 아침을 시작했다. 대피 준비를 하라고 했지만 무엇으로부터의 대피인지, 어떻게 어디로 대피하라는 것인지 내용도 없는 경보였다. 40여분이 지난 7시 25분 발송한 위급재난문자에서 서울시는 "북한 미사일 발사로 인해 위급 안내문자가 발송되었습니다"라며 원래의 경계경보가 '북한 미사일 발사' 때문이었다고 밝혔다. 여러모로 명백한 오발령이었다. 행정안전부가 발령한 경계경보를 잘못 이해한 부분도 문제였지만 당시 조선이 발사한 것은 정찰위성이었기 때문이다. 그날 6시 27분 조선은 군사정찰위성을 탑재한 로켓 '천리마-1형'을 발사했고, 이틀 전인 29일 인공위성 발사를 사전에 통보했기 때문에 이런 경계경보가 나갈 이유가 없는 상황이었다.

경계경보 오발령은 이미 일본에서는 수차례 있었던 일이다. 예를 들어 2022년 11월 3일 오전 7시 50분경 북이 미사일을 발사했으니 미야기현, 야마가따현, 니이가따현 주민은 건물 안이나 지하로 대피하라는 경보가 발령됐다. 이후 8시에는 미사일이 태평양으로 넘어갔으니 안심하라는 통보가 발령됐다. 둘 모두 잘못된 경보였다. 북은 이날 대륙간탄도미사일을 고각도로 시험발사했지만 탄두부는 일본열도를 넘어가지 않고 한국과 일본 중간 정도 지점에 떨어진 것으로 알려졌다.[3] 시험발사가 실패였는지의 여부는 차치하고 중요한 문제는 일본 당국이 이 미사일을 일본 본토를 겨냥한 것이라고 착각했다는 점이다. 그리고 이는 많은 질문을 제기한다. 일본이 당시에 '적 기지 공격능력'을 보유하고 있었다면 과연 어떻게 대응했을까? 북의 미사일 탄두가 일본 열도를 향해 비행한다는 것을 확인한 시점에서 미사일을 발사했을까? 앞서 지적한 것과 같이 토마호크 미사일이나 12식 미사일은 탄도미사일보다 비행속도가 훨씬 느리므로 북이 미사일을 발사하기 전에 먼저 타격을 시도했을까? 지금 모든 정부가 추구하고 있는 AI가 도입된다면 자동적으로 반격이 이뤄졌을까? 인간이 정보를 확인하고 대응을 통제할 수 있는 범위와 시간은 얼마나 남아 있을까?

이러한 질문은 먼 미래의 일이 아니다. 일본은 이미 토마호크 미사일을 주문했고 조만간 배치를 시작할 예정이다. 더구나 이미 한국군에서 미사일 사고가 있기도 했고, 한국군과 조선의 인민군이 미사일을 주고받기도 했다. 2022년 10월 4일 한국군이 발사한 현무-2C 미사일이 사고를 일으켜 탄두가 공군기지 안에 낙탄하는 사고가 발생했고, 그 직후인 5일에는 동해상으로 쏜 전술지대

---

3 한·미·일 군사당국은 미사일 2단계 추진부에 문제가 있어 탄두가 공해상에 추락한 것으로 보고 있으나 조선 총참모부는 "적의 작전지휘체계를 마비시키는 특수기능전투부" 시험이었다고 주장했다.

지탄도미사일(ATACMS) 2발 중 1발이 비행 도중 갑자기 추적 신호가 끊겼다. 다행히 이 사고들은 한국 영토 안에서 발생했고 인명피해도 없었다. 하지만 사고가 영토 안에서만 일어나라는 법은 없다.

사고 직후인 11월 2일에 일어난 일련의 사건은 아직 전모가 알려져 있지는 않지만 아슬아슬한 위기였다. 당시 한·미는 10월 31일부터 F-35A, F-35B 스텔스 전투기 등 240여대를 동원해 대규모 연합공중훈련 '비질런트 스톰'을 진행하고 있었던 한편 조선은 이에 강력하게 반발하며 일련의 미사일 발사로 대응을 하고 있었다. 그 와중에 2일 오전 조선이 발사한 미사일 중 1발이 동해 북방한계선(NLL) 이남 공해상에 떨어졌다. 한국은 사상 처음으로 동해상 북방한계선 이남에 탄도미사일을 발사했다며 이에 맞서 공군 F-15K, KF-16을 동원, NLL 이북 공해상으로 공대지미사일 3발을 발사했다. 그러자 조선은 한국이 도발했다며 '전략순항미사일'(핵탄두 장착 가능성을 시사)로 보복타격을 가했다. 조선의 탄도미사일→한국의 공대지미사일→조선의 전략순항미사일로 치솟던 대응과 맞대응은 일단 여기서 일단락됐다. 조선은 순항미사일의 탄착지점 좌표까지 공개했지만 한국군이 이를 '허풍'이라고 치부하며 더이상 대응하지 않았기 때문이다.

조선이 거짓말을 한 것인지 한국군이 순항미사일을 탐지하지 못했던 것인지, 다른 무슨 이유가 있었는지는 알 수 없다. 하지만 그 출발점은 한미군사훈련으로 긴장이 팽팽한 상황에서 조선이 발사한 미사일 추진체가 NLL 이남으로 떨어지는 '사고'였다. 조선의 의도적 '사고'였을까, 의도하지 않은 진정한 사고였을까? 한국은 그를 확인할 방법이 없었다. 하지만 대북강경 자세를 취하고 있던 윤석열 정부 입장에서는 대응을 하지 않을 수도 없었다. 긴장 상황에서 벌어지는 일이 전쟁으로 비화되는 경로가 바로 그런 것이다.

지난 2023년 7월에도 위태로운 상황이 있었다. 조선이 대륙간탄도미사일을 발사한 다음 날인 7월 13일 핵탑재가 가능한 미군 전략폭격기 B-52H가 한반도에 전개돼 한국 전투기와 연합 공중훈련을 수행했고 또한 일본과도 연합훈련을 실시했다. 그런데 바로 전날 오전 10시 22분경 B-52H가 '비행 중 정비'를 이유로 요꼬따 기지에 불시착하는 사고가 있었다.[4] 그 바로 직전인 오전 10시경에는 조선이 화성-18형을 발사해 약 74분의 비행 후 11시 13분경 홋까이도오 인근에 낙하한 것으로 알려져 있다. 태평양 공군사령부가 이 전폭기는 미국 노스다코타 마이놋 기지 제5폭격항공단 소속으로 "인도-태평양 지역의 훈련연습"을 지원하기 위해 비행했다고 밝혔지만 여러가지 의문이 남아 있다.[5] 이미 제23폭격항공단 소속 B-52H 4기와 제20원정폭격항공단 소속 B-52H 4기가 괌 앤더슨 공군기지에 배치된 상태에서 무슨 이유로 이 시점에 전폭기가 추가파견됐을까? 평양은 미사일을 발사했을 때 B-52H의 존재를 알고 있었을까? B-52H는 당시 무슨 작

---

4 Yokota Air Base, "B-52 Stratofortress Lands at Yokota," 2023.7.11.
5 Seth Robson, "Air Force B-52 bomber makes rare landing in Tokyo due to maintenance issue," *Stars and Stripes*, 2023.7.12.

전 임무를 수행하고 있었을까? 전폭기에 문제가 있었다면 무슨 문제였을까? 미국은 미사일 발사를 감지하고 서둘러 B-52H를 착륙시키지는 않았을까? 이러한 질문들에 답을 찾을 수는 없다. 한반도와 동북아시아는 또 한번 아슬아슬하게 위기를 모면했을지도 모른다.

높아지는 긴장과 비례해서 우발적 사고도 늘어나고 있다. 사고가 전쟁으로 비화할 가능성도 커지는 반면 사고에 신속하게 대처할 수단은 전무하다. 조선은 2019년 이후 미국과의 협상 가능성이 없다고 보고 '장기전' 모드에 들어가기 시작했다. 문재인 정부와의 관계도 소원해졌었지만 윤석열 정부와는 아예 상종을 하지 않고 있다. 외교 협상의 채널이 닫힌 것뿐만 아니라 남·북간의 군사 핫라인, 유엔사와의 소통라인조차 가동되지 않는 '절대단절' 상태에 빠졌다. 불의의 사고가 발생해도 대처할 수 있는 방법이 없다. 사소한 사건이 순식간에 불길로 번지고 걷잡을 수 없이 확전될 수 있는 상황인데도 이를 초기에 방지할 수단이 없는 것이다. 국교도 맺고 있었고 핫라인도 가동하고 있던 미·소 냉전 시기보다도 위태롭고, 한반도에서 정전 상태를 유지하기 위한 소통채널이 있었던 시기보다도 위험한 상태다.

무엇을 할 것인가? '찐 평화'를 꿈꾸기 시작하자

윤석열 정부가 이전 문재인 정부의 정책을 '거짓 평화'라고 한 것은 맞는 말이다. 단 그 이유는 잘못됐다. 조선의 선의에 의존한 평화였기 때문에 거짓 평화라고 하는 것은 틀린 말이기 때문이다. 문재인 정부는 대화와 협상을 대북정책의 한 축으로 삼았지만 '힘을 통한 평화'를 또다른 축으로 추진하고 있었다. 한편으로는 대화를 하고 정상회담을 가졌지만 동시에 무기체계를 개발·생산하고 군사력을 강화했다. 윤석열 정부가 힘을 통한 평화의 일환으로 구축하고 있는 '삼축체계'는 문재인 정부에서도 진행되고 있었다. 심지어 문재인 대통령은 김정은 위원장과 판문점선언에서 '군비감축'에 합의했지만 국방비를 증액하는 등 군비를 확산했다. 말과 행동이 다른, 말 그대로 '거짓 평화'였다.

지난 1990년대부터 시도됐던 대화와 협상이 그랬다. 1994년 제네바합의가 조선의 몰락을 염두에 두고 체결되었는지 검증할 길은 없다. 하지만 김일성 주석은 사망했고 당시에 한국과 미국의 많은 전문가들은 김일성의 사망이 조선의 혼란으로 이어질 것이라고 예상하고 있었다. 제네바합의나 그 이후의 6자회담합의가 결렬된 것은 엄연한 사실이다. 그리고 조선은 물론 한국과 미국도 이 결렬에 책임이 있다는 사실을 부인할 수 없다.

더 큰 문제는 대화와 협상이 대북정책에서 항상 주된 전략이 아니었다는 점이다. 정부예산의 불균형이 이를 단적으로 보여준다. 2023년 통일부 예산이 일반회계와 남북협력기금을 합해 1조 4358억원인 데 비해 국방부 예산은 57조 143억원이다. 윤석열 정부 들어 통일부 예산이 줄어든 것은 사실이지만 원래부터도 통일부는 국방부 예산의 2퍼센트 정도만을 배당받는 초라한 신세다. 이는 문재인 정부에서도 크게 다르지 않았다. "「판문점선언」
이행 및 지속 가능한 남북관계 발전을 위한 사업"을 중점 투자방
향으로 잡았던 2019년 통일부 전체 예산이 1조 3262억원이었다.
이에 비해 그해 국방부 예산은 46조 6971억이었다. "한반도 평화
체제 구축"이라는 명목의 사업이 있었던 2005년에 1억 500만원,
2006년에 9300만원이 여기에 집행됐다. 국방부 예산은 2005년에
20조 8226억원, 2006년에 22조 5129억원이었다.[6]

　이러한 예산의 불균형은 대한민국의 우선순위를 의심의 여지
없이 보여준다. 한국은 한반도의 평화보다는 전쟁준비에 압도적
으로 많은 예산을 쓰고 있다. 앞에서 지적한 것과 같이 한국이 이
미 조선의 국방비를 압도하고 있는 상황에서도 이러한 예산의 불
균형은 시정되지 않고 있다. 심지어 조선과 정상회담을 갖고 평
화체제의 구축에 합의한 문재인 정부에서도 예산의 압도적 불균
형은 수정되지 않았다. 지금까지 조선과의 대화와 협상이 실패한
것은 '거짓 평화'를 추구했기 때문이다. 한국 자체가 평화적 전환
을 이루지 않는다면 정상회담만으로, 또는 정상간의 합의만으로
는 한반도 평화를 이룰 수 없다는 당위적 명제를 배우는 데 30여
년이 걸렸다.

　현재의 위기상황은 그에 걸맞은 대응조치를 필요로 한다. 그것
은 '힘을 통한 평화'도 '거짓 평화'도 아니다. '찐 평화'다. 진짜

---

6 「국방예산 추이」, 국방부 홈페이지 참조; 「통남북협력기금 통계」, 통일부 기획조정실
　2023.7.10; 「2023년도 세입·세출예산 개요」, 통일부 2023.1; 「2019년도 세입·세출예
　산 개요」, 통일부 2019.1; 「2006년도 통일부 세입·세출예산 개요」, 통일부 2006.5.3.

평화는 무엇인가? 지금부터, 우리부터 만들어가는 평화가 필요하다. 한국이 '선도적'으로 긴장 완화 조치를 취할 수 있고, '일방적'으로 군비동결과 군사훈련 동결을 선언하고 당장 실천해야 한다. 문장렬이 비슷한 문제의식을 가지고 "한·미가 선도적으로 긴장 완화와 신뢰 구축 조치들을 취할 수 있다"며 구체적인 조치들을 예시한 바 있다. 그가 제안한 것과 같이 삼축체계를 재조정하거나 한미연합훈련의 근거인 '연합작전계획'의 목표를 재설정하는 일은 당장 실시할 수 있는 현실적 조치들이다. 특히 "북한지역을 점령 수복하여 군정을 실시하는 것"이던 연합작전의 목표를 "침략 격퇴 후 조속한 평화 회복"으로 전환하고 이에 따라 훈련 방식도 최소 규모로 하자는 제안은 한반도 평화프로세스를 되살리는 단초가 될 수 있을 것이다.[7]

이보다 당장 시급한 것은 우발적 사고나 실수가 위기로, 나아가 전쟁으로 비화하지 않도록 예방하는 것이다.[8] 남·북간의 핫라인 및 유엔사와 조선인민군 간의 군사핫라인 재가동이 절대적으로 시급하다. 민간 차원에서도 군사활동을 더욱 적극적으로 감시할 필요가 있다. 앞에서 말한 미 공군 B-52H의 불시착은 요꼬따 기지를 감시하는 일본 시민활동가들 덕분에 알려졌다. 지난 30년 간 요꼬따 기지에 착륙하지 않았던 B-52H기가 발견되자 활동가

---

[7] 문장렬 「한반도 핵전쟁, 가능한 상상과 불가능한 대책」, 『창작과비평』 2022년 겨울호 354~55면.

[8] 전쟁을 예방하기 위해서는 '억지'라는 군사조치에만 의존하는 대신 '안심공여'(reassurance)를 위한 적극적 외교가 필요하다는 제안을 경청할 필요가 있다. 新外交イニシアティブ(ND)「戦争を回避せよ」, 2022.11.

들이 사진을 찍어 이를 공개했기 때문에 태평양 공군사령부가 이 사실을 인정할 수밖에 없었던 것이다. 한편 경계경보 오발동 사례들이 보여주듯 경계경보 발동을 정부에만 맡겨두는 것도 위험하다. 시민사회가 경보에 즉각적으로 대응하여 잘못된 경보는 바로잡고, 정부가 경보를 발동하지 않는 위험상황에는 시민사회가 예방적으로 경보를 울릴 필요가 있다. 이미 개인 차원에서 알음알음으로 연락하는 것을 좀더 사회화하고 체계화하는 것이고, 이러한 시민사회 경보체계를 초국가적으로 연계하기도 해야 한다.[9] 일본정부가 조선의 인공위성 발사를 오인하며 오끼나와에 경계경보를 울려 불안감을 조성한다면 일본 시민들은 한국 시민사회와 연결하여 이를 바로잡아야 하는 것이다. 이러한 연대는 동북아시아의 군비경쟁을 견제하는 강력한 힘이 되기도 할 것이다.

이와 더불어 장기적으로 한반도 평화체제의 구축을 전망하며 이에 걸맞은 조치들이 취해져야 한다. 내년부터 국방비를 감축하고 '평화활동'을 늘려야 한다. 국방비는 이미 적정수준을 말하기가 민망할 정도로 비대하다. 통상적으로 방어에는 공격에 필요한 군사력의 3분의 1 정도가 요구된다고 하는데 한국이 조선보다 10배가 넘는 국방비를 쓰는 것 자체도 비합리적이고, 그런 국방비를 쓰면서도 안보불안을 말하는 상황은 비정상적이기까지 하다. 조선과 일촉즉발의 긴장상태를 유지하고 있으면서 최소한의 위기예방 및 군비통제 조치조차 없는 것은 위험하기도 하다. 국

---

9 한국과 일본 시민사회에서 이런 활동을 시작하고 있다. 피스모모 「동북아시아 무력 갈등 위험에 대한 피스모모의 조기경보」 등 참조.

방예산에 대한 근본적 재검토가 시급하고, 이를 위해서는 국방비의 근거가 되는 전략개념과 작전계획 자체도 재평가되어야 할 것이다.

평화활동은 남북관계를 평화적으로 전환시키기 위한 활동 및 우끄라이나 등 해외의 평화를 위한 활동일 수 있다.[10] 그렇지만 평화는 국가간, 또는 남·북 정부 사이의 활동만으로는 이뤄질 수 없다. 정부는 선언이나 조약과 같은 평화의 틀을 만들 수 있지만 그 틀 안에 평화를 채워넣는 것은 시민사회의 몫이다. 역으로 시민사회 안에서 평화적 삶을 만들어나가면 정부도 평화의 틀을 짤 수밖에 없기도 하다. 예를 들어 한반도 비핵지대화(nuclear-weapon-free zone)라는 '거창한' 목적에 반대하는 사람은 없지만 대한민국에서 비핵지대를 선언한 지방자치단체는 한군데도 없는 것이 현실이다. 여러 지역과 분야의 시민사회가 평화 만들기에 더 적극적으로 나서야 하는 이유다. 이와 동시에 한국에서 살고 있는 모든 사람들의 삶을 평화롭게 하는 활동들이 진행되어야 한다. 정전협정 이후 북한군의 총에 죽은 한국시민은 손에 꼽을 정도이겠지만 작년 한해에도 874명이 산업재해로 목숨을 잃었다. 삶이 말 그대로 '전쟁터'인 일반 시민에게 정상들의 종전선언이나 평화협정이 다른 나라 얘기처럼 들릴 수밖에 없는 것이다. 작업장에서 죽거나 스스로 목숨을 끊지 않는 환경을 만들고 학교가, 직장이, 가정이 더 평화로울 수 있도록 만드는 것은 시급한 과

---

10 홍민·이재영·황수환·김영준·정욱식 『북한의 대북적대정책 철회론과 대북안전보장 방안』, 통일연구원 2023.

제다. 이제는 일상이 된 기후온난화와 미세먼지 등 환경재난을 해결하기 위해 환경정의를 과감하게 받아들이는 것도 사활이 걸린 일임을 알아야 한다. 동시에 내 삶에서의 평화 만들기가 평화국가 만들기와 불가분의 관계라는 사실도 잊지 말아야겠다. 국방비로 대표되는 '죽임의 비용'을 '살림의 에너지'로 전환하는 일이야말로 일상의 평화와 국가의 평화를 연결하는 핵심고리일 것이다.[11]

이미 조선을 압도하는 군사력을 가지고 있는 한국은 이러한 조치를 취할 수 있고, 취해야 한다. 이러한 평화활동과 함께 조선에도 '평화체제'를 만들자고 손을 내밀어야 할 것이다. 많은 이들이 조선은 절대로 핵무기를 포기하지 않을 것이라고, 조선과 군축을 논의하는 것은 불가능하다고 손을 내젓고 있다. 하지만 사실 조선인민공화국 스스로는 그러한 가능성을 닫은 적이 없다. 김정은 위원장이 2022년 9월 8일 최고인민회의에서 "우리로서는 절대로 핵을 포기할 수 없다"고 말한 것이 주목을 받고 있지만 그는 같은 연설에서 "우리의 핵정책이 바뀌자면 세상이 변해야 하고 조선반도의 정치군사적 환경이 변해야 한다"며 비핵화를 위한 필요조건을 명시했다. 뒤집어서 말하자면 한반도에서 평화적 환경이 조성되면 조선도 핵무기를 포기할 수 있다는 것이다. 어떻게 보면 이것이 그가 방점을 찍고 싶었던 내용일 수 있다.

---

11 필자는 이러한 제안을 피력한 바 있다. 졸고 「당신은 안녕하십니까」, 한겨레 2019.12.1.

그러면 같은 날 핵무기 선제사용을 천명한 법령을 최고인민위원회에서 채택한 것은 무슨 의미인가? 이 법령이 핵무기의 사명에 "영토완정"을 포함시킨 것을 두고 일각에서는 이를 무력통일을 시사한 것이라고 해석한다. 그들은 과거에 김일성이 '국토완정'을 언급했고 이를 위해 한국전쟁을 벌였다는 것을 근거로 내세운다. 그러나 이러한 해석은 틀렸다. 우선 조선은 공식적으로 영토완정을 "territorial integrity"로 번역하며 영토수호의 의미임을 명확하게 하고 있다. 핵무기의 사명이 무력통일이었다면 법령의 내용에 반영되었어야 할 텐데 무력통일로 해석할 수 있는 부분이 없다. 핵무기의 사용원칙은 '외부의 침략과 공격에 대처'한다는 방어적인 것으로 되어 있고, 핵무기의 사용조건도 '공격이 감행되었거나 임박한 경우'로 제한되어 있다.

조선이 소위 '조국통일 3대헌장'에서 내세우는 공식적인 통일 원칙은 평화통일이다. 핵무기로 통일을 이루겠다고 하면 조선이 신성화하고 있는 원칙과 완전히 배치된다. 오히려 조선은 최근 들어 한국 일각에서 우려하는 '적화통일' '무력통일'을 불식하기 위한 조치를 취하고 있다. 예를 들어 2021년 당 규약을 개정하며 당면 목적 중 기존에 남반부 혁명론을 의미했던 '전국적 범위에서 민족해방민주주의혁명 과업' 표현을 삭제하고 '전국적 범위에서 사회의 자주적이며 민주주의적인 발전' 실현을 제시했다. 조선이 '적화통일'을 포기하지 않았다는 근거로 제시되었던 것이 노동당 당 규약이었다는 점에서 이는 매우 전향적인 변화였다. 김태경과 이정철은 "민족자주의 기치, 민족대단결의 기치를 높이 들고 조국의 평화통일을 앞당기고 민족의 공동번영을 이룩하기 위하여 투쟁한다"라는 새로운 규정에 주목하며 "'조국의 평화통일' 단계 이전에 '민족의 공동번영' 단계를 새로 설정한 것으로 볼 수 있다"고 해석하고 있기도 하다.[12] 최근 김여정 노동당 제1부부장이 담화에서 "대한민국" 표현을 사용한 것, 현정은 현대그룹 회장의 방북 거부 발표를 통일전선부가 아닌 외무성을 통해 전한 것도 이러한 변화의 차원에서 이해할 수 있다.

한반도와 동북아시아가 선제공격의 긴장에서 벗어나기 위해서는 한국 시민이 앞장서야 한다. 대한민국 사회의 평화를 위해서도 '찐 평화'는 당장 이루어져야 한다. 지금 평화가 가능해서가 아니다. 지금만큼 평화가 절실한 때가 없기 때문이고, 지금 평화를 추구하지 않으면 아무도 살 수 없게 될 것이기 때문이다.

---

12 김태경·이정철 「조선노동당 제8차대회 당규약 개정과 북한의 전국 혁명론 변화」, 『통일정책연구』 30권 2호, 2021.

9장

'신냉전'이라는 뿌리 깊은 위기

삼중분단 앞에 놓인 한반도와 동아시아

세계가 요동하고 있다. 유럽과 중동에서 동시에 진행되는 전쟁이 세계를 불안한 국면으로 몰고 있다. 이 두 전쟁은 유럽과 중동의 지역질서에 큰 충격을 주고 있을 뿐만 아니라 미국의 지위와 영향력에도 큰 변화를 가져오고 있다. 동시에 세계질서도 구조적 전환을 겪고 있다. 미국을 정점으로 하는 단극체제가 중국의 부상으로 도전을 받고 있고, 서구를 중심으로 구성된 세계질서가 근본에서부터 흔들리고 있다. 기존 세계질서는 요동하고 있지만 새로운 질서가 생성될지, 그 질서의 모습은 어떠할지 아직 알기 어려운 혼돈상태에 빠져 있다.

아시아에서는 열전이 진행되지는 않지만 70년 넘게 계속되고 있는 한국전쟁이 대규모 핵전쟁으로 비화할 위험성이 높아지고 있다. 대만해협을 둘러싼 군사적 긴장도 점증되고 있고, 미국과 중국 간의 대립이 지역적 긴장으로 확대되고 있는 상황이다. 미국은 한국 및 일본과의 군사적 협력을 확대하여 삼국 연합군사훈련을 실시하는 등 유사 삼각동맹을 발전시키고 있고, 조선은 러시아와의 전략적 협력을 확대하는 한편 중국과 러시아는 연합군사훈련을 실시하며 군사적 대응을 강화하고 있다.

동북아시아는 과거의 냉전과 유사한 '신냉전'에 돌입하고 있는 것인가? '신냉전'이란 이 지역에서 무슨 의미인가? 한반도/조선반도는 다시 열전의 위기에 빠져들고 있는 것인가? 미국은 어떠한 전략으로 변화하는 세계와 지역질서에 대응하고 있는가? 트럼프 2.0 시대를 맞아 향후 정국은 어떻게 전개될 것인가? 미래에 대한 답을 구하기 위해, 이 장에서는 20세기 초반의 과거로 돌아가 지난 백여년을 포괄적으로 조감해본다.

1. 아시아 삼중분단 구조에서 본 신냉전[1]

냉전과 신냉전을 제대로 이해하기 위해서는 유럽과 아시아의 역사적 공통점과 차이점을 명확히 인식하는 데서 출발할 필요가 있다. 우선적으로 '2차 세계대전'의 성격이 아시아 민족에게는 유럽과 다른 의미를 갖고 있었기 때문이다. 또 통상 범세계적 '냉전'으로 인식되고 있는 전후질서는 유럽과 아시아에서 다른 모습

---

1 이 단락은 졸고 「포츠담에서 샌프란시스코로: 2차 세계대전 이후 동아시아의 삼중분단 구조」, 『동아시아와 샌프란시스코 조약체제: 3개의 분단과 2개의 정전을 넘어서』(진인진 2023)의 일부를 수정·보완한 것이다.

으로 구축되어 있기도 했다. 따라서 그 이후의 '탈냉전'과 '신냉전'도 아시아에서는 그 나름대로의 독특성을 가지고 있다. 아시아의 '신냉전'을 제대로 이해하기 위해서 우선 아시아의 전쟁과 전후체제를 먼저 검토해보자.

(1) 냉전과 삼중분단체제

2차 세계대전 시기 동아시아는 연합국과 추축국 사이의 전쟁터였을 뿐만 아니라 반제국주의 투쟁을 벌이는 과정에서 민족들이 현대적으로 재구성되는 동시에 민족 단위를 넘어서는 지역적 연대를 경험하던 중층적 갈등구조의 장이었다. 일본제국이 침략 전선을 확대하면서 아시아 현대 민족국가와 일본제국과의 충돌이 부각되는 와중에 연합국과의 전쟁이 전면에 부상하게 된 것이지 이러한 중층적 갈등이 해소되어 연합국-추축국 전선만이 남았던 것은 아니었다. 즉 아시아에서 전쟁은 △연합국과 추축국 사이의 전쟁 △일본을 포함한 서구제국과 아시아 민족 사이의 전쟁 △아시아 민족 내부의 전쟁이라는 중층적 구조를 가지고 있었다. 따라서 아시아에 있어서 '종전'의 시점과 성격은 유럽과 다를 수밖에 없었고, 전쟁중 미국·영국·중국·소련 등 연합국들도 포츠담회담 등에서 이를 인정하고 있었다.

마찬가지로 아시아에 있어서 전후체제의 성격도 유럽과 일치할 수는 없었다. 2차 세계대전 종식 후 동아시아에 형성된 전후체제는 이러한 중층적 갈등구조를 반영하여 세가지 분단이 중첩된 구조인 '삼중분단체제'로 나타났다. 우선 연합국과 추축국 사이의 전쟁은 연합국의 승전으로 끝나는 거의 동시에 연합국 내부의 분열로 이어졌다. 이 분열은 미국과 소련의 대립을 핵심으로 하여 미국 주도의 공산권 봉쇄정책과 소련 주도하의 국제공산주의 노선이 대결하는 '냉전분단'으로 귀결됐다. 하지만 여러 학자들이 지적한 것과 같이 전후 냉전사는 이보다 훨씬 더 복잡한 성격을 띠고 있었다. 각 지역의 제 사회세력이 새로운 사회질서 구성을 두고 긴장과 갈등, 충돌을 빚고 있었기 때문에 각 지역의 특수성은 냉전이라는 세계적 분단으로 환원시킬 수 없는 양상이었다. 동아시아에서 이 특수성의 하나는 식민지배 및 침략 유산과 그 청산을 둔 갈등으로 구체화됐고 이를 '동아시아 분단'이라고 부를 수 있다. 마지막으로, 현대 민족국가 형성 프로젝트가 다양한 형태로 전개된 와중에 한국/조선과 중국/대만, 남/북 베트남 등에서 미완의 형태로 남으며 그 구체적 모습으로 나타난 것이 '현대 민족국가 분단'이었다. 이렇게 △냉전분단 △동아시아 분단 △현대 민족국가 분단은 서로 유기적 연관성을 가진 하나의 '삼중분단체제'를 이루면서 동아시아 전후질서를 구성했다.

이중에서 1951년 샌프란시스코 강화조약과 미일안전보장조약 체결로 공식화된 '냉전분단'은 세계적 냉전분단의 지역적 발현이었을 뿐만 아니라 동아시아 분단과 민족국가 분단을 강제하는 구조적 요인이기도 했다. 일본제국의 식민지배와 군사적 침탈을 청산하려는 아시아 민중의 노력은 '냉전분단'을 구축하려는 미국과 일본 지배세력의 공조에 부딪혀 좌절되었고, 그 결과 동아시아 분단이 형성되었기 때문이다. 또 베트남 및 중국과 한반도/조선반도 등에서 자주적 민족국가를 수립하려던 노력들도 '냉전분단' 과의 충돌 속에서 민족국가 분단으로 귀결됐기 때문이기도 하다. 전후 동아시아 역사에서 동아시아 분단과 민족국가 분단이 상당 부분은 냉전분단에 의해 강요됐다는 점에서 이 시기를 냉전 시기로 이해하는 것에는 일면 타당한 점이 없다고는 할 수 없다. 그럼에도 냉전으로 환원될 수 없는 독자성을 보유하고 있는 동아시아 분단과 민족국가 분단은 동아시아 지역질서를 미국이나 유럽과 다르게 특정하고 있다. 즉 동아시아의 전후질서는 분단을 강요하는 서구제국의 힘과 이 분단을 해소하려는 아시아 민중의 힘이 세가지 층위에서 경쟁하고 있다는 독특성이 있는 것이다.

(2) 탈냉전과 삼중분단체제

동아시아 전후체제의 이러한 중층적 구조를 인식할 때 '탈냉전' 시기에 나타난 동아시아 지역질서의 성격을 보다 잘 이해할 수 있다. 유럽의 탈냉전은 '철의 장막'으로 분단됐던 유럽이 1980년대 말 급격한 해빙을 맞으며 시작됐다. 고르바초프(M. Gorbachev) 소련공산당 서기장의 '글라스노스트' 정책에 이은 동구권의 몰락과 소련의 붕괴에 따라 유럽에서의 동서분단은 1990년대 들어 막을 내리게 됐다. 이에 비해 삼중분단체제의 관점에서 볼 때 동아시아에서의 '탈냉전'은 매우 다른 양상으로 진행됐다. 이 지역에서 냉전분단은 1970년대부터 요동하기 시작하여 1990년대에 가속화됐고, 이러한 냉전분단의 요동은 동아시아 분단과 민족국가 분단을 전면에 부각시키는 동시에 이 두가지 분단의 요동에 기여하기도 했다.

1990년대 들어 한·중·일 삼국에서는 초국가적 대화와 교류를 통해 동아시아 분단의 해체를 모색하는 움직임이 본격적으로 대두했다. 일본군 '위안부' 문제를 둔 시민사회와 민간의 협력이 확대·심화되며 강제동원 및 역사교과서 문제 등에서 식민주의 청산을 위한 지역적 기반이 구축되기 시작했다. 민간 주도의 교류와 협력으로 동아시아 분단을 극복하고 동아시아 '공동의 집'을 건축할 가능성을 열어준 것이다.

일본정부도 변화의 모습을 보이기 시작했다. 1993년 코오노(河野洋平) 관방장관이 위안부 문제를 인정하는 담화를 발표했고, 1995년에는 무라야마(村山富市) 수상이 '식민지배와 침략을 사죄'하는 성명을 발표했다. 이를 기반으로 하여 1998년 김대중 대통령과 오부찌(小渕恵三) 수상은 '21세기의 새로운 한·일 파트너십'을 공동으로 선언했고, 2009년 하또야마(鳩山由紀夫) 수상은 우애에 기반한 동아시아 지역질서를 제시하기도 했다. 동아시아 분단이 근본적으로 해체될 수 있는 가능성이 보이기 시작한 것이다. 한편 베트남이 이미 1970년대에 전쟁이라는 폭력적 수단으로 민족국가 분단을 해소했다면 이 '탈냉전' 시기 들어 중국/대만과 한국/조선은 민족국가 분단을 비폭력적 수단으로 완화·해체하려는 움직임을 본격화하기 시작했다. 노태우 정부는 1991년 소련과, 1992년에는 중국, 베트남과 수교함으로써 민족국가 분단을 강제하던 냉전분단에서 탈피하기 시작했다. 한편으로 한국과 조선은 1991년 9월 유엔에 동시가입한 데 이어 12월에는 「남북 사이의 화해와 불가침 및 교류협력에 관한 합의서」를 체결, 상대방의 체제를 인정하지조차 않는 적대적 관계에서 벗어나 상대를 인정하고, 정전상태를 평화상태로 전환하기로 합의했다. 양안관계에서도 1987년 대만정부가 대만인의 대륙 방문을 허용하고 외환통제를 자유화한 데 이어 중국 국무원이 1988년 대만 기업의 투자를 유치하는 제도를 마련하면서 새로운 단계로 접어들었다. 1995~96년의 위기에도 불구하고 대만과 중국의 경제교류와 인적 왕래가 빠른 속도로 확대됐다. 1990년대 '탈냉전'은 동아시아에서 냉전분단과 함께 동아시아 분단과 민족국가 분단이 모두 해체될 수 있는 요동기의 시작이었다고 할 수 있는 것이다.

삼중분단 구조의 요동은 21세기 들어 더욱 가속화됐다. 아시아 전후체제를 '탈냉전'보다 더 근본적으로 흔든 것은 자본의 초국가적 운동이었다. 2001년 세계무역기구(WTO)에 가입하면서 경제성장에 가속도가 붙은 중국은 2016년 구매력평가지수(PPP) 기준으로 경제규모로 미국을 추월하기 시작했다. 세계경제에서 미국과 중국이 차지하는 비중이 1980년에 각각 22퍼센트와 2퍼센트였던 것이 2016년 역전되기 시작하여 그 격차가 계속 벌어지는 모습을 볼 수 있다. 2024년에는 미국이 15퍼센트, 중국이 19퍼센트였으며, 2029년에는 14.26퍼센트, 19.64퍼센트가 될 것으로 국제금융기구(IMF)는 예상하고 있다.[2] 세계은행의 통계에 따르면 2021년에는 중국의 국내총생산액(GDP)이 미국의 국내총생산

---

2 International Monetary Fund, *World Economic Outlook,* 2024년 가을호.

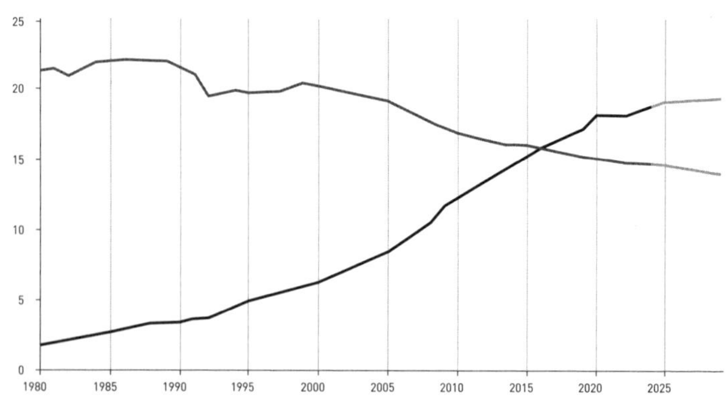

[표 1] 미국과 중국의 세계경제 비중 추이3

액을 4조 달러 정도 초월했고, 2023년에는 34.6조 달러로 미국의 27.4조 달러를 7조 달러 이상 초월했다. 트럼프(D. Trump) 대통령이 시작한 '무역전쟁'이나 코로나19 팬데믹, 바이든(J. Biden) 정부의 중국 수입품 제한에도 불구하고 중국은 계속 그 격차를 벌려나가고 있는 것이다.

또한 중국의 경제규모 및 교역량이 늘어감과 더불어 세계 교역에서 위안화가 차지하는 비중도 빠르게 상승하고 있다. 국제은행간통신협회(SWIFT) 통계에 따르면 전세계 결제통화 중 위안화의 비중이 2010년에는 35위에 불과했으나 2021년 4위로 올라서면서 글로벌 통화로서의 위상을 높이고 있다. 물론 달러화(40.51퍼센트),

---

3 표는 IFM가 조사한 미국과 중국의 구매력평가지수 기준 국내총생산 추이를 나타낸다.

유로화(36.65퍼센트), 파운드화(5.89퍼센트)에 비교하면 2.7퍼센트에 불과했지만, 2024년 3월에는 4.69퍼센트를 기록하는 등 꾸준한 성장세를 보이고 있다.[4] 특히 무역결제에 사용된 통화만을 기준으로 보면 위안화의 비중은 미국 달러에 이어 전세계 통화 중 두번째를 차지하고 있다. 뿐만 아니라 중국은 SWIFT와 별개로 자국이 주도하는 CIPS(Cross-border Interbank Payment System)라는 별도의 위안화 결제·청산 시스템을 운영중이어서 실제 위안화를 활용한 국제 결제 비중은 SWIFT 발표치보다 더 높을 것으로 추산된다.

중국의 성장은 대륙과 동북아시아 및 동남아시아를 초국가적 생산 네트워크로 상호연결하여 아시아를 경제적으로 통합하는 효과를 동반하고 있다. 중국의 부상과 함께 아시아의 생산 네트워크는 더욱 확대·심화되었고, 시 진핑(習近平) 주석은 '일대일로(一帶一路)' 계획으로 이러한 네트워크를 더욱 확장하는 동시에 그 안에서 중국의 역할과 영향력도 증대하려 하고 있다. 물론 아시아의 경제적 통합은 이미 오래전부터 일본이 아시아에서 구축해놓은 기반 위에서 발전된 것이므로 중국이라는 한 국가가 좌지우지할 수 있는 것은 아니다. 이러한 지역적 생산 네트워크에 기반해 2018년에는 포괄적·점진적 환태평양 경제동반자 협정(CPTPP)이 발효됐고, 2022년부터 발효되어 동아시아 경제권을 자유무역지대로 묶고 있는 역내포괄적경제동반자협정(RCEP)은

---

4 "Yuan Usage Extends Global Climb as Euro Share Slips, Swift Says," *Bloomberg*, 2024.04.27.

'아세안 중심성'이 발현된 측면이 강하다. 그럼에도 불구하고 중국은 아시아인프라개발은행 등을 설립하여 미국이 주도하고 있는 세계은행 및 IMF, 일본이 중요한 역할을 하고 있는 아시아개발은행의 대안을 제도화하기 시작하기도 했다.

즉 21세기 들어 초국가적 생산 네트워크의 심화 및 확대로 동아시아 경제권이 통합되면서 '냉전분단'이 밑에서부터 해체되고 있는 것이다. 물론 중국 경제가 안정적이지도 않을뿐더러 고속성장을 계속한다는 보장은 없다. 또 초국가적 생산 네트워크로 상호연결되어 있는 아시아 경제가 다시 국가 경제로 회귀하지 않을 것이라고 장담할 수도 없다. 바이든 정부가 강력한 드라이브를 걸었던 탈중국화 조치들이 이 가치사슬들을 다시 느슨하게 풀었다는 점도 무시할 수 없다. 하지만 이미 하부구조에서 심각한 지각변동을 겪은 '냉전분단'이 원래의 모습으로 되돌아가는 것도 불가능한 상황이다.

따라서 현재 미국과 중국 간 진행되는 경제 경쟁은 국가경제로의 회귀를 지향한 경쟁이라기보다 지역경제의 규칙과 규범 및 주도권을 두고 벌어지는 경쟁으로 볼 수 있다. 이 경쟁에서 중국의 경제성장이 계속 미국을 앞지르고 과학기술에 대한 투자도 증대하면서 미국의 영향력은 상대적으로 약화되고 있다. 바이든 정부는 이에 대응해 반도체, 배터리, 바이오 등 미래산업에서 '바이 아메리카'(Buy America)를 강조하는 동시에 인도-태평양 경제 프레임워크(IPEF) 등으로 미국 중심의 경제제도를 구축하려 했다. '트럼프 없는 미국우선주의'를 시도한 것이다.[5] 하지만 동맹국과 우방국들에게 디커플링(decoupling, 탈동조화)과 디리스킹(derisking, 위험제거)의 비용과 부담을 전가하는 이러한 방식이 얼마나 효과를 거둘지는 알 수 없다.[6] 과거 냉전분단을 구축하기 위해 미국이 서유럽과 일본, 한국 등 동맹국에 막대한 원조를 공여하고 미국 시장을 개방하는 등 일정한 이득을 제공했었다는 사실과는 확연히 비교가 되기 때문이다.

최근 들어 미국이 중국과의 경쟁 비용을 동맹국이나 우방국에 전가하는 것은 미국의 구조적 문제 때문이다. 미국 연방정부의 누적 부채는 2024년 말 28조 달러로, 그에 대한 이자만으로 2024 회계연도에 8811억 달러가 지출됐다.[7] 이는 연방정부 수입의 18퍼센트에 달하는 액수로, 국방비를 웃도는 수준일뿐더러 연간 의료보장 지출 총액과 맞먹는다. GDP 대비 국가부채 비율은 2012년 100퍼센트를 초과한 이후 계속 증가해 2025년 4사분기 기준 122.5퍼센트로 세계에서 다섯번째로 높은 수준이다.[8] 한편 미국은 1970년대부터 시작된 무역적자를 극복하지 못한 채 2025년에는 무역적자가 9117억 달러까지 치솟았다.[9] 미국은 이러한 쌍

---

5 본서 7장 참조.

6 디커플링은 공급망과 산업망 전반에서 중국에의 의존을 탈피하는 조치들을 지칭하고, 디리스킹은 국가안보에 영향을 주는 첨단과학기술 분야를 선별해서 중국 기업을 배제하는 조치들을 시사한다.

7 Historical Budget Data, Budget and Economic Data, Congressional Budget Office 2025.1.

8 Federal Reserve Bank of St. Louis, Federal Debt: Total Public Debt as Percent of Gross Domestic Product, U.S. Office of Management and Budget, Last updated 2026.5.13; International Monetary Fund, Central Government Debt, Percent of GDP(2024).

9 팬데믹의 여파로 무역적자가 감소했던 2023년을 제외하고 미국의 무역적자는 계속

등이 적자를 오랫동안 해결하지 못하고 있어 중국과의 경쟁에서 자본을 투입할 여력이 부족하다.

(3) '신냉전'과 삼중분단 구조

결과적으로 21세기 들어 아시아가 경제적 통합으로 '냉전분단'을 극복해나가면서 미국의 경제적 헤게모니가 상대적으로 약화되고 있다. 중국이 조만간 미국을 대신할 글로벌 헤게모니 국가가 될 가능성은 거의 없지만 경제에 있어서는 미국에 대등한 수준에 접근하고 있고, 생산력과 과학기술에서도 세계 최고 수준에 도달했거나 근접한 상태이다. 더 중요한 구조적 변화는 아시아가 냉전 시기와 질적으로 다른 모습을 보여주고 있다는 점이다. 이러한 추세는 기존 지역구조는 생명을 다해가고 있지만 새로운 국제질서의 모습은 아직 구체화되지 않은, 국제질서 변이기의 전형적 양태라고 볼 수 있다. 이러한 상황에서 미국이 주창하는 '규율에 기반한 국제질서'는 사실상 기존 국제질서, 즉 동아시아에 구축됐던 '전후체제'를 지칭하는 것이다. 이미 냉전분단이 상당히 와해된 상태에서도 남아 있는 동아시아 분단과 현대 민족국가 분단을 기반으로 냉전분단마저 복구하려는 것이다.

그리고 그 분단으로 정당화되는 동시에 그를 뒷받침하고 있는

증가하고 있다. 트럼프 1기의 무역전쟁도, 바이든 정부의 조치도 효과가 없었던 것이다. 중국은 물론 동맹국에도 '관세폭탄'을 안겼던 2025년조차 전년에 비해 무역적자가 증가했다. Bureau of Economic Analysis, U.S. International Trade in Goods and Services, 1960-present, Last updated 2024.10.8.

미국의 군사력이 전후체제를 지탱하는 가장 든든한 받침목이 되어주고 있다. 미국은 21세기 들어서도 압도적인 우위를 누리는 군사력에 기반하여 아시아 삼중분단 구조를 재편하려 하고 있다. 이같은 전후체제의 반격은 현대 민족국가 분단에서 출발하여 동아시아 분단을 재강화하며 궁극적으로 냉전분단의 재구축을 지향한다. 미국이 세계 최강국의 지위에 있을 당시에 구축했던 삼중분단 구조를 21세기형으로 재편하려는 것이다.

그리하여 이제 동아시아의 지역질서는 중요한 변곡점을 맞이하고 있다. 중국의 재부상과 이에 대한 미국의 견제가 본격화되는 가운데 전후체제의 본질이 전면에 드러나기 시작하고 있기 때문이다. 미국은 오바마(B. Obama) 정부의 '아시아 재균형', 트럼프 정부의 '미국우선주의', 바이든 정부의 '가치외교'를 통해 일관되게 미국이 1951년 샌프란시스코에서 '냉전분단'으로 구축했던 독점적 지위를 유지 또는 강화하려 하고 있다. 일본은 이에 편승하여 아베(安倍晋三) 정부의 '적기지 공격능력', 키시다(岸田文雄) 정부의 '반격능력'을 통해 '전쟁할 수 있는 국가'로의 전환을 시도하며 '동아시아 분단'의 유지·강화를 추구하고 있다. 한국도 이명박-박근혜-문재인 정부가 이어서 선제공격적 전략을 도입하고 한미동맹을 강화하는 동시에 윤석열 정부 들어서는 한·미·일 안보협력을 본격화하고 있다. 하여 '신냉전'은 동아시아에서 삼중분단 구조를 해체시키려는 힘과, 이에 맞서 삼중분단 구조를 재편·강화시키려는 움직임이 전면에서 충돌하고 있는 시기이기도 한 것이다.

2. '신냉전' 시대 선제공격 독트린의 확산

미국은 비록 GDP 규모에서 중국에 추월을 허용했지만 군사력에서는 압도적 우위를 놓치지 않고 있다.[10] 2024년 미국의 국방비는 중국의 3배를 넘는 규모이고, 2045년이 되어야 양국의 국방비가 비슷한 수준이 될 것으로 예상되고 있다.[11] 설사 20여년 후 중국의 국방비가 미국을 따라잡는다고 해도 지난 수십년간 축적된 국방자산과 기술력의 차이는 좁히기 쉽지 않을 것이다. 이미 미국은 남중국해와 동중국해 일대에서 군사력을 운용하고 있고, 냉전 시기의 유럽 중심적 공지전(空地戰) 개념을 아시아에 적합한 공해전(空海戰) 개념으로 전환하고 있다.[12] 2022년부터는 이를 사이버 공간과 우주에까지 확대하여 '다영역' 전장에서 통합적으로 군사력을 운용하려 하고 있다.[13] 미국은 여전히 압도적 우위를 누리고 있는 군사력에 기대어 항행의 자유권을 확보하고 경제 프로젝트를 뒷받침하며 삼중분단 구조를 재구축하려는 것이다.

---

10 Stephen G. Brooks and William C. Wohlforth, "The Rise and Fall of the Great Powers in the Twenty-first Century: China's Rise and the Fate of America's Global Position," *International Security*, Vol. 40 No. 3, 2015년 겨울호 7~53면.

11 SIPRI Military Expenditure Database, 2026.5.30; Ministry of Defense(UK), Strategic Trends Programme: Global Strategic Trends — Out to 2045, 2014, 93~94면.

12 Norton A. Schwarz and Jonathan W. Grennert, "Air-Sea Battle: Promoting Stability in an Era of Uncertainty," *The American Interest*, 2012.2.20; Jan Van Tol, Mark Gunzinger, Andrew Krepinevich and Jim Thomas, *AirSea battle: a point-of-departure operational concept,* Center for Strategic and Budgetary Assessments 2010.

13 U.S. Department of the Army, *FM 3-0 Operations,* 2022.10.1.

(1) 세계질서와 미국 군사력

오바마 행정부는 2015년 「국가안보전략」 보고서에서 "미국과 미국 시민, 동맹국 및 파트너들의 안보"와 함께 "개방적 국제경제 체제 안에서 강하고, 혁신적이며, 성장하는 미국 경제"를 핵심적 국가이익의 하나로 규정하고 있다.[14] 그리고 2015년 국가군사전략 보고서는 이러한 국가이익을 지키기 위해 핵 및 비핵군사력의 보유가 사활적이라고 주장한다. 특히 동시적으로 △적국의 공격으로부터 미국을 방어하고 △반테러 작전들을 지속적으로 수행하며 △군사력을 전진배치하여 여러 지역에서 공격을 억제하고 동맹국을 안심시킬 수 있는 군사적 능력을 요구하고 있다. 그리고 만약 억제가 실패하여 전쟁이 발발하면 적국을 패퇴시키는 동시에 다른 지역에 있는 적국의 목적을 거부하거나 그 적국이 엄청난 비용을 치르도록 만들 수 있는 군사력을 추구하고 있다.[15] 즉 오바마 행정부의 군사전략은 전통적인 영토수호를 훨씬 뛰어넘어 세계운영을 지향하고 있는 것이다. 이는 2014년 「4개년국방검토」에서 미국이 필요한 군사력을 △전지구적 투사능력을 보유한 공군 △모든 범위의 작전을 수행할 능력이 있는 육군 △전지구적 안보를 건설할 해군으로 규정하고 있는 데서도 나타난다.

이는 트럼프 행정부에 들어와서도 크게 변하지 않았다. 2017년

---

14 The White House, *National Security Strategy*, 2015.2, 2면.

15 The U.S. Joint Chiefs of Staff, *The National Military Strategy of the United States of America 2015*, 2015.6, 6면.

「국가안보전략」 보고서는 중국과 러시아를 '미국에 대한 도전국', 조선을 '미국과 동맹국에 대한 위협'이라고 적시하며 '힘을 통한 평화'를 강조했다. 이러한 도전과 위협에 대응할 "탁월한 군대"를 유지하여 세계 어떤 지역도 다른 국가에 압도되지 않도록 하겠다는 목표를 내세웠다. 이러한 목표를 달성하기 위해서는 "압도적(overmatch) 군사력"으로 대규모 전쟁에 대비되어야 하며, 전쟁에서 "적국의 공격을 처벌하는 것뿐만 아니라 적국을 패배시킬 수 있는" 군사력을 보유하고 있어야 한다고 강조했다.[16] 즉 미국이 추구하는 목적은 잠재적 적국의 억제에서 끝나는 것이 아니라 실질적으로 전쟁을 수행하여 적국의 패배 및 정권의 종식까지 포함하는 것이다.

바이든 행정부도 "강력한 미군은 외교를 뒷받침하고, 공격에 대응하며, 분쟁을 억제하고, 힘을 투사하며, 미 국민과 미국의 경제적 이익을 보호함으로써 미국의 사활적 국가이익을 전진시키고 수호한다"며 군사력이 다양하게 유용함을 공인했다.[17] 또 미국민의 안전과 "미국의 경제적 번영과 기회를 확장"하는 것을 국가이익으로 규정하며 중국, 러시아, 조선을 미국에 대한 위협으로 명시하는 데 있어서는 차이가 없다. 단 바이든 행정부는 중국이 "국제질서를 재편할 의도가 있을 뿐만 아니라 이를 달성할 경제적, 외교적, 군사적, 기술적 능력을 보유한 유일한 경쟁국"이라

---

16 The White House, *National Security Strategy of the United States of America*, 2017.12, 28면.
17 The White House, *National Security Strategy*, 2022.10, 20면.

며 중국에 대한 경계감을 대폭 강화했다. 2022년 「국가방어전략」도 이를 반영해 중국을 "가장 포괄적이며 중대한 도전"으로 규정했고, 조선은 "미국 본토와 해외주둔 미군, 한국과 일본을 위협하는 핵·미사일 능력을 확장하고 있는" "지속적 위협"이라고 적시했다.[18] 이에 대한 대응으로 '통합 억제'를 추구하여 적국의 목적을 '거부'하는 능력과 적국이 공격을 시도한다면 치러야 할 '비용'을 극대화할 능력을 구비해야 한다고 요구하고 있다.

21세기 들어 미국의 국가안보전략이 도전국가를 억제하고 패퇴시킬 뿐만 아니라 또 도전국의 다양한 도전적 활동들에 대비할 것을 목적으로 제시하면서 미군의 작전 독트린도 보다 공세적으로 변하기 시작했다. 2022년 미 육군이 『야전교범 3-0』(FM 3-0 Operations)을 개정하며 제시한 '다영역 작전'이 그러한 변화를 담고 있다. 영국의 국제전략연구소는 2022년 미 육군이 채택한 다영역 작전 독트린이 이전 독트린의 모호성을 탈피해 "장거리 화력과 통합군사작전으로 적국을 패퇴시켜야" 한다는 목표를 보다 명확하게 제시했다고 평가했는데, 지적한 바와 같이 이러한 변화는 2018년과 2022년 미국 국방전략이 억제와 더불어 '거부를 통한 방어'에 초점에 맞췄던 데 따르는 것이다.[19]

미 육군은 '통합 억제'도 "군사분쟁을 방지하는 것 이상"임을

---

18 U.S. Department of Defense, *2022 National Defense Strategy of the United States of America*, 2022.10, 4~5면.

19 International Institute for Strategic Studies, "The US Army's multi-domain-operations doctrine," *Strategic Comments*, Vol. 29 Cmt. 29, 2022.11.

공언하고 있다. 즉 "적대국들이 군사분쟁의 경계선 밑에서 악의적 행동들의 범위와 강도를 증강시키는 것을 방지하는 것"까지 포함하고 있다.[20] 이를 위해서는 기존과 같이 육·해·공 영역으로만은 부족하고, 미국이 우위를 누리고 있는 우주와 사이버 영역에까지 작전을 확대하여 통합적으로 군사력을 운용해야 한다고 주장하고 있다. 이 다섯개의 영역을 관통하는 물리적·정보·인적 차원에서 모두 상대적 우위를 확보하여 전략적 목적을 달성해야 한다는 것이다.

(2) 핵전략의 변화

미국의 군사전략이 잠재적 적국을 억제하는 것에서 그치지 않고 실전에서 적국의 패퇴를 지향한다는 점은 핵전략의 변화를 추동하고 있다. 냉전 시기 소련과의 전략대결에서 핵무기의 가장 중요한 목적이 억제였다면 최근 들어서는 핵무기를 전쟁에 사용할 가능성이 높아지고 있는 것이다. 물론 미국은 핵무기를 비핵국가에 사용한 전적이 있고, 한국전쟁 중인 1950년에는 트루먼 (H. Truman) 대통령이 "필요하다면 원자탄을 사용할 수도 있다"고 기자회견에서 공언한 적이 있다.[21] 핵무기를 억제 이외의 목적에도 사용할 수 있다는 방침은 이후 정권의 교체에도 불구하고

---

20 Department of the Army, 앞의 책 1~4면.

21 Harry S. Truman, "The President's News Conference," 1950.11.30; Anthony Leviero, "President Warns We Would Use Atomic Bomb, If Necessary; Soviet Vetoes Plea to Red China," *The New York Times*, 1950.12.1.

변하지 않고 견지되고 있다. 바이든 대통령은 후보 시절 유세에서 "핵무기는 핵무기를 억제하는 목적으로만 사용되어야 한다"고 주장했지만, 2022년 「핵태세검토 보고서」에서 핵무기가 다른 목적으로도 사용될 수 있다고 공식화했다.[22] 최근 들어서는 핵무기를 전투에서 사용할 수 있는 가능성이 높아지고 있다. 구체적으로는 저준위 핵무기를 개발·배치하는 한편, 지하관통핵탄을 개량하여 핵무기를 실전에서 사용할 수 있는 가능성을 높이는 것으로 나타나고 있다.[23]

2018년 트럼프 행정부 시기 미 국방부는 "적의 방어를 관통할 수 있는 신속대응 방안으로 잠수함발사탄도미사일(SLBM)용 저준위 탄두를 배치하기 위해 개발할 것"[24]이라고 공언한 바 있다. 또 잠수함발사유도미사일(SLCM)의 신형을 신속히 개발하겠다고 밝히기도 했다. 이러한 발표에 이어 2020년 2월 미 국방부는 W76-2 저준위 핵탄두가 미 해군에 배치됐다고 발표했다.[25] 중국의 일부 전략가들은 중국의 비핵군사력이 강화되는 것에 대응해서 미국이 핵무기 사용 가능성을 증대시키고 있다고 평가하는데, 이는 미국에 대한 조선의 인식에도 시사하는 바가 크다.

---

22 Daryl G. Kimball, "Biden Policy Allows First Use of Nuclear Weapons," *Arms Control Today*, 2022.4.

23 다양한 저준위 핵탄두 사용 시나리오에 대해서는 다음을 참조. Eva Lisowski, "Potential Use of Low-Yield Nuclear Weapons in a Korean Context," *Journal for Peace and Nuclear Disarmament*, Vol. 5 Sup. 1, 2022, 85~100면.

24 Office of Secretary of Defense, *Nuclear Posture Review*, 2018.2, 55면.

25 U.S. Department of Defense, "Statement on the Fielding of the W76-2 Low-Yield Submarine Launched Ballistic Missile Warhead," 2020.2.4.

　이어서 바이든 행정부 시기 2023년 10월에는 미 국방부가 지하 관통핵탄 B61의 신형인 B61-13을 개발하겠다고 공표했다.[26] 이 신형 핵탄은 지하관통핵탄 중 가장 파괴력이 높은 B61-7의 디자인에 기초하여 360KT 정도의 파괴력을 가질 것으로 전망되고 있다. 이미 미국은 오바마 행정부에서 퇴역시키기로 한 지하관통핵탄은 퇴역시키지 않고 있으며 잠수함 발사 핵미사일로 지하시설을 파괴할 능력을 보유하고 있다. 이러한 상태에서 신형 B61-13을 개발하겠다는 것은 잠재적 적국의 지하시설을 파괴할 능력을 다양하게 보유하겠다는 의지이자, 억제능력뿐만 아니라 핵전쟁에서 적국의 군사력을 파괴할 수 있는 능력을 보유하겠다는 표현이기도 하다.

　바이든 대통령은 중국 및 러시아와 조선의 핵위협에 대처하기 위해 지난 2024년 3월 '핵무기 운용 지침'(nuclear weapons employment guidance)을 개정했는데 그 내용은 공개되지 않았지만 보다 공세적인 지침일 가능성이 높다. 중국과 조선의 핵군사력이 증대하고 있고 이들과 러시아가 공조할 가능성도 고조되고 있다는 평가에 대한 대응책이기 때문이다. 매사추세츠공과대학의 핵전략 전문가인 비핀 나랑(Vipin Narang)은 지난 8월 초 국방부 근무를 마치며 이 지침은 "특히 중국의 핵무기 규모와 종류의 현저한 증가"에 대처한다고 밝힌 바 있는데, 미 국방부는 중국의 핵탄두 보유량이 현재 400기 수준에서 2035년에는 1500기에 도달할

---

26 U.S. Department of Defense, "Department of Defense Announces Pursuit of B61 Gravity Bomb Variant," 2023.10.27.

것이라고 예측하고 있다.[27] 또 조선의 핵무력에 대한 재평가도 미국의 핵무기 운용 지침 변화에 영향을 줬다. 뉴욕타임스가 지적한 것과 같이, 조선이 소수의 핵무기를 보유했을 때 미국은 미사일방어망(MD)으로 조선의 핵미사일을 방어하는 것이 가능했지만, 현재로서는 조선 핵무장이 파키스탄과 이스라엘 수준으로 빠르게 강화되고 있고 러시아 및 중국과 공조하기에 충분한 수준에 이르렀다고 미국이 인식하고 있기 때문이다. 이러한 "핵무장 적들간 협력 및 공모의 진정한 가능성"에 대응하기 위해 핵 운용 지침을 개정했다는 것이다.[28]

그렇지 않아도 유사시 미국이 핵무기를 사용할 수 있는 가능성은 미국의 '탄도탄 요격미사일 조약'(ABM Treaty) 탈퇴로 가중되고 있었다. 주지하듯이 냉전 시기 1972년 미국과 소련은 탄도탄 요격미사일을 제한하기로 합의, 미·소간 핵 선제타격 가능성을 제한함으로써 전략적 안정성을 유지하고 있었다. 미사일 방어능력은 상대국의 핵억제력을 무력화시키기 때문에 핵 선제타격 능력을 의미하기 때문이다. 하지만 미국은 2002년 이를 일방적으로 파기하고 본격적으로 미사일방어체계 구축을 시작했다. 알래스카에서 시작해 캘리포니아와 하와이 및 해외까지 다층의 미사일방어체계를 구축하고 있다. 현재 알래스카 그릴리 기지와 캘리포니아 반덴버그 공군기지에 지상배치 중간단계 방어체계가 배치

---

27 정의길 「미, 북·중·러 공조 대응 핵전략 지침 수립」, 한겨레 2024.8.21.

28 David Sanger, "Biden Approved Secret Nuclear Strategy Refocusing on Chinese Threat," *The New York Times,* 2024.8.20.

되어 있는데, 요격미사일은 알래스카에 40기, 캘리포니아에 4기
가 있다. 트럼프 행정부는 2019년「미사일 방어 검토」보고서에서
알래스카에 요격미사일 20기를 추가로 배치할 필요가 있다고 요
청하기도 했다. 여기에 사드와 SM3, 패트리엇 등을 추가해 다층
미사일방어체계를 구축하고 있는 것은 미국이 핵 선제타격 능력
을 추구하고 있다는 의심을 불러일으키고 있다.

트럼프 행정부 2기는 출범 직후부터 '차세대 미사일 방어능력'
을 추구하며 이러한 의심을 더욱 심화시키고 있다. 트럼프 대통
령은 2025년 1월 27일 '미국을 위한 아이언돔' 행정명령에 서명,
미사일 공격으로부터 미 본토를 지킬 차세대 미사일 방어 실행계
획과 요구사항 등을 60일 이내에 제출하라고 국방부에 요구했다.
극초음속 미사일과 탄도미사일, 순항미사일 등의 공격을 저지할
방법을 연구하고, 전진배치된 미군과 동맹에 대한 전구 미사일
방어 개선방안 등을 마련하라는 것이다. 이에 따라 △미사일 추
적을 위한 센서의 우주 배치 △적 탄도미사일이 상승 단계에 있
을 때 요격하는 지향성 에너지 무기(레이저) △적 미사일 발사 이
전 또는 상승 단계에 격퇴할 능력 배치 △우주 기반 요격기 △저
궤도에 군사위성 수백개를 띄워 미사일을 탐지·추적할 능력 △
적의 2차 공격을 격퇴할 종말단계 요격체 배치를 추진한다.[29]

그러나 트럼프 정부의 '차세대 미사일 방어능력'의 현실성에는
여러가지 의문이 제기되고 있다.[30] 뿐만 아니라 미국의 미사일방

---

29 The White House, "The Iron Dome for America," 2025.1.27.
30 Greg Hadley, "Missile Defense Agency Moves Out Quickly on 'Iron Dome'," *Air &*

어체계는 불완전한 상태이기 때문에, 동시적으로 다양한 군사적 능력을 동원하여 억제와 승리를 추구하는 것이 전략상황을 더욱 불안정하게 만들고 있다.[31] 앞으로는 조선의 미사일 위협이 발전하는 데 대응해 '차세대 요격미사일'을 개발, 기존 체계를 대체할 계획도 있다. 또 미국은 위기상황에서 '전지구적 통합 도메인 상황파악 능력'을 통해 '탄력적 결정'을 할 수 있다고 밝히고 있는데, 여기에는 '물리적 타격'과 같은 '전쟁 확대'도 선택지로 두고 있음을 명확히 하고 있다.[32] 또 핵무기와 비핵무기를 사용할 '신뢰성 있는 위협'과 함께 '전방위적 미사일 파괴능력'을 사용할 수 있음도 밝히고 있다. 제이크 설리번(Jake Sullivan) 국가안보보좌관도 적국의 억제와 격퇴를 위해서 핵무력뿐만 아니라 "첨단 비핵무기를 개발해 향후 수십년간 미국이 군사적 우위를 유지할 수 있도록 투자하고 있다"고 밝히기도 했다.[33] 이렇게 비핵무기를 동

Space Forces Magazine, 2025.2.7.

31 이 미사일방어체계 요격미사일의 '킬' 성공률은 56퍼센트 정도로, 4기를 사용해야 적국의 미사일을 요격할 확률이 97퍼센트가 되는 것으로 알려져 있다. 다시 말해 미국은 현재 조선의 대륙간탄도미사일 10기 정도를 요격할 능력을 구비하고 있으며, 요격미사일이 20기 추가되더라도 조선의 대륙간탄도미사일이나 핵탄두가 15기를 넘어서면 미사일 방어능력은 포화상태가 된다. 이 미사일방어체계는 실전에서 미국을 방어할 능력이 거의 없다고 평가되고 있다. "There is no guaranteed defence against ballistic missiles —yet," *The Economist*, 2018.1.11; Laura Grego, George N. Lewis and David Wright, *Shielded from Oversight: The Disastrous US Approach to Strategic Missile Defense*, Union of Concerned Scientists, 2016.7; David Wright, "The Role of Missile Defense in North-East Asia," *Journal for Peace and Nuclear Disarmament*, Vol. 5 sup. 1, 2022, 132~53면.

32 U.S. Department of Defense, *2022 Missile Defense Review*, 6면.

33 "Remarks by National Security Advisor Jake Sullivan for the Arms Control Association(ACA) Annual Forum," 2023.6.2.

원해 적국의 핵사용을 억제하겠다는 방침은 비핵무기를 이용한 핵무기 선제타격 및 핵무기를 동원한 비핵무기 파괴 등의 가능성을 제고시켜 안보상황을 더욱 불안정하게 만들 우려가 있다.[34]

(3) 다영역 작전 통합

미국은 현재 '잠재적 적국'을 억제하기 위해 핵무기나 비핵 군사력만을 사용하는 것이 아니라 다양한 영역과 지역의 능력을 통합하여 '적국'을 압도할 총체적 능력을 추구하고 있다. 바이든 행정부의 「국가안보전략」 보고서는 이를 '통합 억제'로 표현하고 있다.[35] 구체적으로는 △지상, 공중, 해상, 사이버 및 우주 영역의 군사능력 및 비군사능력(경제, 기술, 정보 등)을 통합하여 운용하는 '다영역 통합' △핵심적인 지역의 능력을 통합하는 '다지역 통합' △다양한 분쟁 스펙트럼의 통합 △미국정부 전체의 통합 △동맹 및 파트너와의 통합 등을 통섭하는 포괄적인 접근법이다. 이에 따라 미국의 군사작전 역량은 사이버, 우주, 전자스펙트럼 등의 영역까지 확장하고 있고, 동맹국과 우호국을 여기에 동원하고 있다.

우선 '다영역 통합'에 따라 미국은 사이버 및 우주 영역의 군사능력을 발전시키고 있을 뿐만 아니라 한국과 일본도 이 영역의

---

34 전문가들은 이를 '얽힌 안보딜레마'로 부르며 그 위험성에 대한 경각을 촉구하고 있기도 하다. Henrik Stålhane Hiim, M. Taylor Fravel and Magnus Langset Trøan, "The Dynamics of an Entangled Security Dilemma: China's Changing Nuclear Posture," *International Security*, Vol. 47 No. 4, 2023년 봄호 147~187면.

35 The White House, *National Security Strategy*, 2022, 22면.

군사능력을 배양하여 미군과 연합작전을 수행할 수 있도록 추동하고 있다. 미국은 사이버전을 담당하는 통합전투사령부인 사이버사령부를 이미 2010년 설립했고, 2019년에는 우주사령부를 창설했다. 2022년 11월 인도태평양사령부 산하에 우주군사령부를 출범시킨 데 이어 12월에는 한국에 미 우주군 한국 현장 지휘부를 설치했다. 일본에도 2024년 12월 4일 요꼬따 기지에 미 우주군 일본 현장 지휘부를 설치했다.[36] 한국은 이러한 미군의 움직임에 발맞춰서 공군 항공우주작전본부 예하에 우주작전전대를 설치해 미국 우주군과 협력하고 있다. 일본은 2020년 우주작전대를 설치한 데 이어 2022년부터는 이를 우주작전군으로 격상하여 운용하고 있다.[37] 이러한 조직 개편과 함께 2024년부터는 연합훈련도 다영역으로 확대된 바 있다.[38]

이렇게 신영역에서의 군사능력을 향상시키는 것과 함께 이를 기존 육·해·공군 능력과 통합시키는 노력도 배증되고 있다. 앞서 언급한 2022년 미 육군 『야전교범 3-0』 개정판이 그 대표적

---

[36] 박승혁 「미 인도태평양사령부 산하에 우주군사령부 출범… 북한, 태평양 전구 주요 위협 중 하나」, VOA 2022.11.23; Unshin Lee Harpley, "Space Force's Japan Component Expected to Activate in 2024," *Air & Space Forces Magazine*, 2024.2.13; 「在日アメリカ宇宙軍が発足 宇宙空間を担う新部隊 横田基地」, NHK 2024.12.4.

[37] 2018년 방위계획대강에 '다차원 통합방위 능력' 구축, 중기방위력정비계획에 우주부대 설치가 명기된 데 따른 것이다. 宇宙作戦群 홈페이지 참조.

[38] 2024년 6월 사상 최초의 다영역 한·미 연합훈련 프리덤에지에서는 해상미사일 방어훈련, 대잠전훈련, 방공전훈련, 공중훈련, 수색 및 구조훈련, 해양차단훈련, 사이버 방어훈련 등 모두 7개 훈련을 했다. 특히 사이버 방어훈련을 해서 이번 훈련이 첫 다영역 훈련이 됐다. 권혁철 「윤 대통령이 덥석 받은 '미군식 다영역 작전'… 한반도 상황에 적합한 걸까」, 한겨레 2024.7.7.

인 예인데, 최근 들어 한국과 일본도 '다영역 작전'을 통합적으로 구사하기 위한 군사조직들을 창설하고 있다. 한국 국방부가 2024년 10월 1일 창설한 전략사령부는 삼축체계(킬체인·한국형 미사일 방어·대량응징보복) 관련 무기들을 통합적으로 지휘·운용할 뿐만 아니라 핵·재래식 통합작전과 우주·사이버·전자기스펙트럼 등 신영역에서 전투발전을 주도하는 부대가 될 것으로 알려졌다.[39] 한·미 정상의 2023년 '워싱턴선언'에 따라 전략사는 한미연합사령부와 협력을 통해서 '한·미 일체형 확장억제'의 구체적 실행을 주도하게 된다.[40]

일본에서도 육상·해상·항공자위대를 일원적으로 지휘하는 통합작전사령부를 설치하는 방위성 설치법 개정안이 2024년 5월 참의원(상원)을 통과되어, 2025년 3월 통합작전사령부가 출범했다.[41] 일본에서 통합작전사령부가 발족되는 데에는 우주, 사이버, 전자기스펙트럼이라는 새로운 영역에서 일원적으로 대처해야 할

---

39 조용덕·정용석·윤동원 「미래전을 위한 한국형 전자기스펙트럼 작전」, 『한국군사학논집』 78집 1권, 2022.2, 427~459면.

40 권혁철 「왜 바이든은 꼭 집어 '한국 전략사령부'의 발목을 잡았을까?」, 한겨레 2024.7.26.

41 박성진 「日자위대 통합작전사령부 설치법 국회 통과…미군과 조율 담당」, 연합뉴스 2024.5.10; 안영준 「일본 '통합작전사령부' 창설과 동북아 안보 환경 변화」, 『국가안보와 전략』 2025년 여름호 109~47면. 2024년 4월 미일정상회담과 7월의 2+2회의(미국과 일본의 외교와 국방장관 회의체)의 결정에 따른 것으로, 2+2회의에서 미국은 "주일미군을 인도태평양군 사령관 예하의 통합군사령부로 재구성할 의도"를 재확인하고 워킹그룹을 신설해 일본 자위대의 통합작전사령부와 미군 카운터파트에 대한 논의를 진행하기로 했다. 外務省「日米安全保障協議委員會(「2＋2」）共同発表」 2024.7.28.

필요성이 그 중요한 이유로 알려져 있다.[42] 즉 사이버 공격만 받아도 무력공격사태로 인정하고 자위권을 발동하는 상황이 오면서 새로운 영역과 기존 육·해·공 영역을 작전적으로 통합운용해야 하는 소요가 더욱 커진 것이 한국의 전략사령부와 일본의 통합작전사령부 발족으로 이어진 것이다. 이러한 다영역의 통합은 핵무기와 비핵무기, 물리적 타격능력과 비물리적 타격능력의 구분을 무의미하게 만들어 전쟁의 위험성을 더욱 제고한다고 평가할 수 있다.

(4) 아시아 냉전분단의 복귀

미국은 오바마 정부 시기부터 이러한 세계전략 안에서 아시아에 보다 높은 비중을 두고 있다. 2011년 당시 국무장관 클린턴(H. Clinton)이 '아시아로의 중심축 이동'(Pivot to Asia)으로 소개했다가 2013년 '아시아 재균형'으로 이름이 정착된 정책이 아시아 중시정책을 보여준다. 그 직접적 계기는 2008년 금융회사 리먼 브라더스의 파산으로 촉발된 금융위기였다. 당시 미국 경제가 휘청하는 동안에도 중국은 흔들리지 않고 경제성장을 유지하며 아시아 경제를 안정시키는 데 결정적 역할을 했다. 이 금융위기는 오랫동안 지속되어 왔던 추세, 즉 미국의 하락과 중국의 부상을 세계에 각인시키는 계기가 됐다. 앞에서 지적한 것과 같이 세계경제에서 차지하는 미국과 중국의 비중이 역전되는 오바마 정부 시

---

[42] 김학준 「일본의 통합사령부 신설과 한·미·일 안보협력」, 『한일군사문화연구』 39권, 2023, 45~73면.

기에 미국의 전략적 중심축이 아시아로 이동하기 시작한 것이다.
이후 중국의 비중이 계속 커지는 현실을 반영하여 미국은 정권의
변화에 관계없이 중국을 집중적으로 경계하며 아시아에서 군사
력을 강화하고 있다.

미국의 전략적 중심이 아시아에 있다는 사실은 2021년 회계연
도에 신설된 태평양 억제 구상(PDI)에서 잘 드러난다.[43] 인도태평
양사령부는 "중국을 억제하는 사활적 능력"을 공공연히 추구하
며, 필요한 예산을 요청하고 있는데 그 액수가 매년 급속히 신장
하고 있다. 2022 회계연도에 46.8억 달러였지만 2024년에는 이를
다섯배 이상 상회하는 265억 달러로 증액됐다. 미 국방부가 의회
에 요청한 액수는 인도태평양사령부의 요구액보다는 작지만 꾸
준히 증가해, 2023년 62억 달러, 2024년 91억 달러, 2025년 99억 달
러에 달했다.[44] 이에 비해 유럽 억제 구상(EDI) 요청 액수는 같은
해에 각각 43억 달러, 36억 달러, 29억 달러로 PDI보다 액수도 작
고 그 규모도 점차 감축되고 있다.[45] 미 의회는 인도태평양사령부

---

43 일본국제문제연구소는 보고서에서 PDI를 유럽 억제 구상(2014년부터 러시아를
겨냥해 추진된 구상)과 비교하며 PDI는 "미국의 장기적 커밋먼트(commitment)"를
보여준다고 평가하고 있다. 즉 PDI 예산이 미 국방부 정규 예산에 포함되어 있으며,
괌 미군기지의 통합 미사일 방어 구축, 태평양에서의 미사일망 형성, 아시아-태평양
에서 미군 능력 발휘에 필요한 연료·탄약고, 활주로 및 병참 인프라의 정비와 강화
를 추구하고 있다는 것이다. 合六強『米国の「太平洋抑止イニシアティブ」とその行方
──「欧州抑止イニシアティブ」との比較の観点から』, 日本国際問題研究所, 2021.3.22.

44 U.S. Department of Defense, "Pacific Deterrence Initiative, Department of Defense
Budget Fiscal Year(FY) 2025," 2024.3.

45 U.S. Department of Defense, "European Deterrence Initiative, Department of
Defense Budget Fiscal Year 2025," 2024.3.

의 요청액과 국방부 요청액의 중간 수준에서 예산을 통과시키고 있다. 2021 회계연도에 태평양 억제 구상이 신설되며 22억 달러를 배정했다면 2024년에는 이를 147억 달러로 증액했다.[46] 구체적인 액수에 있어서는 인도태평양사령부와 국방부, 의회 사이에 차이가 있지만 태평양 지역에 배당하는 국방비를 매년 증액시키는 데에는 암묵적인 합의가 있다고 볼 수 있는 것이다.

미국이 이렇게 아시아에서 군비를 확충하며 다영역 군사능력을 통합하고 핵·비핵전력의 유기적 운용을 추구하는 이유는 '신냉전'이다. 21세기 들어 동아시아에 삼중분단 구조가 근본적으로 동요하며 해체의 조짐을 보이자 미국이 보유하고 있는 가장 강력한 자원인 군사력을 동원해 냉전분단을 강화하려는 것이다. 중국과 조선을 핵심적인 적국으로 규정해 그들과의 분단선을 다시 다지고, 핵무기와 첨단무기를 개발하는 중국과 조선을 압도할 수 있는 절대적 우위의 군사적 지위를 유지하려는 것이다. 선제타격 능력을 포함해서 핵·비핵전력으로 다영역에서 '적국'을 억제하고 격퇴할 능력을 확보해야 한다는 미국의 전략은 동아시아의 냉전분단을 재강화할 뿐만 아니라 전략적 안정성을 매우 위태롭게 만들고 있다.

또한 이러한 냉전분단 프로젝트는 한반도 분단을 삼중분단의 핵심으로 재강화하는 한편, 중국과 대만의 분단을 강화하는 방식으로 작동하고 있다. 즉 군사적으로 단단해지고 있는 냉전분단

---

46 Noah Robertson, "Pacific leaders say they need more funding to compete with China," *Defense News*, 2024.3.15.

이 현대 민족국가 분단을 다시 공고화하고 있는 셈이다. 한반도가 남과 북으로 대치하고 있는 상태에서 조선이 핵무기와 미사일을 개발하는 이유는 도외시한 채 겉으로 보이는 무기만을 문제삼아 더욱 강한 전력체계와 동맹의 강화재편을 추진하고 있다. 현재 미국은 북에 대해 선제 핵공격을 하지 않겠다는 '소극적 안전보장'을 거부하며, 선제공격을 할 수도 있다는 압박으로 북의 공격을 사전에 억제한다는 전략을 채택하고 있다.[47] 그것으로도 부족해서 사드(THAAD)를 포함한 미사일방어체계를 동북아에 구축하여 대북 선제공격력을 추구하고 있다. 실제로 한미연합사는 '맞춤형 억제전략' '킬체인' '4D작전계획'으로 북이 미사일을 발사하기 전 선제적으로 타격하기 위한 작전계획을 수립하고 무기체계를 도입·배치하고 있다.[48]

윤석열 정부 시기에는 미국과 '일체형 확장억제'를 추구하면서 한반도 전략경쟁이 더욱 첨예화됐다. 2024년 7월 윤석열 대통령과 바이든 대통령이 발표한 '한미 한반도 핵억제 핵작전 지침에 관한 공동성명'은 한국 비핵전력과 미국 핵전력의 통합을 의미하는 한·미 일체형 확장억제 시스템을 구축하는 내용이었다. 한국의 첨단 비핵전력이 미국의 핵전력과 통합되어 운용된다는 것인데, 잘 알려진 것과 같이 한국의 삼축체계는 북이 핵무기 사용 움직임을 보이면 선제타격하는 무기체계들을 포함하고 있다. 이런 상황에서 윤석열 대통령이 10월 1일 국군의 날 기념식에서 "북한

---

47 U.S. Department of Defense, *Nuclear Posture Review Report*, 2010.4, viii and 15면.
48 본서 5장 참조.

이 핵무기 사용을 기도한다면, 그날이 바로 북한 정권 종말의 날이 될 것"이라고 한 발언은 주목할 만하다. 조선이 실제로 핵무기를 사용하지 않았더라도 핵무기 사용을 '기도'했다는 이유만으로도 선제타격을 받을 수 있음을 시사했기 때문이다.[49]

미국이 최근 들어 투자를 늘리며 군사능력 개발에 매진하고 있는 분야가 중국과 조선의 중·근거리 방어능력을 무력화시킬 수 있는 능력이다. 미군은 한편으로는 조선과 중국의 접근방해/지역거부(A2/AD) 능력을 무력화시킬 수 있는 무기체계와 전술을 개발하고 있고, 한편으로는 중거리 미사일 능력을 강화하고 있다.[50] 미국은 2019년 '중거리핵전략조약'(INF)에서 공식적으로 탈퇴한 며칠 후 지상발사용 토마호크 미사일을 시험 발사, 중거리 핵미사일 개발을 공식화했다. 2023년에는 타이폰 중거리 미사일 발사체계의 시험에 성공한 이후 2024년 4월 이를 필리핀에 반입, 군사훈련에 사용했다. 이 체계에서 발사되는 중거리 미사일은 중국 해안의 군사시설을 사거리에 두고 있는데, 필리핀과 미국은 군사훈련 이후에도 타이폰 발사체계를 철거할 계획이 없는 것으로 알려졌다.[51] 또 2024년 9월 미 육군은 타이폰 체계를 일본에 배치할 가능성을 논의하고 있다고 밝히기도 했고, 2025년 8월에는 탈리

---

49 졸고 「북·남 '말 핵폭탄' 일촉즉발…'헤어질 결심' 섰어도 냉각기 가져야」, 한겨레 2024.10.19.

50 Nathan Freier, "The Emerging Anti-access/Area-Denial Challenge," Center for Strategic and International Studies 2012.

51 Karen Lema and Poppy Mcpherson, "Exclusive: US keeps missile system in Philippines as China tensions rise," *Reuters*, 2024.9.20; "Philippines eyes future missile launchers purchase, to retain US Typhon system," *Reuters*, 2024.9.20.

스만 세이버 군사훈련에 최신 극초음속 미사일 '다크 이글'을 호주 북부에 투입하는 훈련을 포함하는 등 인도-태평양 지역에 중거리 미사일을 배치할 가능성을 모색하고 있다.[52] 이에 더해 일본이 키시다 정부가 2024년 1월 계약에 서명한 대로 토마호크 미사일을 2025년부터 구입·배치하기 시작하면서 중국과 조선이 느끼는 선제공격위협은 급격하게 상승할 것으로 보인다.

한편 2014년 「4개년국방검토」 보고서(QDR)는 미국이 비교우위를 누리고 있는 부분 중의 하나가 '동맹 네트워크'라고 하면서 변화하는 전략환경에 효율적으로 대처하기 위해 이를 활용할 것이라고 천명하고 있다.[53] 물론 트럼프 행정부 1.0이 동맹의 전략적 중요성을 일시적으로 평가절하했었지만, 바이든 행정부는 즉시 동맹을 '군사력 승수'라고 보며 그 중요성을 복구시켰다. 실제로 이미 한·미·일의 무기체계 및 작전개념은 상호운용성 수준을 넘어 통합화로 발전하고 있다. 일본과 한국, 미국에 배치된 미사일 방어용 레이더와 요격미사일, 통제시스템은 일체화된 미사일방어체계로 진화하고 있다. 괌과 오끼나와 및 오산 기지에 배치된 미군이 국경에 제한 없이 작전을 수행하고, 주한미군과 주일미군뿐만 아니라 일본 자위대와 한국 군대가 미군과 연합작전을 수행하는 것이 가능해지고 있다. 아베 정부가 강행 입법한 안보관련

---

52 Jesse Johnson, "U.S. eyeing midrange missiles in Japan for drills, U.S. Army secretary says," *The Japan Times*, 2024.9.7; Sgt. Perla Alfaro, "US Army Showcases Long-Range Hypersonic Weapon During TS25 in Australia," U.S. Army Pacific, 2025.8.2.
53 U.S. Department of Defense, *Quadrennial Defense Review*, 2014.

법제는 이러한 군사통합의 법적 근거를 만들어준 것이었다. 트럼프 정부 2.0은 이러한 군사통합을 거부하기보다는 적극적으로 이용, 관세협상 등에서 동맹국의 양보를 '갈취'하는 동시에 중국을 겨냥한 군사적 부담은 동맹국에게 전가하고 있다.

(5) 냉전분단과 동아시아 분단, 민족국가 분단

이런 상황에서 한국과 일본 사이의 군사협력만 이뤄진다면 동맹 네트워크의 통합은 완성되는 것이다. 윤석열 정부의 발등에 떨어진 과제가 강제징용 피해자 배상 문제를 해결하는 것이었던 이유다. 윤석열 정부는 한·일 양국 기업의 자발적 참여로 재원을 조성해서 이를 대위변제, 채무인수 등 방안으로 피해자에게 지급하는 편법을 추구했다. 이는 '식민지배는 불법'이라는 한국 최고법원의 판결을 무력화시키는 것이다.[54] 또 사도광산을 유네스코 세계문화유산으로 등재시키는 과정에서 강제동원 역사를 은폐하려는 일본정부에 적극 협력하기도 했다. 식민주의가 제대로 청산되지 않아 형성된 동아시아 분단을 다시 고착화시키고 있는 것이다.

일본이 아베 정부 시기부터 본격화했던 식민지 역사 지우기 및 동아시아 분단 고착화는 냉전분단의 강화와 맞물리며 진행되어 왔다. 일본은 2022년 12월, 3대 안보문서를 개정하면서 방위 관련 예산을 당시 국내총생산의 1퍼센트에서 2027 회계연도까지 2퍼센트로 늘리고, 5년간 방위비로 약 43조엔(약 399조원)을 확보하기

---

54 김창록 『대법원 강제동원 판결: 핵심은 '불법강점'이다』, 지식산업사 2022.

로 한 바 있다. 이러한 계획은 지속적으로 집행되어, 이시바(石破茂) 정부는 2025 회계연도 방위비로 8조 6691억엔을 편성했다. 이는 전년도보다 10퍼센트 가까이 증액한 것이다.

군사비를 이렇게 대대적으로 늘리는 주요 목적은 '반격능력'을 확보하기 위해서다. 이를 위해 우선 도입되는 것이 미국 순항 미사일 토마호크인데, 일본열도에서 조선 전역을 타격할 수 있고 중국의 연안 대부분에 대한 타격이 가능하게 된다. 이와 동시에 12식 지대함 유도미사일을 개량하여 2026년부터 배치할 계획으로, 토마호크 미사일과 사정거리가 비슷한 12식 미사일 개량형이 함정이나 전투기에 배치되면 중국 내륙까지 타격할 능력을 보유하게 된다. 토마호크 미사일은 냉전 종식 이후 이라크 및 리비아 등 미국의 침공작전에서 가장 먼저 발사된 무기체계이다. 선제타격에 특화되어 있는 무기체계를 '반격능력'이라는 명분으로 대규모 구입하고, 이와 유사한 12식 개량형을 배치하겠다는 것은 일본이 아시아에서 냉전분단의 재강화에 핵심적 역할을 하겠다는 것이다.

냉전분단 강화가 동아시아 분단을 공고화하고, 동아시아 분단이 다시 냉전분단을 강화하고 있는 것인데, 이러한 상호강화 움직임은 현대 민족국가 분단을 더욱 심화시킬 위험성도 내포하고 있다. 예를 들어 조선이 미 본토를 겨냥하여 대륙간탄도미사일(ICBM)을 발사한다면 — 이러한 행위는 미국의 공격을 받았거나 공격이 임박한 시점에서 취할 수 있는 최후의 선택일 것이다 — 주일미군기지에 배치된 레이더나 자위대의 레이더로 이를 추적하여 그 정보를 전달받은 미 요격미사일로 조선의 대륙간탄도미사일을 요격하려는 것이다. 심지어 주일미군이나 일본 주변의 미군이 공격을 받는 경우 일본 자위대가 조선을 대상으로 군사작전을 전개할 수 있도록 하는 것이다. 더욱이 일본은 공격을 받기 전에 상대방을 타격할 수 있는 '적 기지 공격능력'(현재는 '반격능력'이라고 함)까지 추구하고 있다. 한국군은 일본 자위대 및 한반도/조선반도 주변의 미군과의 공조 아래 '선제타격'을 시도할 수도 있다.

이러한 조치들은 일차적으로 조선을 타격점으로 하고 있지만, 전후체제의 관점에서 보면 미국 헤게모니 주도하의 전후체제를 군사력으로 지탱하려는 시도이다. 즉 21세기 들어 요동하는 아시아의 '전후체제'를 군사력으로 유지하려는 것이다. 그리고 이는 아시아 냉전분단을 다시 소환해 한국과 일본을 그 전선의 첨단에 서게 할 위험성을 내포하고 있다.[55]

3. 나가며 — 해결되지 않는 딜레마들

요약하자면 미국이 2차 세계대전 후 아시아에서 구축했던 '삼중분단' 구조는 21세기에 들어 본질적 요동을 경험하고 있다. 중국의 부상으로 인해 '냉전분단'이 그 의미를 잃어가고, 한국과 일

---

[55] 여기에서 중국과 한국을 일방으로 두고 일본을 또다른 일방으로 하는 동아시아 분단은 미국에게 불편한 구도이다. 한·일간 '역사문제'를 넘어 안보협력을 강화하라는 미국의 주문은 동아시아 분단의 대치선을 재조정하려는 것이다.

본 시민사회의 적극적 활동으로 '동아시아 분단'도 극복되어가
며, '현대 민족국가 분단'도 서서히 완화되는 과정이었다. 그러나
미국은 아직도 우세한 군사력과 동맹체제를 동원, 냉전분단을 되
살리려 하고 있으며, 남아 있는 동아시아 분단과 현대 민족국가
분단을 강화, 냉전분단 복구의 동력으로 삼으려 시도하고 있다.
바이든 정부 시기 '삼중분단' 구조를 재강화하려는 시도가 크게
힘을 얻은 것으로 보이고, 본서 10장에서 분석하는 바와 같이 이
러한 구조적 흐름은 큰 변화 없이 지속되면서 트럼프 정부 2.0과
이재명 정부의 선택을 제약하는 힘으로 작동할 것으로 보인다.

그렇지만 21세기의 첫 25년이 끝나가고 두번째 사반세기로 접
어들어 가는 시점에서 삼중분단 구조를 재강화하려는 미국은 두
가지 딜레마를 피할 수 없다. 이 딜레마들은 최근 국제 정치경제
의 변화에 따른 것이기도 하지만 20세기 중반 미국이 세계 최강
국가로 등장하면서부터 안고 있었던 것이기도 하다. 이 딜레마들
은 구조적인 것들이기 때문에 대통령이나 의회의 변화에 따른 국
내 정치 요인에 의해 근본적으로 변하지 않을 뿐만 아니라, 어떤
선택을 하든 편익과 비용이 있기 때문에 선택이 어려운 상황을
설명하기에 적절하기도 하다. 그럼에도 딜레마라는 개념은 미국
에게 선택지가 있다는 현실을 명징하게 보여주며 미국이 어떤 선
택을 할지 전망하기에도 유용하다.

우선, 지정학(地政學)과 지경학(地經學)의 딜레마가 있다. 경제
력과 군사력은 상호보완재이기도 하지만 상호경쟁재이기도 하
다. 경제력의 발전은 군사력 강화의 밑받침이 될 수 있고, 강한 군

사력은 경제적 이익을 수호하고 확대하는 데 유용하기도 하다. 그렇지만 경제발전에 투입된 자원은 군사력 강화에 사용될 수 있는 기회비용이기도 하고 반대로 군사비용 증대는 경제에 투입될 수 있는 자원의 축소를 의미하기도 한다. 자본주의 세계경제는 이런 모순을 더욱 첨예하게 한다. 자본은 국경을 초월해 최고의 자본이득을 추구하지만 군사력은 국경을 수호하고 강화해 최고의 국가안보를 추구하기 때문이다. 자본의 초국경적 이동의 결과 경쟁국의 경제력 성장과 군사력 강화를 초래할 수 있는 동시에 군사력으로 국가이익을 수호하려는 노력은 자본의 자유로운 이동과 상충할 수도 있다. 물론 군사력을 초국가적으로 투사해서 자본의 초국가적 이윤추구를 보호·강화하는 것도 가능하다. 이렇게 될 경우 국가간의 경쟁이 지역 내지 블록 사이의 갈등으로 확대될 위험성도 상승하고 총 군사비용도 증대된다.

두번째는 안보딜레마다. 안보딜레마는 1950년대 미국 정치학자 존 허츠(John H. Herz)가 제안한 개념이다. 당시 세계냉전이 격화하는 와중에 퍼지기 시작한 '맹목적 현실주의'에 경종을 울리기 위해서였다. 군사력에만 의존해 평화를 지키겠다는 정책은 필연적으로 상대국의 불안을 초래하여 그 국가의 군사력 강화를 불러일으킨다. 군사력 강화의 결과 더 강해진 상대국을 대면하게 되고, 그로부터 평화를 지키기 위해서는 군사력을 더욱 키워야 하는 상황이 발생한다. 이는 끊임없는 군비경쟁을 야기하고, 군비를 계속 증대해도 안보는 확보할 수 없는 딜레마로 귀착된다. 허츠가 '안보딜레마' 개념을 제안했을 때만 해도 그는 핵보유국 미국과 소련 사이의 무제한적인 핵군비 경쟁을 염두에 두었었다.[56] 하지만 그 이후 미사일방어체계의 발전은 핵군비 경쟁을 가속화시켰고, 최근 우주와 사이버 영역의 군사화 및 비핵무기의 비약적 발전은 핵군비 경쟁과 분리시킬 수 있는 상황이 되고 있다. 핵무기와 비핵무기가 서로 얽혀서 안보딜레마를 더욱 복잡하고 심하게 만드는 '얽힌 안보딜레마'(Entangled Security Dilemma)가 초래된 것이다.[57] 바이든 행정부는 '통합억제' 전략을 추구해 이런 '얽힌 안보딜레마'를 가속화하는 한편, 동맹과 여타 지역을 미국의 억제와 통합시킴으로써 확장하기도 했다.

동아시아에서 이제 80여년을 맞은 '전후체제'는 중대한 기로에서 있다. '힘을 통한 안보'를 추구하는 미국의 전략은 '삼중분단'의 강화 속에서 지정학과 지경학의 딜레마 및 안보딜레마를 심화시키고 있다. 미국에 대응하여 '힘을 통한 안보'를 추구하는 중국 및 조선과 충돌하기 때문이다. 미국은 새로운 선택을 할 수 있을 것인가? 삼중분단을 평화적으로 해소하여 새로운 지역질서를 구성할 수 있을 것인가? 아니면 삼중분단을 강화시키려는 정치·경제·군사적 흐름이 또다시 주도권을 행사할 것인가? '힘을 통한 안보'가 야기하는 딜레마가 악화되어 미국-일본-한국의 대양세력이 중국-러시아-조선의 대륙세력과 충돌할 것인가? 아니면 폭력적 국가주의를 극복하고 국가 중심적 안보주의를 넘어 지역적

---

56 John. H. Herz, "Idealist Internationalism and the Security Dilemma," *World Politics*, Vol. 2 No. 2, 1950.1, 157~80면; 졸고 「연합군사훈련의 딜레마」, 한겨레 2017.2.22.
57 Hiim, Fravel and Trøan, 앞의 글.

차원에서 협력과 평화를 추구하는 평화체제를 발전시킬 수 있을 것인가? '신냉전'이 동아시아에서 제기하는 가장 중요한 질문이다. 이 기로에서 오늘 무엇을 선택하는지가 21세기 아시아와 한반도의 미래를 결정할 것이다. 다음 장에서는 트럼프 정부 2.0의 선택을 집중적으로 분석하고, 한국은 어떤 선택을 해야 하는지 구체적으로 짚어본다.

10장

트럼프의 귀환, 위기인가 기회인가

한반도 비핵화와 평화체제를 전망하며

도널드 트럼프(Donald Trump)가 2025년 1월 47대 미국 대통령에 취임하여 트럼프 행정부 2.0을 출범시킨 후 국내외적으로 엄청난 파랑을 일으키고 있다. 미국 내에서는 불법이민자 내지 범죄자와의 전쟁을 명분으로 연방 대통령의 권한을 강력하게 행사하며 민주주의 제도와 규범에 도전하고, 미국 밖에서도 이례적 안보정책과 관세전쟁으로 전통적 자유주의 국제질서를 흔들고 있다.

트럼프가 세상을 시끄럽게 하는 만큼 그에 대한 분석들도 난무하는데 트럼프의 개인적 성향에 대해 특별히 말이 많다. 트럼프라는 인물의 성격이 워낙 독특하고 강렬하기 때문이다. 그의 '거래주의'적 성향은 미국 대통령직에 집중된 힘 덕분에 전세계를 뒤흔들 파급력을 갖고 있기도 하다. 이미 트럼프 1.0 정부에서 방위분담금 요구나 관세전쟁으로 세상이 시끄러웠던 경험이 있다.

그러니 트럼프 2.0에서는 재선에 연연하지 않을 트럼프 대통령이 더 마음대로 세상을 휘저을 가능성이 크다는 것이다.

그러나 한 국가의 정책이 대통령 마음대로 되지는 않는다. 미국 정치학자 그레이엄 앨리슨(Graham Allison)의 모델을 인용해보면, 국가는 거대한 관료기구이기도 하고, 다양한 개인과 이해집단이 정책 결정을 두고 경쟁하는 장소이기도 하다.[1] 그리고 이 국가는 세계 속 여러 국가와 상호작용하며 존재할 수밖에 없다. 트럼프 2.0의 미국도 예외가 아니다. 트럼프 2.0의 정책과 그 영향을 전망하려면 트럼프 개인뿐만 아니라 그 주위의 인물과 조직, 국제질서 속 미국의 위치 등을 종합적으로 분석해야 하는 이유다.

그렇다면 트럼프 2.0의 정책을 추동하는 동력은 어디에서 나오는가? 트럼프 대통령은 2기에 과연 어떤 정책들을 추진할 것인가? 그의 정책들은 한반도와 동북아시아의 평화와 안전에 어떠한 영향을 줄 것이며 한국은 어떻게 대응해야 하는가? 더 구조적이고 종합적으로 트럼프 2.0을 분석해보자.

MAGA주의: 미국 우선을 내세우는 '노골적 현실주의'

트럼프 정부를 가장 강력하게 받쳐주는 힘은 '미국을 다시 위대하게'(Make America Great Again)라는 구호 밑에 집결한 다양한

---

1 Graham Allison and Philip Zelikow, *Essence of Decision: Explaining the Cuban Missile Crisis,* Longman 1999.

미국인, 'MAGA주의자'들이다. 하지만 이 구호는 트럼프의 전매특허가 아니다. 이미 1980년 미국 대통령 선거에서 레이건(R. Reagan) 후보가 내세운 것이었다. 그는 베트남전쟁, 워터게이트 스캔들, 이란의 미국 대사관 인질 사건뿐만 아니라 무역적자와 인플레이션 등으로 낙담하고 있는 미국인들에게 '미국을 다시 위대하게 만들자'는 희망적 구호를 던졌다. 유권자들이 열렬히 반응한 결과 그는 재선에 도전한 카터(J. Carter) 대통령을 압도적으로 누르고 40대 대통령에 당선될 수 있었다.

레이건 대통령의 MAGA는 미국이 보유한 힘을 구사해서 미국을 다시 위대하게 하자는 것이 그 요체였다. 군사력을 강화해서 가장 큰 안보위협인 소련을 굴복시키는 한편, 동맹국에도 미국의 영향력을 행사해 경제적 양보를 받아내려는 '노골적 현실주의' 전략을 추진했다. 미국 군사력을 대대적으로 강화하며 그 일환으로 미사일방어체계인 '별들의 전쟁'을 추진하여 소련과 치열한 군비경쟁을 벌였다. 유럽과 아시아에서 동맹국들의 군비강화를 재촉하는 가운데, 일본의 나까소네 야스히로(中曽根康弘) 총리는 "일본 열도를 절대 침몰하지 않는 항공모함처럼 만들겠다"는 '불침항모론'을 내세우며 소련과 각을 세우기도 했다. 레이건 정부가 '힘을 통한 평화'를 적극적으로 추구한 결과 1970년대의 데땅뜨 시대가 저물고, 전세계에서 긴장이 고조됐다. 아프가니스탄과 중남미에서는 미국과 소련의 대리전이 격화되었고 동북아시아에서는 전쟁 위기가 높아지는 등 '제2의 냉전' 시기가 도래했다.[2]

하지만 레이건 대통령은 재선 이후 2기에서 대소련정책을 극적으로 전환했다. 미국을 더 안전하게 만들기 위해 미사일 방어 프로그램을 전격적으로 추진했지만, 군사력만으로는 안전을 확보하는 데 한계가 있다는 현실을 인식하고 인정했기 때문이다. 당시 많은 안보 전문가들이 지적했던 것과 같이 미사일 방어는 넘기 어려운 기술적 한계를 안고 있었을 뿐만 아니라 설령 성공한다고 해도 소련과의 전략적 안정성을 오히려 뒤흔들 위험성을 내포하고 있었다. 따라서 레이건 대통령은 2기에서는 협상을 통한 군비통제에 힘을 기울였다. 그 결과 1987년 '중거리핵전략조약'(INF)을 체결, 중거리 지상발사형 탄도·순항 핵미사일을 폐기하는 데 성공했다. 또 소련에 핵무기를 감축하자고 제안하여 '전략무기감축조약'(START) 협상을 시작, 1991년 조약이 체결될 수 있는 기반을 구축하기도 했다. 1970년대 군비통제 조약들의 실상이 미국과 소련의 군비증강을 허용하는 것이었던 데 비해 레이건 시대의 군비통제는 특정 무기체계를 아예 폐기하거나 전략 핵무기를 감축하는 것이었다. 적국과의 합의된 동시적 군비감축은 국가안보를 향상시킬 수 있다는, 대단히 현실적인 접근 방법을 취했던 것이다.

동시에 레이건 대통령은 미국의 무역적자를 줄이기 위해 동맹국을 압박하는 것을 잊지 않았다. 1981년에는 일본을 압박하여 자동차 수출을 '자발적'으로 감축한다는 협약을 체결했고, 미국의 자동차 산업을 보호하는 조치를 취했다. 이어서 1985년에는 뉴욕

---

2 Fred Halliday, *The Making of the Second Cold War*, Verso 1986.

플라자호텔에서 일본과 독일 등 주요 동맹국과 협상 끝에 미국 달러의 가치를 인하하고, 일본 엔화와 독일 마르크화의 가치를 인상한다는 합의를 끌어내기도 했다. 환율 조작으로 미국의 수입을 줄이고 수출을 늘리려는 정치적 합의였다. '자발적' 또는 '합의'라는 명분을 내세우기는 했지만 미국에 안보를 의존하고 있던 일본과 독일을 힘으로 압박해서 얻어낸 결과였다. 물론 이러한 정부의 개입만으로 미국의 생산력이 활력을 되찾았는가에 대한 평가는 갈리지만, 적어도 단기적으로 미국 자동차 산업이 재생의 전기를 찾은 점은 부인하기 어렵다고 하겠다.[3]

레이건 대통령은 이렇게 냉철한 현실주의, '힘을 통한 평화'와 '힘을 통한 이익'에 기초하여 외교안보정책을 집행했다. 자국의 군사력이 국방의 핵심이지만 적국의 군사력을 협상을 통해서 통제할 수 있으면 이것도 국익에 도움이 된다며 군비통제도 추진했다.[4] 소련을 '악의 제국'이라고 불렀지만 인도적 지원에 인색하지 않았고, 군비통제 조약에 대해서는 "신뢰하지만 검증하라"는 유명한 말을 남기기도 했다. 동맹국이 중요하지만 '퍼주기'만 하지

---

3 연방준비위원회는 1984년 10월 12퍼센트였던 기준금리를 1986년 6퍼센트에 이르기까지 대폭 삭감했고, 초기에 확장적 재정정책을 추진하던 레이건 정부도 후기에는 긴축모드로 돌아서며 연방 재정적자를 40퍼센트 가까이 감축했다. 이러한 통화정책과 재정정책이 복합적으로 작용하여 달러화의 가치도 약화되고 무역수지도 개선된 것으로 평가되고 있다.

4 레이건 대통령은 고르바초프 서기장과 1987년 '중거리핵전력조약'을 체결, 사거리 5백~5천 킬로미터의 중거리 지상발사형 탄도·순항 핵미사일을 폐기하는 데 성공했다. 또 소련에 핵무기 감축을 제안하여 '전략무기감축조약' 협상을 시작, 1991년 조약이 체결될 수 있는 기반을 구축하기도 했다.

는 않았다. 동맹국과도 냉정하게 거래했고, 받아낼 것은 힘으로 압박해서 '쟁취'했다.

당시 레이건 대통령이 이러한 현실주의적 외교안보정책을 집행할 수 있었던 원동력은 미국 내에서 세력을 키운 '뉴라이트'였다. 70년대 말과 80년대 초, 거대한 흐름을 이루며 정치세력화한 뉴라이트는 다종다양한 세력의 집결체였다. △가족의 가치를 내세우며 낙태 및 성소수자를 반대하던 문화적 보수주의자들 △소련을 존재론적 위협으로 인식하던 반공/반소련주의자들 △60년대와 70년대에 광범위하게 성장한 민권운동 및 여성운동 등에 반발하는 우익세력 △팻 로버트슨(Pat Robertson)이나 제리 팔웰(Jerry L. Falwell)과 같이 보수적 복음주의 기독교를 정치세력화한 종교인들 △이들의 요구를 반영하는 정책을 생산하는 헤리티지 재단과 미국기업연구소 같은 싱크탱크 등이 결합해 있었다. 이러한 정치세력을 기반으로 레이건 정부는 대외적으로는 힘에 기반한 현실주의, 국내적으로는 보수주의의 기치 아래 결합하여 경제적으로는 신자유주의를 도입하고 전파하기 시작했다.

'미국 우선'이라는 현실주의

'미국을 다시 위대하게 만들자'는 레이건의 구호를 21세기의 MAGA주의자들이 소환하고 있다는 점은 의미심장하다. 백인 우월주의나 우익 포퓰리즘 같은 요소들을 걷어내면 트럼프가 추구하는 정책들의 핵심은 레이건이 이미 40여년 전에 선을 보였던 노선과 궤를 같이하기 때문이다. 2016년 트럼프 선거대책위원회 위원장으로 대선 승리에 결정적으로 기여했던 스티브 배넌(Steve Bannon) 같은 인물이 레이건을 가장 존경하는 미국 정치인으로 꼽는 것은 우연이 아니다. 국내적으로는 중산층 백인 가족을 중심에 두는 보수적 가치를 복원시키는 한편 대외적으로는 '미국 우선'을 내세우며 힘에 기반한 현실주의를 추구한다는 점에서 21세기 MAGA주의자들은 1980년대의 '뉴라이트'와 매우 유사하다고 하겠다.

사실 '미국 우선'이라는 구호는 1980년대 훨씬 이전인 1차 세계대전 시기부터 등장했다. 미국이 타국의 전쟁에 개입하는 것에 반대하는 다양한 세력이 이 기치 아래 모였고, 정치인들도 공화당과 민주당의 구별 없이 동조했다. 하지만 전쟁 초기 '미국 우선'을 내걸었던 윌슨(W. Wilson) 대통령이 재선에 성공한 이후 1917년 1차 세계대전에 적극적으로 참가하면서 이 운동은 힘을 잃었다. 미국우선주의가 다시 대두한 것은 2차 세계대전 발발 이후였다. 미국이 전쟁에 휩쓸려 들어가는 것을 반대하는 인사들이 1940년 9월 '미국우선주의위원회'를 결성, △미국을 지킬 '난공불락의 방어'를 구축하는 한편 △유럽의 전쟁에 개입하지 말아야 미국의 민주주의를 보존할 수 있다는 원칙을 선언했다.[5] 이 위원회는 이러한 원칙 아래 짧은 기간에 전국에 지부를 두고 80여만

---

5 Wayne S. Cole, *America First: The Battle Against Intervention 1940-1941*, The University of Wisconsin Press 1953.

명의 회원을 가진 대규모 대중조직으로 성장했다. 미국의 민주주의를 지키기 위해 해외의 전쟁에 개입하지 말자는 원칙은 더 오래 전 조지 워싱턴(George Washington) 초대 대통령부터 내려온 미국의 전통이다. 이것이 두차례의 세계대전 기간에 '미국 우선'이라는 구호로 발현되어 대중적인 지지를 받았던 것이다.[6]

하지만 오래 가지는 못했다. 영국과 나치 독일 사이에서 중립을 취하는 것이 적절하냐는 비판을 거세게 받았고, 일본의 진주만 공격을 받고 나서는 2차 세계대전이 해외의 전쟁이 아니라 미국의 전쟁이 됐기 때문이다.[7] 게다가 내부적으로는 반유대주의를 둘러싼 분열이 있었고, 미국 우선 운동은 2차 세계대전 이후에 '고립주의'라는 악평을 받게 됐다. 미국이 세계 최강국으로 등장, 해외 도처에 개입하는 것이 '정상화'되었기 때문이다. 이제는 공화당과 민주당 모두 해외 개입을 당연하게 받아들이고, 미국 싱크탱크들도 이를 '국제주의'로 합리화했다. 냉전 시기를 지나며 미국 우선이라는 반(反)개입주의는 비상식적인 고립주의로 치부되며 정치 주류에서 밀려났다.

패트릭 뷰캐넌(Patrick Buchanan)이나 도널드 트럼프 같이 미국 정치의 비주류 인사들이 역사의 구석에 밀려나 있던 '미국 우선'을 '재발견'했던 것은 우연이 아니었던 셈이다. 이들은 카터 대

---

6 Bruce Weber, "Robert Stuart Jr., 98, Quaker Oats Chief and War Foe in 1940, Dies," *The New York Times,* 2014.5.20.

7 미국우선주의위원회 결성을 주도했던 로버트 스튜어트 주니어(Robert Stuart Jr.)가 미군으로 유럽에 참전하게 됐다는 사실이 위원회의 운명을 잘 보여준다. Bruce Weber, 앞의 글.

통령과 같은 민주당 대통령의 자유주의적 외교도, 조지 W. 부시
(George. W. Bush)와 같은 공화당 대통령의 '네오콘'(신보수주의자)
적 외교도 개입주의라는 점에서 마찬가지라고 인식했다. 미국의
해외 지원의 결과 동맹국은 부흥했지만 '안보 무임승차'를 계속
하고 있고 미국의 경제를 갉아먹고 있다는 불만이 들끓었다. 특
히 21세기 들어 공화당과 민주당 정부를 거치며 계속된 해외 군
사개입이 미국의 힘을 약화시키고 미국에 해가 된다고 비판했다.

8장에서 지적한 것과 같이 미국의 힘이 상대적으로 쇠락하는
21세기에 이런 비판은 유권자들에게 광범위한 공감을 불러일으
켰다. 신자유주의적 세계화의 결과 거대 자본과 엘리트만이 그
과실을 따먹었고, 자신들은 직장도 잃어가며 세계질서의 비용을
부담하고 있다는 대중의 불만과 맞아떨어졌던 것이다. '미국 우
선'이라는 기치는, 2차 세계대전 이후 미국이 구축하고 운용해왔
던 자유주의 국제질서에 대한 여러 불만과 비판이 결합할 수 있
는 계기를 마련해줬다. 변화한 현실에 맞추어 자국의 이익을 최
고의 가치로 추구하며, 필요하면 적국이든 우방이든 상관없이 힘
을 사용하겠다는 점에서 이러한 미국우선주의는 '노골적 현실주
의'라고 평가할 수 있다.

이러한 노골적 현실주의는 통상정책에도 그대로 적용되고 있
다.[8] 레이건 정부가 1985년 플라자합의로 달러화 환율을 인위적

---

[8] 트럼프 대통령은 취임 당일인 2025년 1월 20일 국무장관 및 재무장관 등에게 '불공
정하고 불균형한 무역' '중국과의 교역' 등을 포괄적으로 검토하여 4월 1일까지 그
결과를 보고하고, '미국 우선 교역정책'을 수립하라고 지시했다. The White House,

으로 조작했던 것과 비슷하게 트럼프 정부 2.0은 관세 조작으로 미국의 무역수지 적자를 완화하려 하고 있다. 관세를 임의적으로 높게 책정해놓고 교역 상대국과 협상을 벌여 대미 투자 등 반대급부를 받고 관세를 낮춰주는 방식이다. 그 결과 수입품 관세를 15~25퍼센트 정도 인상하는가 하면 수천억 달러에 달하는 투자액도 챙기고 있다. 특히 미국의 시장과 군사력에 의존하는 유럽연합과 일본, 한국과 같은 동맹국들을 대상으로 노골적 현실주의의 민낯을 그대로 보이고 있다. 이와 같이 힘을 이용해서 동맹국 및 교역국을 '갈취'하는 행태는 앞으로도 여러 모습으로 되풀이될 것이 유력하다.

트럼프 지지세력이 주창하는 MAGA와 '미국 우선'이 미국에선 오래된 전통을 가진 정치적 지형이라면 트럼프 정부 2.0은 그와 다른 새로운 특징을 가지고 있기도 하다. '테크노 자유지상주의'(techno-libertarianism)라고 부를 수 있는 성격은 트럼프 1.0에서는 볼 수 없었던 것이다. 이를 대표하는 인물들이 일론 머스크(Elon Musk)와 데이비드 색스(David O. Sacks), 피터 틸(Peter Thiel) 같은 사람들이다. '페이팔 마피아'로 불리기도 하는 이들은, 머스크가 정부효율부(DOGE) 수장으로 취임해 시도했던 것처럼 AI 같은 첨단기술을 이용해 정부의 효율성을 높임과 동시에 정부의 과도한 규제를 철폐하자는 흐름을 주도하고 있다.[9] 색스는 트럼

<hr>

"America First Trade Policy," 2025.1.20.
9 Jeffrey M. O'Brien, "The PayPal Mafia," *Fortune,* 2007.11.26; Jessica Mathews, "How Peter Thiel's Network of right-wing techies is infiltrating Donaly Trump's White

프 2.0에서 인공지능·암호화폐 차르(최고책임자)로 지명되었고, 틸은 무명의 J. D. 밴스(J. D. Vance)에 일찌감치 투자해 부통령으로 키워냈다. 페이팔 창립을 주도했던 이들은 첨단기술로 정부의 역할을 최소화하는 동시에 개인과 시장의 자유를 극대화하겠다는 '테크노 자유지상주의'를 꿈꾸기 시작하다 트럼프 재선에서 기회를 포착하고 적극적으로 결합, 결국 트럼프 2.0에서 주요 역할을 맡게 됐다.

IT와 같은 하이테크 기업들이 정치적으로 자유주의적 성향을 띠는 것과 반대로, 테크노 자유지상주의자들은 군수산업에 적극적으로 참여하며 미국의 힘을 강화하는 데 주저함이 없다. AI 등 새로운 하이테크 분야에서 두각을 보이고 있는 이들은 바이든(J. Biden) 정부에서 진행되었던 AI 규제 논의를 무력화시키는 동시에 대규모의 정부 수주를 받아 무섭게 성장하고 있다. 피터 틸이 창업한 팔란티어 테크놀로지는 빅데이터 프로세싱과 AI 소프트웨어를 결합한 차세대 테크 기업으로 오사마 빈 라덴 사살 작전에 기여한 것으로 알려져 있고, 미 국방부가 인공지능에 초점을 둔 빅데이터 서비스 계약을 체결하기도 했다. 팔란티어는 2025년 2월 15일 기준으로 시가총액이 2700억 달러를 기록, 전통 방산기업의 만형 격인 레이시언의 1600억 달러를 가볍게 넘어섰다. 팔란티어를 위시하여 안두릴, 오픈AI와 스페이스X 같은 신(新) 하이테크 기업들이 인공지능과 드론, 로봇, 무인 전함 등을 생산하며

House," *Fortune*, 2024.12.8; "The PayPal Mafia is taking over America's government," *The Economist*, 2024.12.10.

방산업계의 개편을 주도하고 있다. 이들은 미국의 군수산업과 국방부를 개편하고 있을 뿐만 아니라 이미 우끄라이나와 이스라엘과 협조하며 세계의 전쟁 양상을 바꿔나가고 있기도 하다.

첨단기술로 △정부 효율화 △미국 군사력 혁명 △경제력 혁신을 달성하여 미국을 다시 위대하게 만들려는 '테크노 자유지상주의자'들은 피터 틸과 같은 인물을 매개로 포퓰리스트적 풀뿌리 운동과 연동되어 있는 것으로 보인다. 일부에서 '아리스토포퓰리즘'(Aristo-populism)이라고 성격을 규정하고 있기도 한 이 극우적 정치운동은 대중의 반엘리트 정서를 적극적으로 활용하며 미국 우선주의의 풀뿌리 운동을 확산시키는 '포퓰리즘'의 외피를 쓰고 있지만, 내용적으로는 새로운 엘리트가 지배하는 세상을 지향하고 있다. 즉 산업혁명에 뿌리를 두고 있는 기득권을 대체해서 AI나 가상화폐 등의 첨단 테크놀로지에 기반한 신흥 산업·금융 엘리트 '아리스토이'(Aristoi)가 새로운 지배세력이 되어야 한다고 주장한다.[10] 주목할 부분은 이들이 첨단산업에 투자해 얻은 이익을 풀뿌리 정치운동에 투자하고 있다는 점이며, 미국 국경을 넘어서 유럽과 동아시아를 연결하는 초국적 극우 네트워크를 발전시키고 있다는 점이다.

이렇게 본다면 트럼프 2.0은 도널드 트럼프라는 한 개인을 훨씬 뛰어넘는 거대한 흐름이라고 할 수 있다. 미국의 전통적 가치 및 노골적 현실주의와 테크노 자유지상주의를 결합하여 미국을

---

[10] Timothy Noah, "Welcome to the Age of Aristopopulism," *The New Republic*, 2025.11.19.

다시 위대하게 만들자는 프로젝트를 추진하고 있는 것이다. 물론 이 프로젝트는 미국 내·외적으로 수많은 난관에 부딪히고 있어 제대로 집행이 될지 불확실하다. 설령 이러한 난관을 뚫고 집행된다고 하더라도 기대하는 것과 같은 성과로 이어질지도 확실하지 않다. 예를 들어 정부효율부가 주도하는 연방정부 공무원 대규모 삭감은 반발을 불러일으키고 있고, AI 등 첨단기술을 도입한다고 미국 경제의 경쟁력이 회복될 수 있을지는 미지수로 남아 있다. 확실한 것은 트럼프 행정부 2.0은 이 프로젝트를 강력하게 추진할 것이라는 점이다. 트럼프 1기 행정부에서 근무했던 많은 트럼프 지지자들은 바이든 정부 시기 싱크탱크를 구축해 절치부심하며 2기를 준비했다. 지지자들을 규합하는 한편 1기에서 실패한 원인을 분석하며 2기에서 집행할 정책들을 다듬었다. 그 중심에 있는 싱크탱크가 헤리티지 재단의 '프로젝트2050'과 미국우선정책연구소다. 이쪽의 인사들이 트럼프 행정부 2.0에 대거 합류하여 그동안 준비한 역량을 보여주기 시작했기 때문에라도 1기와는 달리 미국우선주의 정책들이 강력하게 집행되고 있는 것이다.[11]

---

11 Karen Yourish, Lazaro Gamio and Ashley Wu, "Project 2025, Mar-a-Lago and Fox News: What Connects Trump's New Staff Picks," *The New York Times,* 2024.12.3; Elena Shao, Karen Yourish and June Kim, "How Trump's Directives Echo Project 2025," *The New York Times,* 2025.2.14.

트럼프 2.0의 '노골적 현실주의' 국방정책

트럼프 2.0의 노골적 현실주의는 트럼프 캠페인을 뒷받침하는 싱크탱크의 정책에서 더 구체적으로 드러난다. 프로젝트2050이 주장한 것과 같이, 불법이주자는 가차 없이 추방하고 군대를 동원해서라도 월경하는 밀입국자를 막겠다는 거친 정책들이 정부 초기부터 집행되고 있다. 우끄라이나 종전을 논의하는 과정에서도 우끄라이나와 유럽을 제치고 러시아와 협상하는 데 거침이 없다. 트럼프 정부의 양대 싱크탱크였던 헤리티지 재단의 프로젝트 2050과 미국우선정책연구소는 과연 국제정세를 어떻게 인식하고 있고, 어떤 국방정책을 추진하려고 하는 것일까?

우선, 프로젝트2050은 중국을 "가장 현저한 위험"으로 적시하고 있다. 중국이 미국 다음으로 가장 강력한 국가이고, 이러한 힘에 기반을 두고 영향력을 행사할 것이라고 보고 있다. 미국이 독점적으로 누리고 있는 세계적 헤게모니에 도전할 수 있는 유일한 국가가 바로 중국이라는 것이다.

미국의 안보와 자유, 번영에 가장 현저한 위험은 중국이다. 중국은 미국 이외에는 가장 강력한 국가다. 중국은 아시아를 지배하려는 것이 확실하며, 그 위에서 세계적 우월성을 누리려 한다. 중국정부가 이 목적을 달성한다면 그것은 미국의 핵심이익을 극적으로 훼손시킬 것이다.[12]

따라서 미국은 중국이 이러한 목적을 달성하지 못하도록 '거부 방어' 전략을 채택해야 한다고 제시한다.[13] 일차적으로는 중국의 대만 침공을 효과적으로 패퇴시킬 수 있는 능력을 보유해야 하고 제1도련선을 중국으로부터 지켜내야 한다는 것을 의미한다. 보다 넓은 의미에서는 중국이 아시아를 지배하려 한다면 그 목적을 달성하지 못하도록 거부해야 한다는 것이다. 중국과의 전면전에서 승리를 쟁취하는 것을 목적으로 하지 않고 있다는 점에서 냉전 시기의 미국 전략과는 현격한 차이가 있다. 또, 동시에 다른 전쟁을 수행하기 위해 군사자원을 배분하기 전에 '거부 방어' 능력 구비를 주장한다는 점에서, 냉전 이후 미국의 세계전략이었던 '양대전쟁' 전략(두개의 주요한 지역 전쟁을 동시에 수행하고 승리하는 것을 목표로 하는 전략)보다도 군사력 수요를 낮게 책정하고 있다.

실제로 트럼프 행정부 2.0 출범 직후 피트 헤그세스(Pete Hegseth) 미 국방장관은 2025년 2월 12일 벨기에 브뤼셀 나토(NATO, 북대서양조약기구) 본부에서 열린 우끄라이나 동맹국 회

---

12 Paul Dans and Steven Groves eds., *Mandate for Leadership 2025: The Conservative Promise,* The Heritage Foundation 2023, 92면.

13 '거부 방어'는 적국이 군사력으로 성취하려는 목적을 달성하지 못하도록 하는 방어전략을 의미하는데 엘브리지 콜비가 2021년 저서에서 이를 미국의 대중전략으로 발전시켰다. 트럼프 행정부 1기에서 전략 및 전력개발 담당 부차관보를 역임하고, 2기에서 국방부 정책차관을 맡은 콜비는 중국이 아시아-태평양에서 지역 패권국가가 되는 것을 막는 것이 미국의 전략적 목적이 되어야 한다고 주장했다. 그는 중국정부의 대만 장악을 막으면 중국의 영향력이 지역에 확장되는 것을 거부할 수 있다며, 미국을 중심으로 세력을 모아 확실한 힘의 우위를 만들어야 한다고 제안했다. Elbridge A. Colby, *The Strategy of Denial: American Defense in an Age of Great Power Conflict,* Yale University Press 2021.

의 연설에서 이러한 인식을 드러냈다. 그는 트럼프 행정부가 우끄라이나 전쟁을 빨리 끝내면서도 미군을 개입시키지 않겠다면서 그 이유로 중국이라는 "암울한 전략적 현실"을 들었다. "우리는 미국 본토 및 인도-태평양 지역의 핵심이익을 위협할 의도와 능력을 갖춘 중국이라는 경쟁자에 직면해 있다"면서 "자원이 부족한 점을 감안하면서도 억제력이 실패하지 않도록 자원을 배분하여 태평양 지역에서 중국을 억제하는 걸 최우선 과제로 할 것"이다.[14] 즉 미국에는 중국이 가장 큰 위협이므로 우끄라이나 전쟁 등 다른 분쟁에서 발을 빼고 대중국 전선에 미군을 집중하겠다는 것이다.

중국을 '주적'으로 지목하는 것은 싱크탱크나 국방장관의 공허한 발언이 아니다. 헤그세스 장관의 발언이 있기 이틀 전인 2월 10일 미 공군은 캘리포니아 연안에서 20대의 공중급유기를 동원해 태평양 지역에 연합 공군전력을 전개하는 '뱀부 이글25-1' 훈련에 들어갔다.[15] 태평양 지역에서 중국군과 충돌이 발생했을 때 미국 본토의 공군력을 태평양으로 전개하는 훈련이다. 유사시 미 본토 공군력을 서태평양에 신속하게 위치시키는 동시에 작전 지역의 지휘통제 시스템과 결합되어 통합군으로 기능하게 하는 것이 목표라고 한다.[16] 중국에 대한 위협 인식이 확산되던 바이든

---

14 Pete Hegseth, "Opening Remarks by Secretary of Defense Pete Hegseth at Ukraine Defense Contact Group," U.S. Department of Defense, 2025.2.12.

15 Unshin Lee Harpley, "PHOTOS: More Than 175 Aircraft Fan Out for Huge Agile Combat Exercise," *Air & Space Forces Magazine*, 2025.2.18.

16 Air Mobility Command Public Affairs, "AMC shines during first ever Bamboo Eagle

행정부 시기 2024년 영국과 호주 공군과 함께 시작되었던 이 훈련은 2025년에는 캐나다 공군의 참여로 확대됐고 그 중요성이 부각되고 있다.

단, 프로젝트2050은 이러한 전략이 '미 국민이 수용할 수 있는 수준의 비용과 위험 수준'에서 집행되어야 한다고 강조한다. 그래서 트럼프 정부는 중국과의 전면전에서 승리하기보다는, 앞에서 지적한 것과 같이 중국의 대만 장악을 막는 것을 현실적 목표로 상정하고 있다. 그리고 이것도 대만을 침공하는 중국군과의 전면전에서 승리하는 것보다는 중국군의 침공 시도 자체를 어렵게 만드는 데 초점이 놓여 있다. 실질적으로 2025년 11월 발표된 트럼프 2.0의 「국가안보전략」 보고서도 이러한 인식에 기반하고 있다. 즉 "대만을 둘러싼 분쟁을 억지하는 것이 우선순위"라고 명시하고 대만과 일본을 잇는 "제1도련선 어디에서도 공격을 거부할 수 있는 군사력을 구축할 것"이라고 밝혔다.[17] 다시 말해, 트럼프 2.0의 대중국전략은 냉전 시기보다 훨씬 더 제한적인 군사적 목표를 상정하고 있다. '거부 방어' 전략은 소련과의 전면적 군사대결보다 경제봉쇄를 추구했던 조지 케넌(George F. Kennan)의 냉전 초기 전략에 더 가깝고, 중국의 아시아 영향력 거부에 한정되어 있다는 점에서 냉전 초기의 봉쇄전략보다도 더 제한적인 것이다.

이러한 제한적 대중국전략을 집행하는 데 있어서도, 트럼프

---

exercise," 2024.2.14.

17 The White House, *National Security Strategy of the United States of America*, 2025.11, 23~24면.

2.0은 미국이 혼자서 중국의 도전에 대응하는 것이 아니라 동맹국의 방위분담이 '미국 국방전략의 중심'이 되어야 한다고 밝힌다. 즉 미국은 "동맹국이 방위분담을 증대하도록 지원할 뿐만 아니라 그들이 그렇게 하도록 강력하게 장려해야 한다"는 것이다. 이러한 맥락에서 헤그세스 미 국방장관은 앞에서 언급한 연설에서 "힘을 통한 평화를 함께 성취하기를 소망한다"면서 이를 위해서는 "유럽 동맹국들이 유럽의 통상안보를 책임져야 한다"고 강조했다. 구체적으로 우끄라이나의 안전은 나토가 아니라 유럽 국가들이 보장해줘야 하고, 유럽 국가들은 국방비를 현재 GDP의 2퍼센트에서 5퍼센트 수준까지 증액해야 한다고 요구했다.[18] 이러한 입장은 아시아에도 동일하게 적용되고 있다.[19]

프로젝트2050은 러시아, 이란, 조선 및 초국가적 테러도 "실재의 위협"으로 지적하면서, 이 위협에 대처하는 데도 동맹국들의 방위분담을 촉구하고 있다. 아시아-태평양 지역에서는 "일본이나 호주 같은 동맹국과 함께 대만의 방위비 증액과 협력을 지원하여 집단방위 모델을 만들어야 한다"는 것이다. 1970년대에 닉슨(R. Nixon) 대통령이 아시아의 안보는 아시아가 책임을 지라고

---

18 Pete Hegseth, 앞의 발언문.

19 「국가안보전략」 보고서는 "적을 억제하고 제1도련선을 보호하는 데 필요한 능력"에 초점을 두고 일본과 한국이 국방비를 증액하도록 촉구해야 한다고도 덧붙였다. 한국이 대만 방위에 기여해야 한다고 해석될 수 있지만, 한국을 방어하는 것으로도 이러한 전략적 목적에 부합한다고 볼 여지도 남겨두고 있다. 프로젝트2050은 인도-태평양에서 미국의 군사적 역할을 최소로 규정하려 했지만, 트럼프 2.0에서 미 국방부 안팎으로 미국의 군사적 역할을 강화해야지 축소해서는 안 된다는 입장이 여전히 강고한 실태의 반영이기도 하다. The White House, 앞의 책 24면.

했던 '닉슨 독트린'과 공통분모를 갖고 있다. 이러한 맥락에서 한국에 대해서는 "북한에 대응한 비핵 방어에서 주도적 역할을 하"라고 구체적으로 요구하기도 했다. 여기 주목해야 하는 이유는 한국에 대해 기대하는 것이 주한미군에 대한 방위분담금을 증액하라는 차원도 아니고, 주한미군이나 한국군을 대만해협에 동원할 수 있도록 하라는 요구도 아니기 때문이다. 한국이 한국의 방위를 책임지라는 당연한 요구를 하고 있는 것이고, 미국은 한국의 방위에 대한 부담에서 벗어나 대중국전략을 자유롭게 구사하고 싶다는 것이다. 프로젝트2050이 제시한 이러한 전략적 방침이 트럼프 정부 2.0의 국방정책에 구현되고 있는 것으로 알려져 있다.[20]

이 보고서는 비핵 방위에서는 동맹국들의 역할 분담 확대를 촉구하고 있지만, 중국과 러시아 등의 핵무력을 억제하는 능력은 미국이 행사해야 한다는 점도 확실히 하고 있다. 이를 위해 핵무력을 확대·현대화하고, 전술적 차원에서도 대응할 수 있는 신 핵능력을 개발해야 한다고 촉구한다. 또 육군과 해군을 강화해 '양대전쟁'을 동시에 수행할 능력을 보유해야 한다고 주장하고 있기도 하다. 육군은 5만명을 늘려야 하고, 해군은 군함 355척 이상을 건조해야 한다고 보고 있다. 특히 우주전 및 사이버전쟁에 있어서는 바이든 정부의 방어적 태세를 비판하며 전술·전략적 공격능력을 강화해야 한다고 보다 강경한 입장을 보이고 있다. 이를

20 Alex Horton and Hannah Natanson, "Secret Pentagon memo on China, homeland has Heritage fingerprints," *Washington Post*, 2025.3.29.

위해 미국의 방위산업 기반을 강화해야 한다는 점도 잊지 않고 있다.

트럼프 행정부 2.0이 고립주의를 추진하는 것이 아니냐는 일부의 전망과는 매우 다른 국방정책이다. 트럼프 대통령이 2024년 대선 유세에서, 만약 자신이 대통령으로 재임하고 있다면 한국이 주한미군 방위비 분담금으로 연간 100억 달러(약 13조 6300억 원)를 지불했을 것이라고 말했다는 점을 주목하며 트럼프 행정부 2.0에서 방위비 분담금 증액 압박이 강화되리라 보던 시각도 편협한 것임이 드러난다.[21] 트럼프 2.0에서는 방위비 분담금의 증액규모가 중요한 것이 아니라, 본질적으로 한국의 안보는 한국이 책임지라는 메시지가 핵심이기 때문이다. 동시에 트럼프 정부에 방위분담금을 늘려주는 대가로 한국의 독자적 핵능력을 추진하자는 일각의 시각도 '우물 안의 개구리'임을 알 수 있다. 미국은 트럼프 2.0이라고 해도 핵무력 패권을 양보할 의사가 없을뿐더러 오히려 핵무장을 확대하고 현대화하여 그 지위를 강화하려 하고 있다.

트럼프 2.0의 이러한 노골적 현실주의는 '평화'에 대한 마이클 왈츠(Michael Waltz) 백악관 국가안보보좌관의 정의에서 잘 드러난다. 그는 미국 메릴랜드주에서 열린 보수정치행동회의 대담 프로그램에서 트럼프 대통령의 외교 기조가 "평화는 힘을 통해 구

---

21 김유진 「트럼프 '한국은 머니머신' 9배 높은 '100억 달러' 언급하며 방위비 재협상 요구 시사」, 경향신문 2024.10.16. 방위비 분담금 문제에 대해서는 졸고 「방위비 분담금, 그 이상한 분담」(한겨레 2020.6.7) 참조.

축”된다는 현실주의에 기반하고 있음을 노골적으로 공개했다.[22]

프로젝트2050은 이와 같이 미국이 군사력의 최첨단을 확보하면서 동맹국에 방위분담을 강요하여 '힘을 통한 평화'를 추구하고 있다. 아시아에서는 중국이 지역의 맹주로 등장하는 것을 예방하기 위해 아시아의 안보는 아시아가, 특히 한국의 안보는 한국이 책임져야 한다는 점을 강조하며 대중국 전선에 미국의 힘을 집중할 수 있는 여건을 만들려는 것이다.

트럼프 2.0의 '노골적 현실주의' 외교정책: 오늘의 적은 내일의 동맹

트럼프 정부 2.0의 이러한 노골적 현실주의는 외교전략에서도 그대로 드러난다. 이는 트럼프 2.0을 뒷받침하는 양대 싱크탱크의 또다른 축인 미국우선정책연구소의 보고서에서 구체적으로 확인할 수 있다. 이 싱크탱크는 트럼프 정부 1.0에 참여했던 인사들 중 트럼프 충성파들이 바이든 정부 시기에 집결해 '차기'를 준비했던 곳으로 알려져 있다. 연구소 창립의장이었던 린다 맥마흔(Linda McMahon)이 트럼프가 재선에 성공하자마자 인수위원회 위원장에 임명되는 등 영향력을 떨치고 있다. 미국우선정책연구소는 트럼프가 재선에 성공하면 바로 집행할 대통령령 3백여개

---

22 이조은 「그레넬 특사 "트럼프 대통령, 김정은과 함께 등장할 수 있어"」, VOA 2025.2.25.

를 준비해두었던 것으로 전해지는데, 실제로 트럼프 2.0은 출범하자마자 이 정책들을 폭풍처럼 쏟아냈다.

트럼프 행정부 2.0을 지원하고 있는 미국우선정책연구소도 프로젝트2050과 비슷하게, 고립주의를 확실하게 배척하면서 강한 군사력의 중요성을 강조하는 등 노골적 현실주의의 모습을 보이고 있다. 프로젝트2050이 필요하다면 동맹국에게 관세나 방위비 등의 부담을 강요할 수도 있다고 한 것과 같이, 미국의 이익을 위해서라면 적과도 손을 잡을 수 있다고 직접적으로 천명하고 있다. 이러한 노골적 현실주의 안보정책은 연구소의 보고서에서 더 구체적인 모습으로 나타난다.[23] 연구소는 '적국에 접근하는 미국우선주의의 4대 원칙'을 제시하는데, 미국이 슈퍼파워 지위를 유지해야 한다고 주장하면서도 적국과의 관계에 매우 현실적으로 유연하게 접근하고 있다.

1. 동맹국뿐만 아니라 적국과도 직접 관여하지 않고서는 미 국민을 안전하게 할 수도 없고 세계의 위기를 해결할 수도 없다.

2. 적국과의 관여는 조건을 수반하지, 일방적 양보를 의미하지 않는다.

3. 오늘의 적은 내일의 동맹이 될 수도 있다.

4. 적국의 행동에서의 변화는 의도의 변화와 일치해야 한다.[24]

---

23 America First Policy Institute, "America First Foreign Policy Principles in Practice," 2022.4.4.

24 America First Policy Institute, "Maintaining America's Superpower Status,"

이 보고서는 대북정책에 있어 트럼프 2.0이 매우 전향적 입장을 취할 수도 있다고 시사하고 있다. "트럼프 대통령이 조선과의 관여로 미사일 시험을 1년간 중단시켰고 수십년 전 전장에서 사망한 미군의 유해를 송환받기도 했다"고 서문에서 밝히며 적국과의 관여(engagement)의 중요성을 강조하고 있기 때문이다. 레이건 대통령이 소련을 '악의 제국'이라고 하면서도 외교협상을 통해 군축조약들을 체결시켰던 모습을 상기시킨다. 보고서는 조선과 같은 적국을 미국 편으로 끌어들일 수 있다면 전략적 적국인 중국에 대한 대응력을 강화시킬 수 있다는 점을 직시하는 것이 "현명한 외교정책"이라고 명시하기도 한다. 트럼프 2.0에서는 중국이라는 '가장 현저한 위험'에 대처하기 위해 조선과의 관계 개선도 고려할 수 있다는 것이다.

동양의 눈으로 볼 때 '의리 없는' 행동으로 보일 수 있는 이러한 '원칙'은 사실 서구에서는 매우 익숙한 것이기도 하다. 대영제국이 정점에 오른 시기였던 19세기 중반에 총리를 역임했던 파머스턴 경(H. J. Temple)이 강조했던 입장이 바로 이런 노골적 현실주의였다.[25] 파머스턴 경은 자유무역을 주장했지만 동시에 군대를 동원해 청나라를 굴복시키는 데도 거리낌이 없었다(2차 아편

2022.5.10.

25 파머스턴 경은 다음과 같이 말한 것으로 유명하다. "우리에게는 항구적인 동맹도, 영구적인 적도 없다. 항구적이며 영구적인 것은 우리의 이익뿐이며, 그 이해를 따르는 것이 바로 우리의 의무다." 1848년 3월 1일 영국 하원에서 있었던 토론중의 발언. "Treaty Of Adrianople ― Charges Against Viscount Palmerston" 참조.

전쟁). 유럽의 역사에서도 이러한 식의 이익 추구는 무수히 이루어졌다.[26] 미국도 크게 다르지 않다. 조지 워싱턴 대통령은 1796년 고별사에서 비슷한 조언을 남기기도 했다.

다른 나라에 대해서 끊임없는 혐오감이나 상습적인 호감을 갖는 국가는 어느 면에서 볼 때 노예나 다름없다. 그러한 국가는 적개심의 노예이든 혹은 애착심의 노예이든 간에 자국의 의무와 이익으로부터 자국민들을 오도하게 되는 것이다.[27]

미국이나 유럽의 역사나 현실주의적 시각에서 볼 때 냉전같이 반세기 가까이 한 국가를 적국으로 대하는 것이 오히려 이례적이었다. 대한민국의 예처럼 국가 성립 때부터 지금까지 한 국가를 '주적'으로 보며 어떤 변화의 가능성도 보여주지 않는 것도 비슷하게 보일 것이다. 노골적 현실주의적 입장에서는 국익에 필요하다면 동맹국의 뒤통수를 칠 수도 있고, 오늘의 적국과도 내일 손을 잡을 수 있기 때문이다.

미국우선정책연구소는 이런 인식을 조선과의 관계에도 투영하고 있다. 조선과 관계를 개선하면 '핵문제'가 문제되지 않을뿐더러 중국과의 전선에 집중할 수 있게 된다. 심지어 조선이 미국 편

---

26 오늘날 독일 영토에서 벌어졌던 17세기의 '30년 전쟁'에서는 어제의 동지가 오늘의 적이 되고, 어제의 적이 오늘의 동지가 되는 일이 비일비재했다. 또 영국의 경우 나폴레옹 전쟁 당시 프랑스의 침공을 받은 스페인을 지원했지만, 전쟁 후에는 중남미의 스페인 식민지들을 지원해 스페인에 치명상을 입히기도 했다.

27 George Washington, "Washington's Farewell Address," 1796.9.19, 19면.

에 서게 된다면 이보다 더 좋은 시나리오는 없을 것이다. 이미 트럼프 정부는 1기에서 이러한 인식을 정책으로 집행한 바 있다. 마이크 폼페이오(Mike Pompeo) 전 미국 국무장관이 회고록『조금도 물러서지 않는다: 내가 사랑하는 미국을 위한 싸움』에서 언급한 것과 같다. 그는 트럼프 대통령의 특사 자격으로 평양을 방문해 김정은 위원장과 중국에 대해 나눈 대화를 이렇게 회고했다.

> 나는 김 위원장에게 중국공산당은 주한미군이 철수하면 위원장님이 매우 행복해할 거라고 미국에 일관되게 말했다고 했다. 김 위원장이 책상을 치고 크게 웃으며, 중국은 거짓말쟁이라고 외쳤다. 그는 중국공산당으로부터 그 자신을 보호하기 위해 주한미군이 필요하다, 중국은 한반도를 티베트나 신장처럼 다루기 위해 주한미군을 철수시킬 필요가 있다고 말했다. 정책 당국자들은 주목하라: 미국이 한반도에 미사일을 추가 배치하거나 지상 병력을 늘려도 북한은 신경 쓰지 않을 것이다.[28]

트럼프 행정부 1.0에서 조선과 대화에 나선 것도 조선과의 우호적 관계가 중국을 견제한다면 미국에 이익이 된다는 계산이 깔려 있다는 것이다. 미국우선정책연구소는 트럼프 행정부 2.0도 마찬가지로 조선과의 관계 개선이 중국 견제에 기여하고 미국에 이

---

28 Mike Pompeo, *Never Give an Inch: Fighting for the America I Love*, Broadside Books 2023, 56면; 이조은 「폼페오 전 장관 '김정은, 주한미군 필요하다고 말해… 핵무기 완전 폐기도 약속'」, VOA 2023.1.26.

익이 된다면 추진해야 한다고 주장하고 있다.

"많은 핵무기를 가지고 있는 누군가와 잘 지내는 것은 좋은 일이다."트럼프 대통령은 2024년 7월, 공화당 전당대회 대선후보직 수락 연설에서 조미관계에 대해 이같이 언급했다. 그러면서 "우리가 재집권하면 나는 그(김정은 국무위원장)와 잘 지낼 것"이라며 조선과 다시 대화에 나설 것임을 암시했다. 트럼프 2.0 진영의 사고방식을 볼 때 이러한 발언은 돌출적 개인행동이라기보다는 트럼프 진영의 '집단지성'에 가깝다고 평가해야 할 것이다.

역시 트럼프 대통령은 당선되자마자 조미대화 재개에 나설 채비를 갖췄다. 대조선 업무를 담당할 특사에 자신의 외교 책사인 리처드 그리넬(Richard Grenell) 전 주독일대사를 임명했고, 트럼프 정부 1.0에서 열린 세차례의 조미정상회담에 실무적으로 관여했던 알렉스 웡(Alex Wong)을 백악관 국가안전보장회의 수석부보좌관으로 지명했다. 이어서 그리넬 대통령 특사는 트럼프 대통령과 김정은 위원장의 만남 가능성을 공개적으로 시사했다. 트럼프 행정부가 정권 교체를 목표로 하지 않는다는 점도 강조했다. 그리넬 특사는 앞서 언급한 보수정치행동회의 대담 프로그램에서 "대화하는 것은 나약함을 의미하는 것이 아니라, 목표를 달성하기 위한 전술이라고 생각한다"고도 밝혔다.[29] 이러한 그의 발언은 미국우선정책연구소의 '미국우선주의의 4대 원칙'과 완전히 일맥상통하고 있다.

---

29 이윤희 「美 북한문제 특사 '트럼프, 김정은과도 등장할 수 있는 인물'」, 뉴시스 2025.2.22.

한국은 어떻게 해야 하는가?

2025년 트럼프 정부 2.0이 공식적으로 출범한 이후 앞으로 집행할 정책은 아직 전모가 드러나지 않았다. 다양한 국내적·국제적 요소들에 의해 여러가지 변화가 있을 수도 있다. 그렇지만 트럼프 2.0을 뒷받침하고 있는 MAGA주의, 그리고 그를 정책화하는 연구소의 지향점은 명확해 보인다. 한반도와 동북아시아에는 위기와 기회의 양면성이 공존한다. 위기를 피하고 기회를 살릴 수 있을 것인가?

트럼프 2.0의 정책을 밑받침하는 '노골적 현실주의'는 분명히 거칠고 사나운 모습을 지니고 있다. 미국은 경제적으로나 군사적으로 초강대국이다. 많이 약해졌다 하더라도 미국이 힘을 이용해 단기적이나마 미국의 이익을 추구하겠다고 하면 이를 힘으로 막을 수 있는 국가는 없다. 미국과 공존하며 공통분모를 확대하고 이해가 상충하는 부분은 줄여나가야 한다. 외교안보에서 확대할 수 있는 공통분모는 조선과의 평화 구축이고, 줄여야 하는 간극은 대중국 적대정책이다.

위에서 설명했듯이 조선과 대화를 하고 관계 개선을 추구하겠다는 것은 트럼프 행정부 2.0의 일관된 입장이다. 트럼프 대통령 개인의 관심사이자 트럼프 2.0을 지원하는 싱크탱크의 지론이기도 하고, MAGA 집단의 사고방식과도 부합한다. 트럼프 행정부는 현재 가파르게 진행중인 중동 및 유럽의 전쟁 종식에 집중하고 있지만, 조선을 담당하고 있는 관계자들은 나름대로 돌파구를 모색하고 있을 것이다. 헤그세스 국방장관이 상원의 인준을 받자마자 합참의장 등 한국 근무 경험이 있는 미군 최고 장성 세 명을 해임한 것도 군을 장악하려는 기획의 일환이기는 하지만, 대조선 정책 전환을 위한 내부 정비에도 도움이 된다. 트럼프 대통령과 관계자들의 발언도 차츰 구체화되고 있다.

조미대화와 관계 개선은 한반도 평화를 위해서 환영할 일이다. 한국전쟁의 한 축은 미국과 조선과의 전쟁상태이고, '조미전쟁'이 종결되지 않는 한 한국전쟁의 종결과 평화체제 구축은 불가능하기 때문이다. 따라서 조미대화는 한반도 평화의 필요조건 중 하나라고 할 수 있다. 하지만 충분조건은 되지 못한다. 남북대화 및 관계 개선 없이는 한반도 평화도 있을 수 없기 때문이다. 역으로 남북관계가 개선되더라도 조미관계가 평화롭게 전환되지 않는 한 한국전쟁은 종결되지 않는다. 조미관계와 남북관계를 평화상태로 전환시키는 것은 쉽지 않지만 어느 하나도 빠져서는 한반도 평화를 이룰 수 없다. 그래서 트럼프 1.0에서 조선과 "새로운 관계"를 성립하기로 하고 한반도에 "항구적인 평화체제" 구축에 합의한 것은 중요한 진전이었고, 트럼프 2.0에서 대화와 관계 개선에 관심을 보이는 것은 환영할 일이다.

조미대화에 한국이 '소외'될 것이라는 일각의 우려는 조미관계 개선이 한반도 평화를 위해 필수적이라는 사실을 무시하는 한편 양자회담의 성격을 무시하는 편협한 견해다. 양자회담에 제3자가 낄 여지는 당연히 없다. 한국은 제3자가 아니라 한반도 평화의 당사자로서 남북대화와 한미대화를 주도하면 될 일이다. 트럼프 2.0에서 조미대화를 추진한다면, 한국을 끼워주지 않는다고 불평할 것이 아니라 이를 환영하며 이 기회에 조미관계 개선과 함께 남북대화를 통한 한반도 평화체제 구축에 적극적으로 나서야 할 것이다.

동시에 한미대화를 더욱 활성화하여 트럼프의 대북 접근에 대한 지지 의사를 확실히 해준다면 트럼프 2.0과의 관계를 발전시키는 좋은 거름이 될 것이다. 또 트럼프 2.0에서 바라는 대로 한국의 안보는 한국이 주도적으로 책임질 것이라는 점을 확실히 해야한다. 위에서 지적한 것과 같이, 트럼프 2.0이 추구하는 궁극적인 목표는 방위비 분담금 증액 정도가 아니라 한국에 대한 방위의 주도권을 한국이 갖도록 하는 것이라는 사실에 비춰볼 때 한국의 이런 자세는 트럼프 2.0의 환영을 받을 것이다. 구체적으로는 전시작전통제권의 조속한 전환과 함께 전력구조에서도 한국군이 한국 방어의 주력군이 되도록 변화시켜야 한다. 트럼프 2.0의 정책은 한국이 한국의 안보를 책임지는 '자율적 국방'으로 전환하는 절호의 기회가 될 수 있다.

단 한국의 이러한 자율적 국방이 한국의 군사력 강화나 미국의 확장억제력 심화로 귀결되지 않도록 해야 한다. 최근 일각에서 제기하고 있는 '자강론'은 한국전쟁 이후 계속된 '힘을 통한 안보론'을 유지하자는 것이고, 이는 안보딜레마를 확대·심화시킬 위험성을 안고 있기 때문이다. 자강론은 전작권 환수와 한국 방어의 한국 주도를 전면에 내세우고 있기는 하지만, 그 핵심은

'미국의 확장억제+한국의 비핵군사력 강화'에 있다. 하지만 자강
론자들의 주장대로 바이든 정부와 윤석열 정부가 발표했던 '워
싱턴 선언'이나 '캠프데이비드 선언' 같이 미국의 대북 핵억제력
을 키운다면, 이는 조선의 핵군사력 강화를 초래할 것이 확실하
다.[30] 또 작전통제권 환수 등의 이유로 한국 군사력을 확대하거나
한·미·일 군사협력을 발전시킨다면, 이 역시 조선의 군사적 대응
을 불러일으켜 군사적 적대성을 악화시킬 것이다. 이렇게 된다면
남북정상회담이나 조미정상회담도 어려워질 뿐 아니라 남·북간
의 '적대적 국가관계'는 더욱 심화되고 조·미간의 전쟁상태도 깊
어질 것이다.

　따라서 트럼프 정부 2.0의 조선 관여 정책과 맞물릴 수 있는 자
율적 국방정책은 자강론과는 달리, 남북관계와 조미관계를 평화
적으로 전환시키는 방향을 지향해야 한다. 그런데 한미관계, 조미
관계 및 남북관계를 동시에 평화적으로 전환시키는 과정은 핵문
제를 빼놓고서는 완성될 수 없다. 단 지금까지 요구해왔던 '완전
하고 검증 가능하며 비가역적인 비핵화'(CVID)를 되풀이한다면
한반도 비핵화도 달성이 어렵고 평화체제 구축도 요원한 일이 될
것이다. 이러한 요구는 조선에게 일방적으로 핵무기 폐기를 요구
하는 것이고, 비핵군사력에서 절대적 열세인 조선에게 사실상 유
일한 안보 지지대를 치우라고 강요하는 것이기 때문이다. 따라서

30　'워싱턴 선언'과 '캠프데이비드 선언'은 바이든 행정부의 정책을 반영한 문건이기
　　때문에, 이 정책을 비판하는 것은 정무적으로도 유리하다. 트럼프 대통령은 전임 바
　　이든 정부의 정책을 모두 비판적으로 보고 있기 때문이다.

6자회담 등 지금까지 핵문제를 둘러싼 합의에서 만들어낸 공통분모인 '한반도 비핵화'를 다시 논의의 중심으로 되살려야 하며, 이를 '한반도 비핵무기 지대화' 내지 '동북아시아 비핵무기 지대화'로 제도화하여 발전시킬 가능성을 모색해야 한다. 이러한 제도 안에서 조선은 핵무기와 생산시설을 단계적으로 폐기하고, 그 대신 미국과 중국, 러시아로부터 핵무기를 사용하거나 사용 위협을 가하지 않겠다는 약속을 조약의 형태로 받는 것이다. 이러한 조약 내에서 한국과 일본도 핵무기를 생산하지 않겠다는 공약을 담보로 기존 핵보유국으로부터 핵위협을 받지 않는다는 약속을 받는다.

비핵지대화는 핵무기를 다른 무기체계와 분리해서 추진한다면 실현 가능성이 떨어진다. 현재의 군비경쟁 구도에서는 핵무기와 비핵무기체계가 통합되어 작동하기 때문이다. 미국과 중국의 군비경쟁은 냉전 시기의 미·소 핵무기 경쟁을 넘어서서 '복합적 군비경쟁'의 양상을 띠고 있다.[31] 핵미사일과 미사일방어체계, 우주무기와 AI를 이용한 첨단무기체계들이 유기적으로 결합되어 있는 현 상황에서는 핵무기와 비핵무기를 포괄적으로 제한·감축하는 조치들이 요구된다. 특히, 조선의 경우 미국의 '핵위협'을 자국의 '핵위협'으로 억제한다는 상호억제 논리를 내세우고 있지만, 한국과 미국의 월등한 군사력을 핵전력으로 보완하는 측면

---

[31] Henrik Ståle Hiim, M. Taylor Fravel and Malin L. Trøan, "The Dynamics of an Entangled Security Dilemma: China's Changing Nuclear Posture," *International Security*, Vol. 47 No.4, 2023년 봄호 147~87면.

도 있다.[32] 이와 같이 한반도와 동북아시아에서는 군사력의 불균형·비대칭이 두드러지므로 지역의 안정을 위해서는 군사력을 포괄적으로 제한·감축해야 한다. 비핵지대화를 위해서도 포괄적 안보제도가 필요한 이유이다.

비핵지대화 조약과 포괄적 안보제도는 동아시아 평화 협력을 위한 다자기구와 동시에 추진되어야 한다. 한반도를 포함한 동아시아는 심한 역내 군사력 불균형 상태에 있고, 미중관계의 긴장과 경쟁 고조로 위기감이 팽배하고 있다. 동시에 이 지역은 다중다양한 관계망과 교류로 복잡하고도 깊게 상호의존하고 있기도 하다. 지금 필요한 것은 미중경쟁에 편승하여 위기를 심화시키는 것이 아니다. 기존의 연계망을 줄이거나 끊는 대신 오히려 이를 더 심화하고 확대할 방안을 모색해야 한다. 환경이나 보건 문제와 같이 비전통적 안보 사안에서 협력을 모색하고 추진하는 것이 안보에도 도움이 될 수 있다. 협력적 안보의 틀에서 다양한 협력의 그물망으로 미국과 중국을 둘러싼 두 강대국의 관계를 평화적인 방향으로 견인해야 한다.

이러한 협력안보는 '공동안보'라는 대원칙 아래에서 추진될 수 있다. 아국과 상대국의 안전을 동시에 추구하는 공동안보는 1982년 팔메위원회가 『공동안보: 군비철폐를 위한 프로그램』에

---

[32] 미 국무부는 2021년을 마지막으로 발표한 세계국방비보고서에서 2019년 한국의 국방비는 439억 달러, 조선은 43.1억 달러로 한국이 조선보다 10배 이상 많은 국방비를 지출하고 있다고 보고했다. 또 조선의 국방비는 GDP의 4분의 1이라고 평가하고 있어 조선이 모든 경제생산을 군사화하더라도 한국의 국방비를 따라잡을 수 없는 수준이다. *World Military Expenditures and Arms Transfers*, 2021.11.30.

서 공식화했고, 2022년『공동안보 2022: 우리가 공유하는 미래를 위해』에서 최근의 상황을 반영하여 발전시켰다.[33] 공통되는 대전제는 모든 국가들의 안보가 공동의 운명에 묶여 있다는 인식이다. 아국과 적국을 분리하여 적국의 '확증파괴' 능력을 아국의 안보라고 인식한다면 어느 국가가 안전하다고 느낄 수 있겠느냐고 질문한다. 군사력에 기반한 억제전략 대신에 대화와 갈등 예방, 신뢰 구축 조치들을 통해서 국가간, 민족간 우호적 관계를 다져야 한다는 것이다. 이러한 공동안보의 틀 안에서 △핵무기 철폐 △비핵무기의 제한 △군비감축 △다자대화와 협력 등 포괄적·협력적 안보를 추구할 수 있다.

필자는 '동북아시아 평화와 안전에 대한 전문가 패널'(PSNA)과 지난 수년간의 연구와 토론 과정을 거쳐 이러한 제안을 '비핵무기지대 2.0'과 'C3 안보기구'로 정식화했다.[34] 동북아시아 비핵무기지대와 '공동안보·포괄안보·협력안보'를 추구하는 동아시아 평화협력 기구를 추진하자는 제안이다.

조선은 거침없이 핵무력을 발전·확대시키고 있고, 미국과 중국의 긴장이 높아져가는 현실은 새로운 대안을 요구한다. 역설적으로 트럼프 2.0의 정책은 이러한 대안을 추구할 기회의 창을 열어

---

33 Palme Commission, *Common Security: A Programme for Disarmament*, Pan Books 1982; *Common Security 2022: For Our Shared Future*, the Olof Palme International Center, International Peace Bureau and International Trade Union Confederation, 2022.

34 Gregory Kulacki, Keiko Nakamura, Jae-Jung Suh and Tatsujiro Suzuki, eds., *Getting to Nuclear Zero in Northeast Asia: Nuclear-Weapon-Free Zone as a Vehicle for Change*, Routledge 2025.

주고 있다. 이제 필요한 것은 그 기회의 창을 활짝 열어젖혀 평화
의 길로 성큼 나서는 실천이다.

수록지면

서장 안보딜레마를 넘어, 분단체제를 넘어
본서에 처음 게재.

2장 미국의 '양대전쟁'전략과 한반도
『창작과비평』 2004년 가을호에 「미국의 군사전략 변화와 한미동맹」으로 게재.

3장 '천안함 폭침설'이 말해주는 것
『창작과비평』 2010년 가을호에 발표한 「결정적 증거, 결정적 의문」과 2012년 가을호에 발표한 「천안함 사건이 보여준 한국 민주주의의 현재와 미래」를 통합하여 개고.

4장 힘에는 힘으로
『창작과비평』 2013년 여름호에 「북의 3차 핵실험과 한반도 비핵화 평화체제의 전망」으로 게재.

5장 미국의 '아시아 회귀'로 재편되는 한반도

『창작과비평』 2015년 여름호에 「사드와 한반도 군비경쟁의 질적전환」
으로 게재.

6장 촛불혁명과 한반도 평화프로세스

일본 『겐다이시소오(現代思想)』 2018년 8월호에 게재된 「トランプ政權
の國家安保戰略と米朝交?」를 수정·보완하여 『창작과비평』 2018년 가을
호에 「'트럼프 독트린'과 한반도」로 수록.

7장 바이든의 '가치외교'는 성공할 것인가

'한반도 종전 평화 캠페인' 주최로 2021년 7월 8일에 개최된 '미중경
쟁과 한반도' 웹 세미나 발표문을 수정·보완하여 『창작과비평』 2021년
겨울호에 「미국의 가치외교는 성공할 것인가」로 수록.

8장 '선빵'의 미신, 21세기의 야만

2022년 3월 30일자 창비주간논평에 발표한 「'선빵'의 미신, 21세기의
야만」을 보완·발전시켜 『창작과비평』 2023년 가을호에 게재.

9장 '신냉전'이라는 뿌리 깊은 위기

본서에 처음 게재.

10장 트럼프의 귀환, 위기인가 기회인가

『창작과비평』 2025년 겨울호에 게재한 「트럼프 2.0, 위기인가 기회인
가?」를 수정·보완하여 본서에 수록.

ㄱ

괴물의 시대
21세기 미국의 세계전략과 요동하는 한반도

초판 1쇄 발행/2026년 4월 20일

지은이/서재정
펴낸이/염종선
책임편집/박주용 이선엽 이지현
조판/황숙화
펴낸곳/(주)창비
등록/1986년 8월 5일 제85호
주소/10881 경기도 파주시 회동길 184
전화/031-955-3333
팩시밀리/영업 031-955-3399 편집 031-955-3400
홈페이지/www.changbi.com
전자우편/human@changbi.com

ⓒ 서재정 2026
ISBN 978-89-364-8126-1 93340